中国社会学
经典文库

（修订版）

中国的单位组织

资源、权力与交换

李路路　李汉林 著

生活·讀書·新知 三联书店　生活書店出版有限公司

图书在版编目（CIP）数据

中国的单位组织：资源、权力与交换（修订版）/ 李路路，李汉林著．— 北京：生活书店出版有限公司，2019.3（2025.6 重印）
ISBN 978-7-80768-230-1

Ⅰ．①中… Ⅱ．①李… ②李… Ⅲ．①企事业单位—研究—中国 Ⅳ．① C232

中国版本图书馆 CIP 数据核字 (2018) 第 275591 号

丛书策划 杨震林
责任编辑 苏 毅
特约编辑 耿 斌
装帧设计 罗 洪
责任印制 孙 明
出版发行 生活書店出版有限公司
（北京市东城区美术馆东街 22 号）
邮 编 100010
经 销 新华书店
印 刷 天津睿和印艺科技有限公司
版 次 2019 年 3 月北京第 1 版
2025 年 6 月北京第 14 次印刷
开 本 635 毫米 ×965 毫米 1/16 印张 21.25
字 数 273 千字
印 数 41,001-44,000 册
定 价 48.00 元
（印装查询：010-64052612；邮购查询：010-84010542）

目 录

再版序

2017年当三联的编辑找到我们商议本书的再版时，我们还是感到有些意外，主要是基于两个原因：第一，距本书2000年初版以来，已经过去了17年之久。当时正是21世纪伊始，中国社会开始了新的腾飞。与世纪之初相比，现在中国的现代化和体制改革都经历了巨大的变化，当年的著作在当今时代是否还具有意义？第二，在这个过程中，当年书中的“单位体制”“单位组织”在今天的中国社会中是否还存在？今天再版当年的研究是否还具有意义？经过和出版社的沟通以及我们的反思，我们认识到，出版社再版中国社会学在前一个时期的若干研究是一件非常有意义的工作。

某种意义上，在一个时期对一个社会的研究也许不存在“过时”的问题。这是因为任何一个社会的“现在”都来自它的“过去”，正如人们常说的：不了解过去，就不会理解现在，不了解过去和现在，就不会认识未来。该著作尽管反映了我们那个时期对当时社会的认识，但它仍可以作为理解今天的参照系。关键在于，当时的观察和分析是否有意义。因此，当出版社意欲再版本书时，我们认为这是出版社给我们的一个荣誉。

第二个疑问更有意义。不容怀疑的是，进入21世纪以来，中国的体制改革也进入一个新时期，国家与社会的关系、政府与社会组织[1]、社会组织的改革等，和20世纪相比，都发生了深刻的变革。20世纪末我们写作本书时就曾提出过同样的问题，当时我们的看法是："单位体制""单位组织"在很大程度上还存在，所以我们的研究具有现实意义。在本书首次出版以后，中国社会的变革使得有关"单位制"的研究在21世纪初期在经历过一个小小的"复苏"之后，实际上就逐渐走向衰落，人们将目光越来越多地转向功能性组织和社区，关注的重点更多是"单位制解体之后"。

2012年，本书作者之一曾经写过一篇关于"单位制"研究的综述。在那篇综述中，作者在本书的基础上对"单位体制"给出了一个新的定义："（单位）是基于中国社会主义政治制度和计划经济体制所形成的一种特殊组织，是国家进行社会控制、资源分配和社会整合的组织化形式，承担着包括政治控制、专业分工、生活保障等多种功能。其典型形态城市社会中的党和政府机构（行政单位）、国有管理和服务机构（事业单位）和国有企业单位。"[2] 同时，对到那时为止的"单位制"研究作了系统的回顾。但我们的问题依然如此。

应该说，"单位制"研究的效应，更多体现在社会分层领域。在有关中国社会分层的研究中，工作单位的变量是必不可少的自变量之一。近年来值得注意的趋势是，"单位制"的研究逐渐从社会分层的研究延伸到其他领域，其中最为值得关注的是"社会组织化"的主题，即：在"单位体制"逐渐削弱甚至解体的过程中，中国社会的"再组织化"将如何实现？或者说，中国社会需要一个什么样的"再组织化"过程？如果本书的再版能够对推动上述研究起一点作

1 这里"社会组织"的概念不是近年来兴起的那种理解：社会组织是介乎市场和国家之间的"社会性的"组织，是所谓"第三部门"，而是传统的、经典的社会学意义上的次级社会群体——社会组织，其经典定义为：为了实现一定的目标而组织起来的群体。

2 李路路、苗大雷、王修晓，《市场转型与"单位"变迁》，载上海《社会》2009年第4期，第1—25页。

用，至少在某种程度上不枉出版社的再版努力了。作为作者，我们也对本书还能发挥“余热”而感到欣慰。[1]

值此书再版之际，上述文字是从作者角度对再版作出的解读。谢谢出版社的努力，谢谢委员会的提名，谢谢为本书再版付出努力的所有编辑和我们的助手。

李路路，李汉林

2018 年 12 月，于北京

1 本书正文和相关图表中保留了一些外文形式的统计学名词。之所以做这样的保留，一是因为一些统计原始工作表格即为外文，二是在中文中对于统计名词的翻译存在一些不统一的问题，为了避免歧义，表中相应处以外文原文形式呈现。

序

“单位”是中国社会中使用频率极高的一个名词。曾几何时，中国社会，特别是城市社会中，几乎每一个人生存和活动的方方面面，都和所谓的“单位”具有紧密的联系。当中国社会开始向社会主义市场经济体制转型后，尽管中国的情况发生了极大的变化，但是，对于相当多的生活在城镇中的人们来说，“单位”仍然在他们的生活中占有重要的地位，他们生活中的众多问题，最终都和“单位”有着或多或少、千丝万缕的联系。

人们在各种各样、大大小小的“单位”中工作、生活，对于大多数人来说已经习以为常。但是，正因为“单位组织”在中国城市社会中如此普遍，和人们的工作与生活直接相关，因而它不仅是人们生活中的一个现实，而且构成了中国城市社会的一个具有特殊意义的组成部分。中国城市社会的结构性特征和人们大量的社会行为特征，都可以从“单位组织”的特征中得到解释。因此，“单位组织”成为人们研究、分析和理解中国社会，特别是中国社会结构的一个独特视角。

在我们看来，中国社会中人们习以为常的“单位组织”，对于个人来说不仅仅是一个工作场所，对于社会来说也不仅仅是一个普通的从事职业性活动的社会组织，而是中国社会结构的一个基本组成部分。国家将强制性的行政权力和交换性的财产权力集于一身，通过对单位组织的资源分配和权力授予，拥有了直接控制单位组织的权力，并使单位组织依附于国家；单位组织通过与单位成员之间的资源交换，一方面获得了支配个人的权力，另一方面使个人在很大程度上紧紧地依赖单位组织。国家借助于单位组织实现对整个社会的政治统治和经济统治，维持国家的利益和目标，因而，“单位组织”是国家社会主义实现政治统治的一种组织化形式和工具。

中国社会朝向社会主义市场经济体制的改革，虽然使得各种各样的单位组织都具有了一定程度的自主权，但至少到20世纪90年代末为止，这种改革并没有从根本上改变单位组织的基本性质。单位组织仍然不是一个具有真正独立性的社会组织，国家的权力授予决定了单位自主权的大小和范围。

中国城市社会中的单位组织是中国城市社会的极好折射，尽管可能只是一个侧面的折射。虽然人们长期生活在各种各样的单位组织中，但实际上人们对单位组织一直未有系统的研究和分析。我们在一次对10个城市单位组织进行问卷调查的基础上，试图从统治结构的角度对单位组织进行分析和解释。我们知道，在单位组织的问题上存在着争论或不同的意见，因而我们希望这个研究能有助于将学术上的争论引向深入。如此，本研究的目的之一就达到了。

我们1993年在全国10个城市、100个单位中，对4000人进行了问卷访问。本书中所使用的数据即这次调查的结果。对这次调查和数据在书中有详细的说明。有兴趣的读者还可参看《中国单位现象研究资料集》（北京：中央文献出版社1995年版）。

作者

1998年12月，于北京

第一章 “单位”

——一种统治的结构

“单位”是中国社会中使用频率极高的一个名词。曾几何时，中国社会中的几乎每一个人生存和活动的方方面面，都和所谓的“单位”具有紧密的联系。当中国社会开始向市场经济体制转型后，中国社会结构发生了巨大变化。但是，对于生活和活动于城市社区中的人们来说，“单位”仍然在他们的生存和活动中占有极重要的地位。人们生存和活动中的众多问题，最终都会和“单位”联系起来。

现代社会是一个高度组织化的社会。无论在西方还是东方，进入现代化或工业化社会后，其特征之一都是各种社会组织的高度发达。因而，可以说，组织是现代社会一个最基本的社会结构要素。通常人们认为，组织是追求效益最大化的机构。组织的特征、组织的结构和组织的行为方式，都是为了追求组织效益的最大化。例如，企业就是这种典型的组织。因而，组织的权力结构对组织效率的实现具有重要作用。或者，组织是制度环境的产物，组织的特点和行为方式主要是受环境背景的影响，与追求组织效益最大化没有直接的联系。在这种组织中，制度化的仪式性活动占据主导地位。或者，组织是维持生存、适应环境的产物，因而组织是其生存环境的产物，组织的特点和行为方式可以从组织的生存环境中得到解释。对于组织来说，维持生存是第一位的。（查理斯·裴洛，1987）

但是，中国的社会组织，特别是人们称为“单位”的工作组织，具有许多特殊的特点，从而显示出中国社会结构的独特性。“单位”

因此成为人们研究、分析以至理解中国社会，特别是中国社会结构的一个重要视角，很多研究者（包括作者本人）已经从不同方面对中国的单位组织进行了初步研究，对单位组织的特点作出了很多描述。这些分析和描述，将成为我们在这本书里对单位现象和单位体制进行进一步探讨的基础。(华尔德,1996；路风,1989,1994；谭深,1991；于显洋，1991；边燕杰，1994；李汉林，1991，1996；李路路、王奋宇，1992；李路路，1994；李猛等，1996)

在这本书中，我们将要分析的是，在中国向市场经济的转型过程中，单位组织是否还是透视中国社会结构，特别是城市地区社会结构的一个重要视角？单位组织是否还存在，如果还存在的话，发生了怎样的变化，对单位成员的社会行为和社会关系具有什么样的影响？

一

在讨论“单位”在中国的体制转型中的变化之前，首先应对传统“单位制”和“单位”的研究作一个总结。

有关“单位组织”的研究实际上集中在两个视角上。

（一）单位组织的宏观制度结构

中国的“单位组织”构成了一种独特的社会现象。这种独特的社会现象是指：大多数社会成员被组织到一个个具体的“单位组织”中，由这种单位组织给予他们社会行为的权利、身份和合法性，满足他们的各种需求，代表和维护他们的利益，控制他们的行为。单位组织依赖于国家（政府），个人依赖于单位组织。同时，国家有赖于这些单位组织控制和整合社会。因而，单位组织的状况，构成了当代中国城市社区的基本结构。(路风，1989；李汉林等，1993；李

路路、王奋宇，1992）

单位组织的上述特点或功能来自单位组织所处的制度性环境或背景。单位组织所占有的资源属于公有制或国有制，由于单位组织所占有的资源和各种可供自己支配的机会和利益来自政府，因而他们必然要受到政府或国家的直接支配。单位组织在社会中承担着包括经济、政治、社会等各方面的功能。从本质上说，单位组织是国家分配社会资源和实现社会控制的形式。

（二）单位组织内的关系和行动结构

单位组织的制度背景和单位组织的结构以及单位人之间存在着相互作用的关系。单位组织中利益和权力关系，决定了单位人的行为选择和行动策略，从而对单位组织的结构和行为方式，乃至对社会的制度体系产生影响。在单位组织中实际存在的社会关系，更准确地说，单位组织中的社会网络，更直接地决定了单位人的利益和行动策略，决定了单位组织中的权力结构和资源的分配结果。因此，单位组织并非特定制度下的一个社会结构“原子”，而是具有丰富特征和复杂关系的网络及行动场所。

华尔德曾在“依附性关系”的背景下，分析了单位组织中“领导”和“积极分子”之间的庇护关系，这种庇护关系和对党及意识形态的忠诚结合在一起，形成了分配资源的“有原则的特殊主义”，这些社会网络关系本身就构成了一种特定的社会结构。（华尔德，1996）如果说单位组织中存在着复杂的关系网络，那么，这种关系网络和单位人的行动不仅建立在庇护关系基础上，而可能有更为复杂的形式。在单位组织中，单位人追求和实现自己利益的权力，主要来源于单位中的“派系结构”，即以单位内某一级别官员为枢纽形成的上下延伸、平行断裂的关系网络。这种派系结构构成了单位人的行动、信息和交换渠道，从而影响或实现单位中的资源分配追求。

（李猛等，1996）

上述两种研究视角既可以看作不同的研究取向，也可以看作对中国社会主义社会结构研究的演进。宏观制度分析构成了单位组织研究的基础。当代中国社会中的单位组织，构成了一种特定的社会组织形态。如果说这种社会组织形态与西方社会中常见的组织有着本质不同，那么，这种不同主要是来自不同的社会制度背景。套用一句时髦的话来说，一定的组织形态是“嵌入”在特定制度结构之中的。但是，单位组织中权力的分布结构和单位组织行为、单位人的行为不仅受到制度环境的影响，而且取决于单位组织中实际的关系结构，取决于人们如何认识他们的利益及获得，采取什么样的行动策略和方式，去实现自己的利益。制度环境规定了单位组织的基本性质，单位组织中的关系结构和制度环境相结合，决定了单位组织真实的面貌和行为方式。

但是，20 世纪 90 年代的问题是，在经过了近 20 年向市场经济体制的社会转型后，中国这种单位现象、单位组织还存在吗？

二

随着中国经济体制和政治体制改革以及中国经济的不断发展，中国社会中那种高度集中和一体化的统制体制已经逐步松动，一些新的结构性要素正在逐步产生，并日益发育成熟起来。至少有三个方面的变化，对单位制度和单位组织形成了冲击，并在一定程度上改变了原有的单位制度和单位组织状况。

第一，整个社会逐渐由所谓“再分配经济”向市场经济转型。在中国和其他原社会主义国家中所发生的这种转型，已得到人们大量的研究，这里不应再作赘述。但是，这里想指出一点，这种“转型”的实质是：由“再分配经济”下国家直接控制和统一分配社会资源的体制不断松动，其他机制，如市场或者社会网络等，也开始在某种程度上成为社会资源占有和分配的机制之一。

当一个社会系统在其行为的过程中不再仅仅依赖于某一个环境系统，而同时依赖于多个环境系统，与多个环境系统发生社会互动关系的时候，那么整个社会系统就能够在较大程度上支配自己的行为，进而从依赖的关系和情景中解脱出来，获得自身行为的自主权和较大的自由度。

如果我们根据上述再分配经济逐渐弱化、资源分配多元化的基本变化，来思考中国城市社区中单位对国家、个人对单位的依赖性变化的话，就可以看到，这并不是依赖关系的消失，而主要是因为人们对环境的依赖由一元变成多元。正是在这种多元依赖的环境中，基于资源分配机制的多元化和资源替代性的发展，单位和个人才获得了自身行为的自主权和较大的自由度。

第二，资源分配机制的多元化和资源获得替代性的发展，使得社会的组织性结构发生极大分化。组织性结构的分化主要表现在两个方面：一是原有的国有和集体单位有了不同方面和不同程度上的自主权，单位对国家和上级单位的依赖性已经减弱。二是随着社会向市场经济过渡而新产生的组织不断发展，如私营企业和中外合资企业，以及各种各样的股份制企业等，它们基本上摆脱了国家或政府的直接控制，借助于市场或其他机制获得其生存所需要的资源，成为“没有上级的单位”（企业组织）。

第三，资源分配机制和资源获得替代性以及单位组织的变化，使得个人或者单位成员对单位的依赖性同样有所减弱。几个方面的因素导致个人对原有单位组织依赖性的减弱：一是整个单位体制和单位组织管理和运行方式的改变，民办、私营以及各种各样新的社会组织的出现和发展，使得原来的“单位成员”有了更多的流动自由，脱离了原有单位组织对个人的控制；二是社会保障和其他社会福利逐步向社会化转变，也在一定程度上减弱了单位对个人的控制；三是再分配经济在减少对社会剩余直接分配的同时，就在一定程度上改变了整个社会的机会结构，对于个人来说，资源获得、利益实现或者地位上升等有了新的渠道，大量个体户、私营企业主的发展充分表现了社会机会结构的改变。

正是基于上述变化，单位体制、单位组织或者单位现象是否还存在，成为研究中国社会结构的一个巨大疑问。很多人认为，当单位组织有了自主权、个人可以自由流动时，单位组织就基本上不复存在了。即使不持这样“极端”的观点，很多人也认为，单位现象已经不再那么重要了，对再分配体制的改革，导致中国社会正在向市场经济体制迅速转型，“市场”已经成为人们获得资源、实现利益的决定性机制，单位组织已丧失了它原有的“力量”和意义。

毫无疑义，再分配经济的逐渐转变，使得原有体制中的单向依赖性结构——单位组织依赖于国家，个人依赖于单位组织——有了很大改变，这种依赖性的弱化，对整个中国社会的基本结构，特别是城市社区的基本社会结构，产生了极为深刻的影响。这起码意味着，过去中国城市社区中那种单位对国家和上级组织的全面依赖、个人对单位组织的全面依赖发生了动摇，国家已无法再像以前那样，借助于这种全面依赖性结构实现对社会的控制和统治了。

但是，全面性依赖的弱化不等于依赖关系的解体，依赖关系的松动并不意味着依赖本身的消除。从更为广阔的背景上来看，有两个因素决定了我们对上述判断采取十分谨慎的态度：

第一，中国再分配经济向市场经济的转型，是一个渐进的过程。如果说在这个过程中再分配经济的权力在逐渐削弱，市场的权力在逐渐增强，对于中国来说，这还是一个漫长的过程。在这个漫长的过程中，“混合经济”或者“混合结构”可能是对中国转型时期社会结构特征的更准确描述。（撒拉尼，1994，1996；维克托·倪，1996）再分配经济不会因为开始向市场经济转型就退出历史舞台。而就20世纪90年代的状况来说，人们基本上还没有对这种“混合经济或结构”给出很好的说明和分析。即使是对于那些以“激进式”方式使再分配经济解体的国家，至今也没有能够完全解决再分配经济给它们留下的遗产，大量原来的国有企业还在依赖着已不是再分配者的国家。

第二，单位组织在中国社会中究竟具有什么样的意义，这是我们分析单位现象或者单位体制的基本出发点。无论是对单位体制的宏观分析还是对单位组织结构的解析，都取决于我们对单位现象本质的认识。与人们提出的单位体制解体的证据同时存在的，我们还看到了这样的现象：扩大单位自主权，使之成为相对独立主体的改革，总是没有达到设想的预期，那些国有和集体单位在众多有关自主权的文件乃至法律中，仍然对上级单位趋之若鹜，诚惶诚恐；那些掌握国家行政权力的机构在责任和义务不断缩小的同时，其权力却常常以各种不同形式在扩大，或者更无约束；旨在强化各种类型单位组织专业功能的精兵简政的机构改革，总是陷入减了又增、增了又减、越减越增的恶性循环之中，形成精简—膨胀—再精简的怪圈；在国有和集体单位组织中，我们更多听到的，不是对个人自主权和自由的欢呼，而是对单位组织更多的不满。单位组织在这样的环境中难道能够逐渐消失吗？我们对单位组织的实质是否应该有进一步的认识或分析？

我们的基本认识是，单位组织对国家、个人对单位组织的全面性依赖有所弱化，但依赖关系的实质没有根本改变。我们将从中国单位组织生存的制度环境中对此进行论证。

三

中国社会中的单位组织，就其本质来说，是一种统治的形式和工具。借用韦伯（Max Weber）的话来说，是一种“组织化”的统治。因而，单位组织具有社会结构的意义。（Weber，1980）

关于中国社会的统治形式，可从两个层面上进行分析。首先是一般的统治形式或理论。

（一）统治的基本特征类型

韦伯曾经在他的著名著作《经济与社会》中，讨论了统治的基本形式和类型。在韦伯看来，所有的统治都可以区分为两种最基本的形式。

1. 依仗利益状况进行的统治

所谓依仗利益状况进行的统治，其最典型的形式是市场上由于不平等的交换，或者如韦伯所说“市场上的垄断主义”而产生的服从关系。在典型的形式中，这种统治建立在以某种方式保障的对财产的占有（或者也依仗于市场的技巧）上，以被统治者的利益需要为基础。[1]这很像社会学中交换理论所讨论的权力、支配、服从或依赖的关系。在布劳（Peter Blau）看来，权力可以被设想为固有的不对称的依靠一个人从其他人那儿截留报酬并对他们实施惩罚的基本的能力……它的根源是单方面的依赖。一个人可以按别人的需要提供“服务”，就确立了对于他们的权力。如果他能向别人提供在别处不能轻易获得的“服务”，其他人就会因此而产生对他的单方面的依赖。这种单方面的依赖会迫使这些人服从“服务”提供者。相等力量的相互依赖和相互影响标志着缺乏权力。（布劳，1988: 138）提供必要的利益（没有这些利益，其他人就不容易行事），无疑是获得权力最普遍的方法，尽管不是唯一的方法。某些人可以为其他人提供某种他们极其想要的利益，足以诱使他们用服务作回报，这至少

---

1 Max Weber, *Wirtschaft und Gesellschaft*. Tuebingen, 1980.

是使其产生依赖性的一个重要来源，是导致权力的一个不平衡条件。（同上，149–150）这种利益和服从的交换，其背后的结构性意义是资源的交换和分配，资源的不平等分配或者占有，使得资源占有者可以用这些资源强迫别人服从要求，这时服从是不可避免的，因为资源占有者依这些人的服从情况来满足他们的基本需求。（同上，145，152，164）

这种统治形式对于韦伯来说，是他所谓两种统治形式中的一种，对于布劳来说，是四种依赖性中的一种。构成这种统治或依赖性基础的，是不平等的交换关系（在韦伯那里被称为“财产”，在布劳那里被称为“资源”）。[1] 简单地说，这种统治具有浓厚的“经济”色彩。正如韦伯所指出的，经济的权力是统治的一种经常性的目的，虽然并非任何统治都是利用经济的手段建立的，但在绝大多数统治形式中，而且恰恰是在最重要的统治形式中，都会利用经济手段的方式决定性地影响着统治结构的方式。即使某些统治的特性很少明确与特定的经济形式相联系，但大多数同样以某种方式受到经济的制约。（Weber，1980: 541ff）

一个值得指出的特点是，这种统治常常以被统治者出于自身利益、形式上“自由的”行为为基础。被统治者的服从或依赖，是他们追求自己利益的结果，虽然这种利益的追求是环境所迫或者是强加于他们的，但这种统治的实现以形式上的“自由”为基础。任何一种哪怕是很不充分的垄断的所有者，尽管存在着竞争，他可能在广泛的范围内给交换的对手和交换的竞争者“规定”价格，也就是说，可以通过自己的行为，迫使他们采取一种服从或依赖的行为，虽然他并没有强迫他们履行哪怕是最微不足道的、对这种统治逆来

1 Max Weber, *Wirtschaft und Gesellschaft*. Tuebingen, 1980. 彼德·布劳，《社会生活中的交换与权力》，北京：华夏出版社 1987 年版。

顺受的义务。实际上在这种情况下，对利益的依赖，对于利益提供者来说仅仅是潜在的权力，而提供这种利益才是对权力的运用。对于那些利益需求者来说，他们依赖于所有能够提供利益的人，而只有实际提供利益的人才具有使人们服从的权力。如果人们能够寻找到其他的替代性资源，人们就可能减少对特定对象的依赖，如果人们的需求和要求越小，为满足它们而产生的对别人的依赖性就越少。一个人向其他人提供的利益与他们在别处能够获得的利益之间的差别越大，他对他们的权力就越大，因而也意味着人们对他的依赖性就越强。（布劳，1988: 141）因此，这种依赖性并不来源于直接的命令或“指示”，而是由于依赖者对某种利益的“需要”或“期望”，他或者因为无法获得其他保持社会独立性的条件，如自己占有资源，或者对某种利益有更高的需要，而其他替代性资源无法满足他的需要。正如布劳所说的，这种统治是一种建立在报酬基础上的、具有交易特征的关系。[1]

2. 强制性（命令）的统治

强制性（命令）的统治是“独立于”特定利益之外的、要求实际的被统治者服从的权力。这种统治被韦伯称为“狭义的统治”，它与权威的命令权力一致。这是一种狭义的统治概念，或者说，这是我们通常所说的政治学意义上的“统治”概念。在这种统治中，统治的“权力”与前一种统治的“权力”甚至是背道而驰的，即那种由利益状况特别是市场所制约的，并且常常在形式上表现为“自由的”利益交换基础上的权力。（Weber，1980）

这种统治一般是通过机构或“组织”实现的。在韦伯看来，这种组织基本上即是管理阶层以及维持统治的命令和强制的暴力。这些专门供领袖（统治者）利用的人员可称为他们的“机构”。由于统

1　彼德·布劳，《社会生活中的交换与权力》，北京：华夏出版社 1987 年版，第 136 页。

治者或统治者们与机构的关系和两者同被统治者的关系的一般特性以及由于统治所特有的“组织”的原则，也就是说，命令权力分配的原则，统治的基本类型由此产生。（同上）

在一般的统治学说看来，强制性（命令）统治的机构或“组织”其主体是“国家”，主要的统治工具和机构，或者说是统治的所谓国家的统治机器是指一种结构。实行统治的“组织形式”是官僚机构、常备军、警察、官僚、僧侣、法官、议会、地方自治组织等。按照著名的韦伯定义：所谓国家就是指这样的一种组织，它独揽暴力，对于一定领域内的一定居民宣称其合法性。议会或国会、政党、军队和文职官僚机构作为国家机器的主要组成部分，各个组成部分的意义因国家不同而不同。国家的意义在于垄断性地持有在特定领土范围内的物质资源的合法使用权。[1]（韦伯，《政治作为一种志业》）

在马克思看来，国家实际上有两种基本的类型，即资本主义的国家机器和社会主义的国家机器（我们将在下面讨论马克思主义对社会主义国家的规定）。资本主义国家的本质是一种暴力统治工具，这种暴力工具主要包括“常备军、警察、官僚、僧侣和法官”，再加上议会。国家机器推动着各种为资本主义的利益服务的政策。[2]由于无产阶级与生产资料相脱离，他们除为资本家工作外别无选择，他们服从的不是资本家，而是服从于“资本”。在这个意义上，无产阶级对资产阶级的服从并不是高压强迫下的产物。资本主义的国家是保证“资本”对“劳动”进行统治的工具。但是，当人们进入国家统治的范畴时，他们面对的是直接强制性的“命令”，被置于强制性权力之下，而国家是通过法律和秩序（暴力）以维持在政治上控制交换过程，保护那些重要社会资源的占有结构免受反对暴力的威胁。

1　韦伯，《学术与政治：韦伯的两篇演说》，北京：生活·读书·新知三联书店 1998 年版。

2　马克思，《法兰西内战》，北京：人民出版社 1961 年版。

（布劳，1988: 143）

在分析国家的统治时，人们对与国家相联系的暴力工具（军队、警察、法院、监狱等）给予了更多的注意，认为它们充分体现了国家统治的实质。但是，国家的统治最大量表现的，往往不是这些暴力工具的行使，而是“日常的”国家行政管理，是各种机构以国家的名义，向整个社会行使强制性的管理权力。同暴力工具一样，人们与这种国家行政管理权力的关系并非“自由”选择的，甚至是无法替代的和不以人们的需要或利益多少为转移的，人们只有被动式的服从。因此，韦伯特别强调“官僚机构”在国家的统治中的意义。在他看来，统治令人们感兴趣的，首先是一旦它同行政管理结合起来的状况。任何统治都表现为行政管理，并且作为行政管理发挥其职能。任何行政管理都在某种方式上需要统治，因为进行行政领导总是必须把某种命令权力置于某个人的手中。即使命令的权力可能以其他的形式出现，或者隐藏在其他形式的后面，如在某种所谓“直接民主的行政管理”形式下，统治者被视为被统治者的“公仆”，并且他自己也是这样的感觉时，情况依然如此。[1] 即使是最低级的行政管理权力，也意味着占据这一位置的人具有某种命令的权力，他有可能依据这种位置，不顾他人的反对而强制性地推行自己或国家的意志。因此，即使在最民主的行政管理体系中，只能说管理者的地位处于某种纯粹服务性的事务工作到统治者地位的过渡中间。“民主的”限制只不过是防范这种统治者地位、即强制性的行政管理权力的过度发展。

强制性的命令统治一般而言是借助于一个官僚机构或官僚组织实施的。这种官僚机构的实质，是有一批习惯服从上司命令的人员。他们服从于上司是因为可以参加统治，因而分享统治存在的实惠，他们个人的利益就在这种统治之中，与他们利益攸关。因此，

---

1 Max Weber, *Wirtschaft und Gesellschaft*. Tuebingen, 1980.

他们持久地待命准用，并且参加实施服务于维持统治的命令和强制的暴力。在韦伯看来，这种统治的领袖或领袖们可以被称为统治者，可把那些按照已经提到过的方式专门供他们利用的人员称为统治的机构，而这种统治形式可以称为“通过‘组织’进行的统治”。（Weber，1980: 548ff）按照统治所依据的基本原则，这种权威的或强制性命令的统治在韦伯那里被分为著名的三种基本类型。（Weber，1980: 122ff）

韦伯曾经指出，上述两种统治类型之间，即依仗利益的统治和借助于强制性命令或权威的统治之间，存在着许多过渡环节，特别是依仗利益的或依仗垄断地位的统治方式，都能逐步地转变为权威的统治。首先，如果某些在市场上占据垄断地位的组织其垄断地位越来越强大的话，在实际的效果上，很可能在很大程度上与一个国家对个人、官僚体制中上级对下级进行的强制性命令统治一致，这时人们对它的服从或依赖，与对国家或官僚机构的服从和依赖没有本质的区别。（Weber，同上）其次，权威的统治或强制性的命令统治，在用暴力惩罚不服从者的同时，也往往需要控制那些在一定情况下使用暴力所必需的物质资料，同时也要控制行政人员和行政当局对物资的使用。（Weber，同上）最后，在一个市场的组织中，其内部同样也存在着权威的或强制性命令的统治。车间的纪律同一个国家的办公机关或者同一个军事指挥机构的纪律相比，从本质上看，不能区分泾渭。区别仅在于，例如，官员职位是可以自愿受聘和自愿放弃的，服兵役的义务是不自愿的。因为政治的臣仆关系也是自愿缔结的，所以在某种范围内也可以自愿解除，同样，过去封建的、有些情况下甚至世袭制的依附关系也如此，因此，从“自由的”过渡到完全非自愿和被迫服从，界限可能是不清楚的。当然，在任何权威关系中，服从者之所以自己也对服从有某种最低限度的兴趣，一般仍然是通过服从可以让自己获得需要的好处和利益。尽管这两种统治形式之间有很多过渡环节，但是，在两种统治之间，例如从纯粹通过利益妥协调节的市场交换，即从纯粹财产占有产生的实际的权力，与一个要求无条件服从的义务的家长或者君主的权威的权力相比，两者有着尖锐的、鲜明的对立，这样才能在现实中总是过渡的现象中做到有效的区分。（Weber，同上）

我们之所以特别强调韦伯所论述的上述两种基本统治形式，是因为这一论述为我们分析中国的统治形式和与此相关的社会结构提供了基本框架，特别是为我们在一种结构变迁中认识中国单位组织的变迁提供了框架。

（二）国家统治的基本形式

依据韦伯的理论，我们在前面主要讨论了一般统治的两种基本类型，即依仗利益和市场性交换，或者财产、资源占有产生的权力；以及需要无条件服从的、强制性的命令权力。后者主要表现为国家权力的统治。但是，在国家的统治中，仍然可以区分出有社会意义的不同统治的亚类型，这对于分析不同社会，特别是不同社会的结构十分重要。根据国家统治的工具或手段，以及统治实现或实施的机制，可以作如下的区分。

国家统治的工具或手段。

所有的统治都需要一定的工具或手段来实现，对于权威的或强制性命令的统治来说，主要是国家的“组织化”机构，即那些官僚机构以及其他各种法律和暴力机构。对于利益的统治来说，依赖于财产或资源的垄断性占有。韦伯这种理想类型的分类在资本主义社会中可以找到比较典型的现实类型（在其他前资本主义社会中也不同程度地存在）。例如，在资本主义社会中，两种统治基本上平行地存在着：一方面，国家依仗官僚机构、法律和其他各种暴力机构维持自己的统治，这种统治带有强制性的命令性质；另一方面，社会中的各种组织，如企业或银行等，根据自己财产和资源占有的地位，依仗其他人对利益的需要，在市场上以不平等的交换强迫其他人服从。二者的统治工具和实现统治的机制是不相同的。后者相对于前者来说，按照 20 世纪 90 年代通行的说法，具有相对的独立性。尽管两种统治之间具有很多过渡环节，但在权力的性质、统治的方式及其所依赖的工具上有本质区别。

在这种社会中，虽然国家的统治和市场上依仗利益的统治一般是相对分离的，但是，由于两种权力或统治之间的关系平衡状况，整个社会的统治结构会表现出极大不同。一种状态是：两种权力力量之间相对平衡，国家行政权力的力量相对受到明确的限制，甚至可以说，国家行政权力的力量在很大程度上取决于社会中或市场上的利益权力。国家的强制性的权威统治，一般不会直接取代社会或市场的利益权力。这时，我们一般将这种状态称为“民主社会”。

与之相对应的是：两种权力力量之间关系相对不平衡，国家政府机构或者执政党通过某种行政机制取代传统资本主义社会中的统治特征和过程，将社会中或市场中的相对独立组织全部纳入国家或执政党的控制之下，更多地使用暴力来强制维持这种控制。希特勒的极权统治就属于这种状态的典型。但是应该指出的是，这种极权统治没有完全消除社会中或市场上的权力，希特勒的法西斯极权统治在经济上具有很多命令权力的特征，从经济发展规划的经济结构特点上看，纳粹德国强制实行六年计划，其中包括了严密的劳动力编制、对企业的特别组织、强制性的预算和国家与企业之间的服从关系等。但是，在纳粹极权统治的时期，德国经济依然包括了两个不同的部分：一是通过国社党和国家政府机关控制的指令性部分，二是规模巨大的私人部分。后者包括许多制造业企业和其他生产卡特尔。（安东尼·奥罗姆，1989）正因如此，这种国家的极权统治更多地需要暴力，整个官僚机构也在实际上由行政管理机构演变成为强制性暴力机构。在其他很多极权社会中，例如，那些军人或独裁者掌权的社会中，我们都可以看到两种统治类型相对分离状态的这种亚类型。

在两种统治及其权力相对分离的社会中，由于国家权威的极度扩张，仍然可能出现极权统治的状况，而且这种极权统治似乎需要更多地依赖暴力而不是行政管理来维持。但是，在社会主义社会中，两种统治形式的关系发生了根本的变化，几乎完全不同于上述相对分离的状况。

在社会主义社会中，权威的、强制性的命令权力的统治和依仗利益的、建立在交换基础上的统治合为了一体，两种统治及其权力的分离界线不复存在，更准确地说，后者被合并到了前者之中，成为前者的一部分。在这种社会中，国家直接占有了几乎全部重要的社会资源或财产，从而也控制了几乎全部的社会机会，任何个人或者其他组织，在国家面前都丧失了独立存在的权利。国家不仅通过行政管理机构和其他国家机构行使着权威的、强制性的命令统治，而且在社会资源的占有和分配上处于绝对的垄断地位，迫使几乎所有的利益需求的实现都依赖它自身。简单地说，在社会主义社会中，国家将行政权和财产权都掌握在自己手中，从而在此基础上实现对社会的统治。这种社会中的统治结构完全不同于资本主义社会。

在有关传统社会主义社会的研究中，存在所谓“极权主义模式”和“多元主义模式”的差别。在极权主义模式中，人们强调的是私人领域和公共领域之间界线的消失，国家和党（实际上合为一体）具有无所不在的权力，各种强制性的控制方式以及国家暴力机构的滥用等。而多元主义模式强调的则是在政治控制范围内各种利益群体之间的竞争，从而对国家或党的统治产生各种各样的影响。（华尔德，1986）两种理论模式都有一个共同的偏颇之处，即都对于社会主义社会的统治结构缺乏上述两种统治形式合二为一结构的阐述。相对于前者来说，社会主义社会的统治不仅是一种依靠国家行政管理机构和暴力机构的强制性统治，还表现为由于它对绝大多数社会资源的占有，以及它在经济上的绝对垄断地位，因而“迫使”其他人“自由”地依赖于它获得自己的利益，当然，国家或党通过暴力机构封锁了一切有可能形成社会独立性的替代性资源。因而，在这种统治结构中，形成了一种全面性的单向依赖性结构，无论是在公共领域还是在私人领域中，个人都没有独立的地位，都必须向国家或党提供自己的服从来交换所需的利益。相对于后者来说，利益群体的竞争和压力，都是在这种独特的统治结构中行动的，它们的生存基础和国家或党的生存基础是同构的，因而它们竞争的不过是这种统治结构中的更优势的地位，这种竞争与韦伯两种统治形式相对分离的统治结构依仗利益的竞争有着本质的不同，几乎完全不可相提并论。

（三）传统国家社会主义（再分配经济）的统治结构

在社会主义社会中国家是什么？国家既是具有权威和强制性命令权力的统治者，同时又是财产所有者。国家既是政权，又是财产所有权。统治的最大特征即政权和财产权的合一，也就是说，是市场交易权力和行政命令权力的合一。通常分离的二者被紧密地耦合在一起。因而这种国家不同于过去人们所谈论的任何形式的国家。这就是为什么当人们说到社会主义社会中的统治形式或统治机构、统治组织时，更多谈论的是国家，而很少包括市场上的不平等交换所形成的统治。社会主义社会中的国家不仅意味着通常意义上的行政机构，特别是暴力机器，而且是一个无限巨大的机构，它不仅包括通常意义上的行政机构，而且将所有的社会组织或社会团体形式都包括到国家行政机构的范畴中，因而也就等于将所有的统治形式都合并到属于“国家权威”的统治机构范畴中。

在这种合二为一的统治形式中，分别承担统治功能的两类“组织”也合二为一。在两种基本统治形式相对分离的情况下，命令权力或国家权威的统治主要通过官僚组织来实施，而依仗利益的统治在现代社会中主要是通过经济组织来实施。但是在传统社会主义社会中，国家行政机构同时也是占有财产和资源的经济组织，经济组织由于和国家行政机构相结合从而也具有国家行政机构的功能。在中国传统社会主义社会中，这种特殊的国家实现统治的“组织”就是我们通常所讲的“单位组织”，它既包括国家行政机构或官僚机构，也包括社会中的企业组织和其他经济组织。

问题有时是非常简单的，当国家占有了绝大多数社会资源时，其他几乎所有的社会组织就都成为国家行政机构的一部分，因而也就成为国家进行统治的工具或手段。政权同时就是财产权，财产权成为政权的一部分。而各种各样的社会组织，除了国家行政机构之外，通常不过是人们组织起来运用资源实现利益的一种形式。当国家成为资源的占有者时，这些社会组织就转化为国家实现目标的一种组织化手段，同时也是国家实现统治的一种组织化形式。基于财产权的利益统治和基于政权的命令权力的统治结合在一起。而统治的组织形式中一个最基本的机构，即所谓的“单位”。因而，人们不将中国的社会组织称为“组织”而是称为“单位”，即因为“单位组织”的实质是维持国家统治即命令统治的手段或工具。[1] 在这个意义上，中国社会的“单位组织”不仅是组织化的政治控制手段，也不仅是分配社会资源的制度，其本身就是整个社会统治结构的一个组成部分。从韦伯所讨论的统治形式的意义上看，这种统治结构本身就构成了社会结构的核心部分。韦伯在《经济与社会》中的一个标

1 参见本书参考文献。

题最清晰地表达了这个含义，在第8章“政治的共同体”中，最后一个题目是“共同体内部的权力分配：阶级、等级、政党”，而我们通常都将韦伯论权力分配的三个因素视为社会分层中最重要的指标。(Weber，1980: 514, 531)

在这种统治结构下，从某种意义上来说，一般国家通常的统治工具或手段都相对不重要了，例如议会、法律、法院甚至军队等暴力机构，因为当国家将政权和财权集于一身后，整个社会都成为国家统治的一个部分，单位组织承担了几乎所有的命令权力或者国家统治的功能，其方式也与国家的命令权力没有了本质的区别，只是依照惩罚的轻重程度，由更高的统治主体来决定采取什么方式实施惩罚，或者在单位组织中受到严格监督，或者在监狱里受到更严格的监督，后者相对于单位组织中的监督来说，只是表明了更严重的惩罚。

国家通过单位组织，将自己延伸到社会的各个方面，从而实现对社会的统治。在一定意义上可以说，建立在公有制基础上的统治与被统治之间的关系，是一种更为严格或者集中的统治关系。因为：第一，国家手中掌握着经济强制工具，将工作场所和条件的全部或几乎全部支配权集中于一个中心，其规模不是资本家和公司所能匹敌的；第二，国家能够将经济“强制”和政治强制直接结合起来。(布鲁斯，1989)

因而，单位作为一种组织化的国家统治体制，其意义有些类似于传统中国社会中的家族。家族是一个集生产、事业、生活、情感等功能于一体的“社会组织”，同时，家族在传统中国还有一个重要的功能，即代表国家权力实施统治，它的权威不仅来自资源，也不仅来自血缘和情感联系，而且来自国家权力。(Li Hanlin，1991, 1996; Wang Qi, 1996) 杜赞奇认为，国家和家族之间联系的机制是“文化网络”，二者尽管在组织结构上没有直接联系起来，而且家族具有一定的自治性，但共同的文化网络将二者紧密联系起来，形成了一个整体。而在现代中国，将个人和国家联系起来的是单位，而单位和国家之间的关系是二者的一体化。(杜赞奇，1995)

从整体看，这种统治结构呈现出一种“依赖性机构”，即下级对上级的依赖，个人对单位的依赖。因而，这种依赖性机构涉及一种自下而上的“依赖性向量”。国家不仅将一切权力掌握在自己手中，而且剥夺了任何权力。国家将一切权力集中在自己手中，国家就基本上完全取代了社会，无法从社会中分离出来。(布鲁斯，1989)

有关中国传统社会主义社会中“单位组织”的其他特征，我们在本章的开始以及我们和其他作者的论著中都已有论述，如单位组织的多功能性、国家分配社会资源的工具、单位组织的等级或行政等级制度等，这里不再赘述。我们只是想特别强调，特有的中国单位组织，其实质是将命令权力和财产权力结合起来的国家统治的一种组织化工具或手段。对单位组织的变迁，也应该从这个本质出发进行评判。这样，我们就可能透过纷繁复杂的变化和各种表面的现象，看到社会学应该探究的社会本质。

四

现在我们应该回答在本章一开始就单位组织研究提出的问题了：在经历了这些年向市场经济的转型后，中国社会中的单位组织是否还存在?

我们首先还是从整个社会的统治形式和权力结构入手。

中国社会的改革，究其根本来说，最重大的变革，是所谓“自由活动空间”和“自由流动资源”(孙立平等，1994) 的出现和发展。相对于国家的财产权来说，出现了以私营经济为标志的独立财产权和独立资源，相对于国家特别是中央政府的控制，各种各样和各级

“单位组织”有了一定程度的“自主权”，因而，相对于集中一切权力的国家来说，出现了一定市场化，相对独立的财产权逐步产生和发展。各种不同程度上的“自由资源”为组织和个人的社会独立性提供了可能性，至少是提供了摆脱原有依赖性的替代性资源。人们据此说，“单位组织”已经消失或者基本上没有意义了。

必须强调指出的是，在一个处于转型时期的社会中把握社会结构的变迁，变迁的“度”和“界限”是十分重要的。中国社会结构发生了巨大的变化这是无可否认的，但根本性的变化远未发生，这个社会的基本统治形式和统治结构仍然在很大程度上保持着。

国家的行政式的、权威的，或者说命令式的统治肯定依然存在，任何一个相对稳定的社会中，都必定会存在这种统治，尽管国家统治的工具、机制等可能会有很大区别。

在财产权和资源占有权方面，尽管存在着独立的财产或资源，尽管存在着单位组织的“自主权”，变革仍然是有限的。我们将从这两个方面进行分析。

（一）社会资源和财产结构

权威的调查数据说明了状况。1996 年，经国务院批准，在全国范围内进行了“全国基本单位普查”。普查的标准时点为 1996 年 12 月 31 日。普查的对象分为两类：

法人单位（Institutional Unit），指依法成立，有自己的名称、组织机构和场所，能独立承担民事责任；独立拥有和使用（或授权使用）资产，有权与其他单位签订合同；会计上独立核算，能够编制资产负债表的单位。

产业活动单位（Establishment），指在一个场所从事一种或主要从事一种社会经济活动；相对独立组织生产或业务活动；能够掌握收入和支出等业务资料的单位。

调查结果显示，在全部企业法人单位中，国有和集体法人占主导地位，其数量合计达到 194.3 万个，占总体的 73.9%；私营企业法人个数为 44.3 万个，占总体的 16.9%；外商、港澳台投资并投产开业的企业法人个数为 11.1 万个，所占比重为 4.2%；股份制企业法人 7.2 万个，所占比重为 2.7%。[1]

在国民经济的三个主要行业工业、建筑业、国内商业中，不同所有制和类型的企业单位所占比重如表 1-1，虽然集体单位产值所占比重最高，但其中多数属于乡镇企业所创造。如果局限于城镇中，国有单位当依然占据主导地位。

表 1-1　不同所有制企业单位在工业产值中的比例

	国有单位	集体单位	其他经济类型单位	个体企业
工业产值（%）	28.5	39.4 其中，乡村办企业单位：27.8	16.6	15.5

在建筑业中国有单位以及城镇集体单位占绝对主导地位（表 1-2）。

表 1-2　不同所有制企业单位在建筑业产值中的比例

	国有单位	城镇集体单位	联营企业	股份制企业	外商投资企业	港澳台投资企业	其他经济类型	私营企业	农村建筑队
建筑业产值（%）	35.9	31.9	0.2	2.4	0.4	0.4	0.04	0.3	28.5

注：与 1997 年统计年鉴第 33 页的原数据一致，但是因为最后比率取值保留的位数原因，导致总百分比为 100.04%。（全书其他表格中的数据，也有此类问题，不再注明）

在批发、零售、贸易、商品销售总额中，仅国有单位就占据了

1　全国基本单位普查办公室编：《中国第一次基本单位普查简明资料》，北京：中国统计出版社 1998 年版，第 6 页。

主导地位（表 1-3）。

表 1-3 不同所有制企业单位在国内商业销售额中的比例

	国有单位	集体单位	联营企业	股份制企业	外商、港澳台投资企业	私营企业
总额（%）	64.1	26.3	1.1	5.7	0.8	1.6

注：根据 1997 年统计年鉴第 568 页的原数据进行计算并取百分比，总百分比为 99.6%。

全社会保险、福利费的支出，主要也集中于国有单位，也就是说，主要是国有单位的人享受着社会的保险和福利保障（表 1-4）。

表 1-4 不同所有制单位人员享受社会保障比例

	国有单位	城镇集体单位	其他单位
保险、福利费结构（%）	84.3	11.7	4.1

注：引用自 1997 年统计年鉴第 35 页的数据。

不仅在组织数量和社会财富结构中，国有单位和集体单位仍然占有很大的优势，而且城镇地区中多数劳动力也在国有单位和集体单位中就业，工作和生活在单位体制中（表 1-5）。

表 1-5 城镇就业人口在不同所有制单位中的比例

	国有单位	集体单位	联营经济单位	股份制经济单位	三资企业经济单位	其他类型经济单位	私营企业	个体企业
就业（%）	56.7	15.2	0.2	1.8	2.7	–	3.1	8.6

注：1990 年后，城镇就业人员小计资料根据人口变动情况抽样调查调整，因而分经济类型的资料相加不等于总计。

资料来源：《中国统计年鉴（1997）》，北京：中国统计出版社 1997 年版，第 33—35、93、586 页。

从组织数量、资源和财产结构、就业场所上可以看到，“自由空间”和“自由资源”还是相当有限的，大部分资源特别是重要的资源或财产，仍然掌握在国家的手中。在很多社会领域中，国家仍然是财产或资源的所有者，只有在日常消费领域中和在农业生产中，独立的资源占有或财产权才处于优势地位。在其他领域中，国家的财产权或资源占有权处于程度不等的垄断地位。在这个意义上，可供人们“自由”选择的替代空间并非像人们通常想象得那么大。

（二）单位组织的性质

但是，即使是在国有和集体单位领域中，国家的命令权力形式也有了很大变化，例如，各级各类单位的“自主权”。问题在于，单位组织“自主权”的存在是否就从根本上改变了单位组织的性质，特别是使得单位组织脱离了国家的控制，不再依赖于国家？

根据上面有关整个社会资源或财产结构的分析，人们不应忽略的一个基本事实是：对于国有或集体单位来说，它们所拥有的资源或财产，实质上都不属于它们，即某个法人或自然人所有，而依然是国家和政府的财产。单位组织，特别是企业组织在改革中获得的“自主权”，是国家授权而不是某个法人或自然人授权的“自主权”。

这一基本的事实——国家的资源占有权和财产权，决定了国家对单位组织的干预或控制。对这些“组织”来说，它们对其资源或财产的基本权利是国家给予的，它们只是受国家的委托，按照国家意志对这些资源和财产进行管理。我国的民法通则规定：财产所有权是指所有人依法对自己的财产享有占有、使用、收益、处置的权利。占有是对财产的实际控制；使用是对财产加以利用；收益是基于使用财产而取得的经济收入；处置是对财产的转让、出租、出借和消灭等各种方式。（王晓进，1989）因而从本质上，单位组织与资源和财产的关系，主要是调动资源和财产的“权力”，而并不是它们对这些资源和财产具有真正独立的“权利”。国家和政府对资源和财产的权利，使得它们有充分的权力调动和支配国有和集体单位的资源和财产。仅就此点来说，这并不违反通行的规范。特殊的仅是，当国家和政府来行使这种调动和支配资源的权力时，它必然是和行政权力、命令权力结合在一起，或者说，主要是通过行政权力、命令权力的形式体现出来，因而具有直接的强制性。在这个意义上，单位组织的自主权就好像不过是单位组织究竟是面对独裁型的领导还是面对一个民主型的领导一样。

无论在理论上还是在实践上，20 世纪 90 年代的单位组织对已经沉淀在它们之中的资源和财产具有一定的占有、使用、处置和享用权力，特别是后三种权力。但这些权力不是来自它们自身，而是由自己所属的政府部门或上级主管部门的授权形成的。因此，单位组织的自主权是一种具有极大“弹性”且无法明确或精确界定的权力。换句话说，它取决于所有者的权力，在这一点上，和其他所有制的所有者的权力性质和表现没有本质的不同，只不过这个所有者是特殊的，它是国家，因而同时也是整个社会法律和强制力量的最终保障。

1. 单位组织的行政隶属关系

正如韦伯所指出的，国家的权威统治有赖于一个官僚机构，或者说一个行政体系，在中国也不例外。中国社会的特殊之处在于，国家将两种权力集于一体。无论 20 世纪 90 年代发生了怎样的变化，国家对资源或财产的所有权依然要通过各级行政权力机构的活动来实现，没有这种行政隶属关系，国家在资源和财产权上的占有，以及以此为基础的统治就成为一句空话。国家作为庞大资源和财产的所有者，必定要对这些资源和财产分类、分级进行控制和管理。这种分类分级首先是不同类别和不同级别的政府部门和行政机构，这些政府部门和行政机构是国家权威和权力的实际载体，由它们来“代表”或者具体实现国家对资源和财产的所有权。它们的主要职能是以国家和政府的名义管理国家所有的资源。在这些政府和行政机构下面，是各种类型和规模的单位组织，它们的主要职能是运用国家赋予它们的资源，实现国家的目标。无论企业有多大的自主权，不应忘记的是，企业财产的所有者仍然是国家，因而那些政府和行政机构对企业都有法律上和实际上的支配权。在这个意义上，单位组织的性质还没有根本的改变，几乎所有的国有和集体单位都不过是国家的一个部分，区别仅在于它们的功能上有所差别，它们“代表”国家进行统治的权力有所差别。对于那些经济组织和事业单位组织，它们的主管部门就是国家所有权的化身，对于下级行政主管部门来说，上级主管部门同样是国家所有权的化身。单位组织以及下级行政主管部门对其上级行政管理机构来说，都是一种完全的隶属关系。尽管改革以来国家统治权力已经发生了很大变化，但这种单位组织的行政隶属关系没有根本改变。国有和集体单位都依然隶属于特定的行政组织机构管理。

在那些较小的、较不重要的单位组织上，过去的行政级别已经淡化，因为政府已经在很多领域中不再按照单位组织的级别来分配社会资源了。但是，单位组织越大，即国家赋予它们实际支配的资源或财产越多，行政隶属关系就越强。单位组织本身还保留着原来的行政级别，国家对这些单位组织干部的配备，基本上是按照行政等级进行的。单位组织的行政级别带来的是特定的权利，这种权利虽然不是对财产和资源的“产权”，但它作为命令权力和依仗利益权力的混合，可以间接的方式为单位组织实际占有更多的资源和财产创造条件。在一定条件下，行政级别和资源权力之间有替换关系。

单位组织的行政级别在不同单位组织中已有所变化，但行政隶属关系至今没有根本的改变。真正无“上级”的国有、集体单位微乎其微。而单位组织的行政隶属关系，在某种意义上也是单位组织自己的选择。这种行政隶属关系有可能给某一单位带来更多的“好处”。企业单位处于特定的行政隶属关系中，可以利用政权的行政权力限制和削弱市场上的竞争对手，封锁市场、垄断供给和销售，利用这些行政权力上的优势，企业就无须在经营管理、提高技术水平等方面作出努力。而且在很多情况下，如果企业没有一个行政主管部门，像很多私营企业那样，企业在生产经营方面就有可能遇到许多困难，例如贷款、各种行政性审查或审批、政策上的各种优惠，如减免税收等。

2. 单位组织的政治统治特征

由于单位组织生存的基本制度基础没有根本改变，因而单位组织依然保持着很强的政治特征和统治工具特征。这也许是人们至今仍能强烈感觉到的中国单位组织和一般社会组织的根本性差别之一。

在我国国家的权力结构中，虽然有立法权和行政权的分工，各自有自身的分工和职能确定，但这种分工和职能确定有很多不明确之处，而且更为重要的是，所有的国家和社会事务，都是在党的一元化领导之下。在现实的国家治理结构中，党的组织和各级政府机构对应存在，在党的领导下处理各种国家事务。党组织和政权组织基本上合二为一。在垂直的国家管理中，党的机构实际上控制着所有其他机构。严格遵守党的领导作用概念，意味着所有其他的制度体系都要服从党的组织，党的组织领导不仅贯穿于政权机构中，而且也贯穿于几乎所有的国有和集体单位之中，以保证党对国家和社会的控制。因此，党作为一种政治工具，在各级单位组织中也成为一种组织工具。党的机构成为政权机构和经济机构的一个组成部分。

因此，单位组织中的党组织，不仅发挥所谓监督和保证作用，而且由于党在整个国家政权组织中的地位，常常直接参与决策，构成了单位组织中的权力核心。单位组织的改革，在一定程度上削弱了其中党组织的地位，但并没有从根本上削弱党的权力，因为单位组织隶属于一定的行政机构，实际上即隶属于一定的党组织。在这个意义上，单位组织对行政权力的依赖，实际上意味着党作为政治组织同样对单位组织拥有命令或者权威的权力。而将执政党的组织设立在所有的单位组织中，其基本意义就在于实行、保证、监督党和国家对整个社会的统治。

单位组织绝大多数都设有其他的权力机构。例如在企业中，职代会在理论上被规定为企业中的权力机构，工会也在绝大多数单位组织中存在。但是，在目前的改革进程中，这些组织很难成为单位组织权力结构中的一个部分，形成自己的权力地位。因为除了党和国家的权力之外，实际上没有真正的其他权力。单位组织的行政领导、工会、职代会等，都是党所领导下的一个组织或一部分。它们在单位组织中的权力地位，取决于党和国家实现统治的需要。因此，尽管中国向市场经济转型的过程已经进行了多年，有关单位组织中党组织的地位问题也发生过许多争论，但在行政权力和财产权力仍然合一的情况下，单位组织中的党组织一直受到高度重视，并且承担着众多政治控制和社会控制的功能。

单位组织隶属于行政机构和党组织，使得它们在社会经济活动中仍然承担着多种行政和党的职能，就像一级政府机构和党的机构。各级行政机构和党的机构对单位组织都有一定的支配权，都在企业中设有自己的分支机构或部门。例如，在单位组织中，至少要有各种与政府行政系统对口的系统，包括社会治安、交通安全、计划生育、环境卫生、植树绿化等，以及党委，党的宣传、组织机构等，甚至慈善捐献、节假日和特殊时期单位值班也由单位组织负责。即使没有设立专门机构，也有专人负责所有上述工作。正如一句俗话所说的：上边千条线，下边一根针，上边千条线，下边条条见。过去人们在讨论单位组织时常常谈到的功能多元化，不过是这种政治统治功能的具体表现，在单位体制的改革过程中，这些功能或多或少地保留下来，如单位组织对其成员的吃穿住行、生老病死、生活福利，乃至文化娱乐等，都负有一定的责任。

党所领导下的单位组织的政治统治功能，在整个社会向市场经济体制转型的过程中，可能经常不再像过去那样明显了，但这并不意味着单位组织不再具有这一功能。在社会出现不稳定或特殊情况时，单位组织是党和政府所能支配的最为系统的贯彻统治意志的工具。在整个社会自组织程度相对较低、中介组织极为不发达的时候，党和政府也没有其他的统治工具可以使用，或者说，不如单位组织更为有力。时至今日，在众多社会以及经济活动方面，个人权利依然有赖于单位的担保，即使这些单位已不再仅仅是国有和集体单位组织，但单位的“介绍信”仍然是必不可少的。

（三）基本统治手段——人事任免权

单位组织的制度背景以及单位组织的性质，决定了单位组织依然保持着对国家的依赖。但是，在改革的现实中，人们更多看到的是单位组织的自主权，看到的是单位组织在生产、经营、采购、销售、服务等方面几乎已经是自主负责，在单位组织内部人事管理、财产管理和物质资源管理等方面，都有一定程度的自主决定权。过去国家对单位组织的那种全面控制已经不复存在。那么，国家对单位组织的控制是如何实现的？单位组织对国家的依赖是由什么决定的？国家对单位组织领导人的任免权，是国家在现有制度背景下、在社会转型中依然保持对单位组织强有力控制的基本统治手段，也是影响或决定单位组织仍然依附于国家的最重要的直接因素之一。

在任何较为现代的社会中，资源或财产所有者的所有权，都受到法律或国家以及整个社会的充分保护。正如新制度主义经济学所指出的，导致现代经济发展的最重要条件，是一套围绕有利于经济增长的产权制度的形成，这种产权制度构成近代经济增长的基本条件，[1] 而不是人们通常所认为的其他的一些因素，甚至技术革新的作

---

1 道格拉斯·诺斯，《西方世界的兴起》，北京：华夏出版社 1989 年版。

用也不是最主要的。对于那些独立的社会组织，例如市场经济中的企业组织来说，所有权和经营权的分离，企业所有者与企业经营者的分离，并不意味着所有者完全丧失对企业的权利和对企业的统治权力，所有者所拥有的一项非常重要的权力，即他对企业领导人的选择权力或人事任免权。所有者所追求的，并非对财产的使用和处置，而是财产的增值。他可以自己去操作自己的财产以实现增值，也可以选择其他人去为自己服务，使财产增值，为自己带来最大的收益。在整个经济活动日趋复杂的情况下，后一种形式得到了普遍的发展，所有者和经营者相对分离的企业权力结构占据主导地位。因此，所有者的人事任免权，是其所有权的衍生物，是所有者意志在所有权上的直接具体表现。

在中国社会中，即使是在向市场经济转型的中国社会中，国家仍然是社会资源或社会财产的最大、最重要的所有者。国家的这种地位是否合理属于另外一个问题，但国家作为所有者所拥有的权力则是毋庸置疑的。对单位组织领导人的人事任免权，同样是国家所有权的一个重要组成部分。同时，与上述市场中的独立财产权所衍生出来的人事任免权有所区别的是，对于单位组织来说，国家几乎是唯一的所有者，因而国家对单位组织领导人的选择权也是唯一的，不受任何其他类似权力的制约。因此，国家对单位的控制，或者单位对国家的依赖，其重要机制之一即人事任免权的控制。这种人事权上的单一委任制，体现了国家对单位组织的所有者权力。

在这个意义上，经济体制和政治体制改革的发展，单位组织自主权的扩大，至少到20世纪90年代末为止，改变的还仅仅是党的机构和国家机构对单位组织控制的范围和程度，这种控制会因时因地、因目标和条件的变化而有所不同，有时甚至会变得非常宽松，但作为所有者，党和政府机构一直没有放弃对单位组织的最直接的控制形式：单位组织领导人的人事任免权。国家和单位组织在人事上联系在一起，这是一条至今没有更改，也不能更改的定则。国家及其各级行政部门尽管可能在权力结构的调整中下放其他权力，但为了保持对单位组织的控制，“党管干部”的权力始终不放。因为这是将掌握财产的国家权力和单位组织联系起来的重要媒介。这种联系定则的存在，就提供了一个对单位组织保持控制的直接的具体的渠道和可能性。它的重要性对于统治者来说，无论给予多高的估计也不为过，特别是在国家给予单位组织一定自主权的情况下更是如此。

对单位组织领导人的单一人事任免权，来自传统社会主义社会国家将两种统治权力合一的基本统治结构。由国家行政机构对单位组织的领导人进行选择，是保持集权统治的必要条件。国家为了从两个方面维持对整个社会的统治，就必须对人事任命保持尽可能大的直接控制，不仅是在政治和经济领域中，即使是在文化、科学等领域中也同样如此。单位组织构成了国家统治的基础，而单位组织的领导人即代表国家在行使国家的权力。国家的集权统治要依靠不同类型和不同层次的单位组织来维系，而单位组织作为国家权力和国家机构的附属物，其领导人自然也应由国家来任命。

按照布鲁斯的说法，借助于对人事任免权的完全控制，就形成了一个所谓“完全依赖性结构”。（布鲁斯，1989）

首先，各级各类单位组织领导人的选择，基本上是通过“上级主管”强制性推荐和将选举过程形式化等来加以控制。几乎所有生活在单位组织中的人，对此都有深刻的认识和感觉。虽然我们不时听到在一些地方发生过上级任命或推荐被否决的事例，但这都是个别的现象。特别值得指出的是，国家对单位组织的自主权在法律和法规上就留有充分的余地。在国家数次颁布的企业法中，规定可由两种方式产生企业领导人，一种是上级任命，另一种是经过职工代表大会选举，然后经上级批准。一方面，职工代表大会的权力不是绝对的，只是相对的；另一方面，相对于党的一元化领导和国家权力，职工的权力处于极度不平衡的状态，如果两种权力发生对抗的情况，职工权力大多是弱者和失败者。关于这方面的事例已多有报道。

其次，国家对单位组织领导人任命的唯一控制，使得他们实际上成为“上级”命令的执行者，他们的命运和权力地位，都掌握在“上级”手中。这种体制不仅维持了国家对社会的统治，而且给中国单位组织的行为带来了很多独特的特征，不过这些特征不是本书分析的重点。尽管同任何权力结构中的关系一样，权力关系的双方都具有程度不同的依赖性，因而带有一定的博弈性，具有讨价还价的行为特征，但是，基本的关系性质依然保持着那种单方面的依赖性，在这种权力关系中占据主导地位的一方是掌握资源和强制性命令权力的国家。尽管改革给了单位组织一定的或很多的自主权，但从本质上看，“依赖向量”（布鲁斯，1989）不存在任何颠倒性的变化。在这个权力结构中，每一个环节都清楚地知道自己对上级环节的责任。如果“上级”认为有必要的话，可以在没有任何制度障碍和限制的情况下，通过各种手段和压力，直至政治手段来迫使单位组织保持服从。

国家对单位组织领导人的人事任免权，决定了单位组织对国家（政府）的依赖性和国家对单位组织的控制。相对于传统社会主义社会来说，20 世纪 90 年代的控制和依赖可能不再是“完全”的了，但这是国家自愿改变的结果，对于国家的统治来说，并非损害，而是一种适应新的目标和环境的产物。“完全”的控制和依赖同时也意味着完全的相互义务和相互责任。按照科塞的看法，这种关系结构可能会导致更为严重的冲突。（科塞，1989）

（四）改革的限度

我们从行政隶属关系、政治体制职能和统治、控制手段等几个方面，讨论了在改革过程中单位组织仍然保持的传统特征。单位组织并没有在改革中消失，而是在一些基本方面仍然保持着它的基本特征。传统的所有权结构和社会资源的分布状况不变更，国家仍然是大量社会财富的唯一所有者的话，人们更多感觉到的实际上是权力重心的下移和控制的放松，“扩大自主权”只是一种授权方式和程度的变化，并且依授权者的意志为转移，因此，“扩大”自主权并不意味着独立于国家行政权力之外其他权力的产生，也不意味着单位组织依赖地位的改变。原有的实质性权力结构和权力关系基本上得到维持。

由于国家行政权力和资源占有权或财产权的合一是中国社会，特别是城市社会的深层制度结构，那些国有和集体单位根本无法真正脱离国家行政权力而成为相对独立的社会组织。单位组织既然不是独立的社会组织，不拥有相应形式的权力，因此，实际上不存在真正的“政企分开”。单位组织所拥有的资源属于国家所有，因而单位组织也隶属于国家，成为国家整个统治结构中的一个环节。在单位组织的生存和活动中，都渗透了国家命令权力的意志，在基本方面受到国家行政机构的干预，甚至它自身也在一定程度上带有行政组织的性质。

所谓“政企分开”的理论在很大程度上是一种改革的策略，对于某些人来说，是一种理想，但它既不能解决理论上的矛盾，也不能解决现实中的问题。“政企分开”的概念不过是扩大自主权的又一种表现。人们始终无法说清如何让一个所有者和他的财产经营权分开，并且保证他的所有权收益。人们也许可以寄希望于股份经济，认为股份制组织将改变传统单位组织的特征。但是，人们不应忘记和忽视的是，一方面，国家常常是单位组织的唯一“股东”或主要“股东”，它自身的权力形式仍然会对单位组织发生直接的影响；另一方面，国家作为所有者也完全不同于自然人或独立法人作为所有者，对于国家来说，更重要的是命令式的统治权力，而不是单位组织本身的收益最大化。

单位组织的变革，有其内在的限制。中国社会的权力结构和以此为基础的统治形式，规定了它的变革范围，成为无法回避的既定边界，也成为我们认为单位组织依然存在的根本性依据。

五

在传统社会主义社会依赖性结构中，主要存在着两个依赖环节，一是单位组织依赖于国家，二是个人依赖于单位组织。

单位组织作为一种统治制度或结构，在一定意义上仅仅是国家实现统治的中介环节，或者是统治的组织化工具、手段，国家统治的真正对象是个人。单位组织通过将政权的性质和经济的性质结合在一起，将经济控制权力和国家行政权力结合在一起，从而像国家对单位组织的统治那样，实现对个人的统治。

在中国传统的社会主义体制中，国家通过单位组织实现个人的统治，主要借助于两种方式：其一，借助于国家强制性的命令权力、行政控制。除国家和集体财产外，国家取消了其他一切资源占有的合法性，因而对于个人来说，基本上不存在获得独立性的其他替代性资源。其二，个人所需利益的满足，主要依赖国家所控制的单位组织来实现。在这种情况下，这种依赖与其说是"依赖"，不如说是"强制"；与其说是一种"交换行为"，不如说是一种本质上对行政权力的"依附"。个人依赖或者服从单位组织，是出于对国家强制性命令和惩罚的畏惧，是不存在任何其他选择下的"被迫"选择。按照布劳的解释，交换在严格的意义上，主要是指某种自愿行动，即人们期望从别人那儿得到了回报，服从权力"被看作是一种为换取这种服从所带来的利益而作的自愿服务"，而那种肉体强制逼出来的行动不是“自愿的”。[1]

单位组织松动，或者单位组织是否还存在的一个重要现象，是自改革以来，个人在单位组织之间几乎可以自由地流动了，尽管这种流动的量和频率可能还非常低，但没有单位组织还可以借助于直接的行政权力来禁止这种流动了。导致这种流动出现的直接原因有两个：第一，在传统的单位体制之外出现了大量新的社会组织类型，如私营企业、民营单位、三资企业等，个人在社会组织的选择上具有了较大的替代性。第二，国家放松了对国有集体单位的控制（这是和体制外的发展同时进行的），不仅大量乡镇集体企业基本上摆脱了统一的集中控制，而且城镇国有集体单位甚至地方政府等，都具有了一定程度的自主权，相应地，个人也具有了一定程度的自主权。在某种意义上可以说，相对于国家行政权力的“财产权力”逐步形成（当然在不同的社会组织中这种财产权力的独立性表现不同）。但是，个人对单位组织的依赖在我们看来，同样没有根本改变。

（一）国家及其单位组织的垄断地位

中国社会的改革进行到今天，尽管有了所谓“体制内”和“体制外”的“体制二元结构”，[2] 尽管在全社会范围内，市场化的程度与过去相比有了巨大提高，尽管市场关系已经渗透到社会生活的各个方面，但是，一个无可否认的事实是，在城市中，国家及其国有和集体单位所控制的社会资源占有几乎是绝对的优势，无论是从资源的数量上还是资源的重要性上都是如此。城市人口中的大多数生活在国有和集体单位中。这种组织上和经济上的垄断结构，使得国家及其国有或集体单位即使仅仅在经济领域中也仍然保持了基于利益

---

1 布劳，《社会生活中的交换与权力》，北京：华夏出版社 1987 年版，第 108 页。

2 时宪民，《西城区个体户的研究》，北京：中国社会科学出版社 1994 年版。

的统治。但是这种基于利益的统治不同于纯粹市场环境的情景：经济上的垄断结构和国家政权结合在一起，对于这些单位组织来说，其形成统治权力的财产和国家政权仍然结合在一起。

因此，对于生活在单位组织中的个人来说，国家是他们事实上的雇主，而且特别应该指出的是，国家并不简单地是众多雇主中的一个普通雇主，而是一个占绝对统治地位的雇主，在很多部门中，它甚至是唯一的雇主。个人可以有不进入单位组织的权利，从而有不接受国家直接控制的可能性。但是，个人的这种“自由”被局限在相对狭小的空间里。对于整个社会来说，其机会结构和制度结构具有基本上的一致性，因此，提高给个人可供选择的可能性只是一个相对狭小的范围。在某些“市场转型”理论看来，市场经济的发展，特别是“体制外”经济的发展，导致整个社会的机会结构发生变化，新的社会因素开始对人们的社会地位获得具有了越来越大的决定和影响作用，如受教育水平等，从而导致整个社会的分层结构和分层机制发生根本性变化。（维克托·倪，1989；撒拉尼，1996）这一理论在有限的范围内无疑有其正确性，但是，整个社会的统治结构、资源分布状况和社会的“组织化”结构，将最终决定社会的分层结构和机会结构。向市场经济的转型，特别是在体制外的经济和社会环境中，“市场转型”理论基本上正确描述了中国所发生的变化，以及变化的实质，但是对于城市社会来说，特别是在整个城市社会的范围内，分层结构和分层机制的根本性变化还远未发生。

正如韦伯所讨论过的，依仗利益状况的统治，特别是依仗市场上的垄断地位形成的统治，是建立在依仗以某种方式保障的对财产的占有（或者也依仗精于市场的技巧）基础上的，但这种垄断地位，常常可以使他们借助于在资本市场上的垄断地位，来施加统治的影响，对那些需要满足某些利益的人施加统治，虽然在形式上那些人的服从仅仅是出于自己的利益需要，并且具有“自由的”行动的权利和可能性。就好像在金融问题上，那些拥有资金的信贷机构可以通过信贷在很大程度上影响求贷者的经济行为。[1] 中国的特殊之处在于，这些市场上的垄断者同时即是国家或是国家的“组织化”机构，它同时具有国家所特有的命令权力或“权威”。

对于个人来说，他们的“自由行动”往往会受到整个社会结构所施加的外在强制性力量的影响。虽然存在着一定程度的市场化或一定的体制外结构，但居于垄断地位的单位组织和国家，即使不是居于充分的垄断地位，仍然对相当多数的人来说，是一种“迫不得已”的“自由”选择，他们只能选择国家所有的单位组织。单位组织可以在一个广泛的范围内给这些单位成员规定“回报”的形式和“价格”，即通过这种垄断地位，迫使社会中的个人采取所期望的态度，实现这种统治可以“并不强迫个人履行哪怕是最微不足道的、对这种统治逆来顺受的义务”。[2] 因此，这种特定的“依仗利益”的统治和以一定的个人“自由行动”为特征的特征，可以很顺利地逐步转为国家的权威统治，并且可能在很大程度上与原有的行政权力、官僚机构对“下级”统治的权威体制相一致，基本的统治结构没有根本改变。因此，对于相当多的个人来说，他们的利益满足或实现，是“自由地”依赖于单位组织，因为他们只能“自由地”选择单位组织。

民营、私营、三资等组织在整体上的狭小，使得社会的机会结构实际处于一种非常不平衡的状态。只有少部分人，他们或者具有特殊的机遇，或者占有特殊的资源，才有可能利用新的的机会和渠道，改变自己的社会地位，甚至取得相当程度的独立地位。由于单

---

1 Max Weber, *Wirtschaft und Gesellschaft*. Tuebingen, 1980.

2 同上。

位组织在市场上的垄断地位，更多的人在“市场”上遇到它们的概率要远远大于遇到非单位组织的概率。

（二）个人对单位组织的依赖

国家社会主义的直接后果，即事实是生产资料所有者的职能直接由国家本身完成。国家，作为一种社会的政治组织，同时表现为一种直接起作用的经济力量，事实上是一种不仅控制着企业的内部关系，而且控制着决定企业和家庭地位的整个外部因素的力量。国家是事实上的雇主。此外，国家并不是许多雇主之一，而是一个占绝对统治地位的雇主，且是许多部门雇员的唯一雇主。

单位组织的垄断地位或优势地位，主要是对社会资源和社会机会占有的优势。国家统治的实现，其重要的机制即通过单位组织进行社会资源和社会机会的分配。国家将众多社会资源直接控制在自己手中，从而也控制了获得这些资源的机会。

改革后单位的自主权和个人的自由流动，没有从根本改变上述状况。

组织上和经济上的垄断结构，依然在经济领域中保持了基于利益的统治。但不同的是，这种经济上的垄断结构是和国家政权结合在一起的。国家和“单位”的垄断地位，将过去的行政控制到利益依赖在一定程度上转变为利益依赖到行政控制。也可以说，在改革后的中国城市社会中，国家和单位组织对个人的统治是主要以“自由”地服从或顺从为基础的依赖式统治。产生这种结果的根本原因即是财产权和政权的合一。

因此，单位不仅仅是如科尔内所说的，是短缺经济下的单位资源分配体制（李猛等，1996），过去人们也经常说单位是在国家占有全部社会资源的状况下分配社会资源的一种方式。这实际上还是没有涉及单位的本质，或者说没有看到单位的另一方面的含义，即单位同时是一种统治的组织形式，因而是一种社会结构的特征。国家（政权）通过官僚机构和暴力以及通过单位实现对社会的控制，因而单位制是一种社会特征的方式。其中，资源分配是实现这种特征的一种手段，如韦伯所说是一种经济的手段。国家通过单位对所有社会成员实行一种全面的控制。国家赋予单位以生产、思想、生活、政治等全面的功能，以一个个单位式的小社会整合成一个大社会。

在中国传统社会主义社会中，单位组织具有众所周知的所谓“多功能”性质。单位组织不仅是人们从事工作获得收入的一个工作（a job），而且向单位成员提供其他各种各样的资源，在提供这些资源的同时，代表国家对单位成员从工作和生活各个方面进行管理和控制。所有的社会组织，如党组织、工会和社会团体等，几乎都是以单位组织为基础组织起来的。至今，个人所需资源仍然有很大部分来自单位组织。尽管单位组织提供的生活服务资源不再占有重要地位，日常生活消费日益趋于社会化，但是单位组织所具有的其他社会资源和过去相比，其重要性甚至有了更大的提高，其中最为重要的是住房、医疗和养老保险等。住房制度的改革虽然早就开始，但实际上住房和单位组织仍然有着密切的联系，在单位组织内工作的个人，比起在其他社会组织中工作的个人更有可能获得住房，或者更有可能以较低代价获得住房。据北京市统计，1996 年北京市售出的普通住宅中，约有 75.6% 为中央部委机关、各大公司、军队系统等机构买走，它们是北京市住宅市场长期稳定的消费大户。同时，在机构购买的住宅中，国有和集体企业分别占到 38%和 33%，国家机关和社会团体占 29%，机构购买的住宅中，有 88%集中在北京市的最好地段内，那些个人购买的住宅中有 73%集中在北京市的郊外偏僻地区。[1] 虽然住房商品化的改革在全国都在进行，但在今后相当

1 《北京房地产（1996）》，北京：航空工业出版社 1997 年版。

长的一个时期内，人们获得住房，特别是获得低价住房的来源仍然是单位组织。因为只有在单位组织范围内，才有责任直接负担单位成员的住房问题，以较高的市场价格购买或建设住宅，然后以福利性的价格出售给单位成员。很多人至今仍然留在单位组织内，其主要目的之一即获得一套低价住房。那些在非国有和集体单位中工作的个人，一般只能够在市场上以较高的市场价购买住房，这对于那些一般的职工来说是很难承受的负担。

养老和医疗保险尽管已有各种各样的地区性和行业性基金统筹，但这些社会保险基本上仅覆盖单位组织的范围。那些国有和集体单位下岗的职工，之所以即使下岗领取很少的津贴也不愿意去非国有和集体单位工作，一个重要的原因之一即这些单位中没有上述社会保险。他们中相当多数的人实际上也无法享受到上述保险，但按照规定，他们应该享受并且有权利享受这些保险，而在其他类型的组织中他们基本上肯定得不到这些保险。无论是住房还是社会保险的情况，都带来了一个有趣的现象：改革推动了整个社会的市场化，一个与原国有和集体经济不同的经济成分——非国有和集体经济与单位诞生并有了极大的发展，人们的机会结构开始改变，新的社会地位和流动渠道已经发展起来，但面对改革和市场化所带来的风险和不稳定，人们从最初的惊喜中冷静下来，重新认识到单位组织给他们带来的利益或资源。特别是对于一般的社会成员来说，单位组织当时和应该给予的那些资源，尽管不是最好的，但是是更为重要的，因为这些资源是他们维持生存的最基本资源。一旦离开了单位组织，个人将丧失单位组织赋予他的资源，特别是国家通过单位组织所赋予他的那部分资源。因此，至本书首次出版时，单位成员对自己所在的单位组织仍然有着较强的依赖性。

国家占有大量资源的现状和单位组织所具有的分配社会资源的功能，使得单位组织实现国家统治的功能基本上得到保持，国家依然通过单位组织实行对个人的统治和控制，个人的身份和合法性，在很多方面有赖于单位组织。国家通过许多社会资源的独占性和垄断性，将资源获得的机会仅局限于单位体制系统内，如公费出国进修、专业技术职称评定等，以至于在民营组织中评定了“国家承认”的专业技术职称要作为一个特殊事件来加以宣传。更为重要的是，国家借助于对资源的占有和单位组织分配资源的功能，保留了单位组织以至国家对单位成员从工作到生活各个方面进行“干预”的权力和可能性。

（三）从权威的命令权力到利益依赖的统治

整个社会向市场经济的转变、单位组织自主权的扩大、非国有和集体经济及单位的发展，都给传统的统治形式以极大的冲击，传统的依赖性结构逐渐有所松动，传统的依赖关系有所弱化，但是，在基本的制度基础没有根本改变的情况下，这种依赖性结构的变化更多属于依赖程度和方式的变化。

对于20世纪90年代中国社会的统治结构和社会结构来说，特别是在国有和集体占有资源或财产的范围内，在整个社会经历体制和制度的转型时，国家、单位组织、单位成员的基本统治结构和权力关系没有发生根本性的变化，但是在这种统治结构和权力关系中出现了大量的市场化因素和自主性因素，因而，依赖性结构的机制与过去相比有了变化。市场化因素和自主性因素导致社会组织和个人相对于国家的直接统治有了一定的选择性，并且有了以替代性资源获得独立的可能性。国家在政治上和经济上的垄断地位，以及权威的命令权力和资源占有上的优势地位相结合，使得国家和单位组织对个人的统治依然有效。但是，由于市场化和自主性因素的进入，原有的统治结构发生了变化，主要是在这种统治结构中，强制性命令权力、行政性强制控制的意义下降，而以市场上的垄断地位为基础的、建立在交换基础上的统治权力其意义上升。为了叙述的方便，我们可将后一种权力称为“交换性权力”，尽管这可能是一种不严格的说法。

整个社会资源分布的较大不平衡、社会组织和权力分布的不平衡、不同体制内资源分配机制和分配规模上的不同，都将使得相当多的社会成员个人“自由地”选择单位组织，或者不愿意离开单位组织。对于很多人来说，这时不是想离开单位组织而离不开的问题，而是不想离开又害怕被迫离开的问题。市场化的资源分配机制有可能使得部分人无法满足自己的基本利益需求；同时，与此相对照的是，政权和财产权的结合还能够给个人以一定的保障；再有，单位组织自主权的扩大和市场因素的渗入，又可能使得单位组织对个人资源获得具有更为重要的意义（我们将在后面分析这些现象）。这时个人对国家及单位组织的依赖，有了更多的、以交换为基础的性质，是“自由地”选择结果，或者说，是间接的强制性和被迫服从。如果说过去的统治结构中，两种统治形式的过渡性关系其向度主要表现为由命令权力到利益依赖的话，那么改革后的单位体制中，则更多是由利益依赖到命令权力。二者仍然结合在一起。

国家和单位组织占有和控制了个人在社会、政治、经济和文化生活中所必需的资源，以及实现利益的机会，进而处于一种几乎是绝对的优势地位，由此形成了对单位成员的支配关系。国家的统治通过控制其隶属的单位组织，就能实现对个人的统治，这种统治实现的机制即是单位成员对单位组织的依赖性。在任何依赖的情景中，人们只有以服从作为代价才能换取资源、利益或机会。在国家和单位组织的关系上如此，在单位组织对单位成员的关系上同样如此。

（四）单位组织与社会分层

单位组织作为一种国家统治结构，其意义远远超出了组织自身，而成为一种体制。因此，单位组织具有统治的性质之外，单位体制和制度还是中国社会中具有重要作用的社会分层制度。人们的社会地位和地位的获得，在很大程度上取决于他所在的单位组织。

在传统国家社会主义社会中，单位制度或单位体制的含义，是指这样一种制度结构，即大多数城镇社会成员被组织到由国家所控制的“单位”中，由这些单位组织给予他们社会行为的权利、身份和合法性，向他们分配各种各样所需的社会资源，满足他们的利益和需求。社会成员一旦进入某一单位组织，他的权利和地位就有了一定程度的保障；而一旦离开了这样的单位组织，也就丧失了过去由单位组织所赋予他的各种资源和国家通过单位组织赋予他的各种权利。因而，人们所在的单位组织，构成了人们社会地位的基础。单位组织的所有制性质、行政级别、所属领导关系等，都对人们的资源获得和地位获得具有重要影响，成为社会区分的重要指标之一。有研究者直接将其称为中国社会分层中的“单位地位”（边燕杰，1994）或“单位等级地位”（华尔德，1996）。

中国社会开始逐渐向市场经济过渡以来，单位体制已经如前所述有了相当的松动。但是，正因为单位组织所获得的自主权和社会环境一定程度的市场化，使得单位组织依然作为决定社会成员社会地位差异的重要因素在起作用，在某种意义上可以说，这种作用甚至超过了改革开放之前。单位组织之间的差异、“好坏”，在很大程度上成为标识人们社会地位的重要指标，以单位组织为基础，原来得到控制或者并不明显的社会差异变得愈加明显起来，在整个城市社会的分化格局中，单位组织之间的分化构成了一个主要的起点。

下述因素造成了单位组织之间的分化：首先，单位组织逐渐具有了越来越多的“自主权”，这种自主权使得单位组织在资源处置和分配的权利主体中，具有了越来越重要的意义。其次，随着原来由国家特别是中央政府直接控制的权力逐渐下放，原有的统一制度规范体系开始部分解体，单位组织在制定规则方面具有越来越大的权力。最后，单位资源的不可流动性和单位资源产权的“虚置”，使得资源的占有和支配日益单位化，在单位组织内部和单位组织之间形成一种越来越强烈的利益单位化倾向。

单位组织之间的分化，造成了身在其中的单位成员因单位组织的不同，而扩大了相应的地位差异。人们在不同的单位组织中工作，他们在居住条件、收入、单位福利乃至社会福利、各种机会等众多方面表现出比过去更大的差别。同样职业、同样教育水平、同样年龄或者同样性别的人，由于在不同的单位组织中工作，会在社会地位各方面形成极大的差异，享有完全不同的机会。因此，在人们进行社会选择时，对单位的考虑常常超过了对职业和其他因素的考虑。社会转型给人们带来的巨大生存压力，使得对单位组织的选择更为重要。一个稳定的单位，意味着一个稳定的收入和社会保障；一个“好”的单位，意味着更多的收入、住房和各种有利的机会。

基于上面的讨论和分析，我们认为，随着改革的不断发展，中国社会中的单位体制发生了变化，出现了事实上的单位体制和非单位体制并存的社会结构方式。基于我们的观察和研究，以及20世纪90年代中国社会分化与变迁的事实，我们研究的基本判断和假设是：由于非单位体制的分化和发育还处于初级阶段，单位体制无论从数量上、质量上还是由之所形成的价值观念和行为规范上，尤其是在中国的城市社会中，始终还处于主导地位。伴随中国改革开放发生的是社会结构的局部变迁而非总体变迁。在相当长的时间里，单位体制和非单位体制，两种社会行为将并存且相互作用。单位现象、单位体制、单位组织仍然是理解中国社会结构，特别是城市社会结构的一个重要视角。中国城市社会的基本结构、中国社会组织和个人的行为特征和方式，都可以从这一视角中得到有效的解释。

在本章中，我们以较多的篇幅对宏观制度背景进行了讨论。在后面的分析中，我们将主要对单位组织中的权力、资源和交换关系进行分析，揭示单位组织中依赖性结构的特征。

六

在上述有关单位组织基本性质讨论的基础上，后面的分析将主要集中于单位组织的内部关系。我们将主要围绕下述基本假设建立起分析模型。

1．根据行为交换理论，单位成员在单位组织中所获得的资源以及他们对单位组织的满意程度和相对剥夺感，将决定其在单位组织中的社会行为，特别是对单位组织的依赖性行为。也就是说，单位成员在单位组织中所获得的资源越多，对单位组织的满意程度越高，人们对单位组织的依赖性程度也就越高。

值得特别指出的是，人们对于“工作组织”或社会组织的依赖性在不同的制度结构中，即在国家控制资源的“再分配经济”和在市场经济的制度结构中，具有完全不同的意义。因此，人们的依赖性结构和社会的统治结构也表现出本质性的差异。“依赖”行为是普遍的，但“依赖结构”和依赖的意义则取决于相应的制度环境。

2．由于单位组织作为一种政治统治工具和国家分配社会资源工具而存在，因而在单位组织中，人们对资源的获取和对单位组织的满意程度，将主要直接取决于两个基本因素：第一，单位组织中的权力地位；第二，非制度化的资源获取方式。这构成了我们分析的第二个基本假设。对于权力地位的作用来说，假设的意义不在于认定权力地位对单位内资源获取具有意义，而在于除资源获取方式外，仅有权力地位对单位内资源获得具有直接影响，其他因素则不具有直接影响。资源获取方式的意义在于，非制度化的、主要以人际关系网络为主的行动方式，将取代其他因素而对单位内的资源获取具有重要影响。

正是因为权力地位和非制度化的资源获取方式对资源获取具有重要意义，因而那些在单位中权力地位较高的人，对单位的不满意程度应该较低；非制度化的资源获取方式将有可能导致更高的对单位组织的不满意度。

3．如果权力地位是决定单位成员在单位组织中资源获取量的主要直接因素的话，那么，决定单位成员在单位组织中权力地位高低的将主要是他们的政治身份（如政治面貌、行政级别等），而不是例如受教育程度这样的个人特征。这是因为政治统治功能在单位组织的功能结构中占据极其重要的地位。这构成了我们分析的第三个基本假设。这一假设的确立与对单位组织性质的认识直接联系在一起。单位成员的政治身份对权力地位、资源获取以及对单位组织的满意程度（相对剥夺感）有直接的正相关关系。

上述三个基本假设，构成了我们对单位组织中的关系和行为进行分析的核心内容。围绕这三个假设，在分析过程中我们还建立了一些附加假设，如关于收入的假设等。

我们希望通过对上述三个基本假设以及其他附加假设的检验和分析，说明中国的城市社会在很大程度上仍然保留着单位社会的特征，中国城市社区的社会组织，仍然在很大程度上保留着单位组织的特征。单位社会和单位组织将对中国未来的发展，特别是对中国社会继续向市场经济的转型保持巨大的影响。

第二章　资源与交换

——单位组织中的依赖性结构

我们已经指出，单位组织是国家统治的工具或“组织化”形式。国家通过单位组织这种“中介”实现对个人的统治；单位组织将国家命令性权力和资源交换性权力都集中在自己身上。在中国社会向市场经济逐步转型的过程中，单位组织主要以自己在资源占有上的优势地位，通过资源交换性权力，对个人形成一种支配性的关系。个人利益或需求的满足，在很大程度上有赖于单位组织。这种依仗利益和资源所产生的依赖性结构，与依仗国家的命令权力所产生的依赖性结构，共同维持了国家对社会的统治。

一

一般的统治社会学理论和社会学的交换理论，提供了分析个人与单位组织依赖关系的基本框架。（Weber，1980；布劳，1987）若干研究涉及单位组织内部关系结构和个人行为特征。

华尔德指出，在中国的工厂组织中，存在着一种带有传统色彩的权威关系，即个人对单位组织的“组织性依附”和以“庇护关系系统”为核心的权威制度文化。基本的经济结构和政治结构决定了个人对单位组织具有极强的经济和政治依附性，以此获得合法的身份、特殊分配的权利和由国家分配的福利，单位组织的政治统治特征，导致个人对单位组织的依附实际上表现为对掌握资源分配权力和政治权力的单位组织领导个人的依附。在华尔德看来，这种权威和依附关系的形成与维持，得益于一种特定的权威制度文化，即领导人和积极分子之间的庇护关系网络。在这个网络中，通过交换，包括物质和非物质的利益的交换，将个人的忠诚、制度性角色以及物质利益结合在一起。（华尔德，1996）李猛等人的分析认为，中国社会中的单位组织是再分配体制下的“制度化组织”，即组织成员的主导性行动方式受仪式性原则影响，其内部活动具有典型的仪式性特征。在单位中，作为行动能力和掌握单位内资源基本配置权的权力，其基础在于单位内不同的上下延伸、平行断裂的关系网络，即所谓“派系结构”，人们在单位中的利益规定了派系的基本结合方式。（李猛等，1996）吴晓刚的研究则指出，在中国向市场经济过渡后，市场化的发展和社会独立性的提高，使得个人对单位的依赖由行政性依附向利益依赖转变。（吴晓刚，1994）上述研究都围绕着单位组织本身的特征，对单位内部的关系结构和单位成员的行动方式，以及单位和个人的关系进行了探讨，将单位研究从宏观的制度分析进入对行动者（单位组织、个人）的分析中，从而使有关单位制度和单位组织的探讨更加深入。但是，上述研究存在的共同缺陷是：第一，虽然这些研究都涉及“依附”“交换”“权力”和“资源”等概念，但未从“统治社会学”的角度，围绕统治和依赖（包括“依附”“服从”等）的核心关系进行分析；在批评极权主义和多元主义模式的同时，忽略了单位组织在中国社会的统治结构中的重要意义。第二，它们都缺乏从单位体制的角度，对单位组织的内部关系特征进行一个全面的分析。

单位组织作为一种统治的“组织化”形式或工具，是中国社会的统治制度、统治结构的产物。单位组织凭借其权威性的命令权力和资源性的交换性权力，迫使个人服从或依附单位组织，使得个人依赖于单位组织，从而实现对社会的统治。同时，“单位”作为一种制度，有其特有的特征，个人对单位组织的依赖，也有其与制度性环境相适应的社会特征。也就是说，对单位内部关系的理解，不仅包括对单位“一般”的理解，而且应该将单位组织的制度性特征和个人的社会性特征纳入分析框架中，在它们之间的相互作用中分析单位组织中发生的资源、交换等依赖性关系。特别是考虑到中国社会改革开放后发生的巨大社会分化，单位组织之间的差异增大，这种分析更有必要。

在改革开放之后，当单位组织依然作为国家进行统治的工具或手段而存在时，更多得到强调的机制是个人对单位组织的“资源或利益依赖”。在“混合经济”和“混合体制”的制度环境中，相对于国家的行政性命令权力来说，个人对单位组织的资源或利益依赖已经成为国家实现统治的主要机制。正如布劳所说的那样：“通过按别人的要求提供服务，一个人确立了对他们的权力。如果他定期向别人提供在别处不能轻易获得的服务，那么他们就会因为这些服务而依赖和感激他。”（布劳，1987: 138）

（一）资源、满意度与依赖性行为——基本假设一

使单位成员对单位产生依赖的机制，是他们从单位组织中能够获得所需的资源。这种单方面的依赖，是由于个人社会独立性地位的软弱。布劳曾经详细讨论过单方面依赖或者获得社会独立性的基本条件。这些条件主要是：第一，战略性资源，或曰资源的必要性。有些重要的或必要的资源是不可能用金钱换取的，而只能用其他资源去交换。第二，是否拥有替代性资源，以及这种替代性资源相对于原有资源的利益差别。如果缺乏替代性资源，或者一个资源的提供远远高于人们可以在其他地方获得的资源，将迫使人们服从和依赖这一资源提供者。第三，是否拥有强制性迫使人们服从和依赖的力量。第四，人们对资源需求的大小，或者说，所掌握的资源对于人们的吸引力。人们不需要的资源，将无法以此迫使人们服从和依

赖。（布劳，1987：139–142）

个人因资源而产生的依赖，除取决于资源占有情况外，还受个人对资源提供者的满意度的影响。一般来说，一方面，人的行为会受到结构性因素的制约，例如，受到社会规范的制约，它们将人的行为限定在社会所认可的方向上，通过社会规范，人的行为被普遍化和制度化。另一方面，人的动机和行动所具有的主观意义，也会对人们相互作用的各种形式产生影响。在交换性的行为中，人们对交易物的满意程度或者喜欢程度，也将对交换行为产生影响。特别是在出现选择性和替代性资源时，人们对某种资源的依赖程度，要受到他们对这种资源及其获取方式的满意程度的影响，这种满意程度有可能改变不同资源对交换者的相对价值，在这种情况下，个人的依赖程度"是服务的价值与可供他们考虑的第二个最好的选择方案之间差异的一个函数"。（布劳，1987：140）

在中国社会向市场经济转型的过程中，个人对单位的"满意度"，成为影响依赖的更具意义的因素。韦伯在论及社会互动是一种交换伙伴的利益妥协的同时还曾经指出过，这种交换经常是和理性选择的利益比较和理性选择的利益约束联系在一起的。（Weber，1980: 21ff）在这种作为一种资源交换行为的社会互动中，人们常常期待着一种报偿，尽管这种报偿一般可能是在未来实现，而且实现的方式无法在目前精确地定义。（布劳，1998: 93）

中国的改革所带来的自由活动空间和自由流动资源的发展，特别是非国有和集体单位的发展，在一定程度上提供了可选择的替代性资源，因而国家和集体单位已不再具有唯一资源提供者的地位。个人对单位的主观态度，将成为影响个人依赖行为的重要因素之一。人们对他们的工作单位越是"满意"或者"喜欢"，其他选择的价值就相对降低，就可能越依赖他们的单位。令人愉快的工作和完全强制性的工作对个人的吸引力是不一样的，吸引力的减少使得其他机会变得相对更有吸引力，减少了目前单位与替代单位之间的差别，因此也减少了单位成员对单位的依赖性。在这种情况下，国有和集体单位尽管向单位成员提供了必需的资源，但如果这些资源替代性程度比较高，且提供的方式和要求的回报令人反感，人们就可能转向其他的选择，对单位的依赖性就将降低。

在上述有关讨论的基础上，我们可以建立单位中依赖性结构的基本模型，同时也是对单位成员行为乃至单位性质进行分析的基本模型。在这个模型中，包含三个要素，即资源、满意度和依赖性。这个模型的基本假设是：单位成员在单位中所获得的资源，以及单位成员对单位的满意度，成为影响其依赖性行为的基本决定因素。下面，我们将稍微详细地讨论这个模型中三个因素的界定和关系。

资源 吉登斯（Giddens）将资源定义为使事物能够发生的能力"capabilities of making things happen"。（Giddens，1981: 170）有些人也将资源理解为某种物质性的或非物质性的财产。例如霍曼斯（Homans）认为，社会互动和社会行为基本上可以被理解为物质性或非物质性财产的交换。（Homans，1958: 597ff）韦伯将社会互动相应地定义为"交换伙伴之间的利益妥协，通过这种利益妥协，财产和机会被作为相互的报酬而给予"。（Weber，1980: 36）科尔曼（J. Coleman）则对资源作了更宽泛的理解，资源被认为是那些能满足人们需要和利益的物品、非物品（如信息）以及事件（如选举）。[1] 在本文中，我们基本上采取的是科尔曼对资源的定义，即资源是那些可使得人们满足必要且重要的经济、政治、社会以及与此相关的各种需要的东西，在"资源"的概念中，不仅包括非物质性的东西，而且包括韦伯所指出的"机会"，即人们满足自己需求的能力（可能性），以及人们通常所说的"声望"或"荣誉"。韦伯在讨论到一个共同体内部

1 Coleman, J. S. : *Foundations of Social Theory*. Cambridge, Harvard University Press. 1990: 32f.

的权力分配时，将身份、地位、群体和政治组织作为最基本的权力形式，即最基本的资源形式。（Weber，1980）

资源在我们的研究中，其操作化的形式是人们在单位中已经获得的各种东西。通过因素分析方法（Factor Analysis），调查中涉及的23项各种单位资源被分解成为四个方面，即单位福利资源、政治资源、社会保障和培训资源以及个人生活与文化生活资源。单位福利资源主要包括由单位组织向其成员提供的一些福利项目，如托儿所、食堂、理发室、上下班交通等；所谓政治资源主要是指党团组织生活、政治思想状况、计划生育以及工作调动等；社会保障和培训资源主要包括退休养老、医疗卫生、工作伤害补偿和治疗、住房、文化补习、技术培训等；个人生活与文化生活资源主要是指调解纠纷、子女上学、子女就业、文体活动、结婚与离婚、休假旅游等。通过这23项与人们需要和利益直接相关的项目，可以对单位成员在单位中的资源获得或者占有状况作出一个基本评判。

需要专门说明的是，在我们所使用的“资源”概念中，收入没有被包括在其中，而是作为一个单独的分析变量。在一般的理解中，收入肯定属于一个单位成员从单位中所获资源的重要组成部分，特别是在改革开放以来收入分化的情况下，更是如此。因此，收入应该成为决定单位成员依赖行为的基本因素。在这个意义上，对于其他的社会，包括那些市场经济的社会来说，收入都是决定人们在单位中的社会行为，例如是否对单位依赖的最重要因素之一。但是，这里实际上存在着一个非常重要的前提，即在其他社会，特别是在市场经济的社会中，收入几乎是工作单位给予单位成员唯一的资源，雇员在单位中付出自己的劳动，单位以收入形式付给雇员报酬，是一个很简单的交换过程。但是在中国城市的单位社会中，如我们在前面分析过的那样，单位和单位成员的关系却不是这样简单。人们对单位资源的占有和因此而产生的依赖，绝不仅仅局限于收入，有时收入甚至不是最重要的，而是单位所能提供的其他资源，如住房和某些重要的机会（出国、晋升等）。单位对于个人来说，不仅仅是一个工作和获得收入的“场所”，对于国家来说，也不仅仅是一个创造财富和税收的社会单位。这也许是“工作单位”在中国社会和其他社会（包括其他集权主义社会）中的最大区别。国家正是通过单位向个人分配各种各样的所需资源，将个人在很大程度上控制起来，从而实现统治的目的。为了将这种区别明显地凸现出来，更是为了探究单位成员对单位的依赖关系以及决定这种依赖关系的特定因素，我们将收入和资源作为两个独立变量区分开来，分别考察它们对个人依赖性行为的影响。

满意度 在严格的意义上，满意度是一个社会心理学的概念，它测量的主要是人们社会心理上的一种感受。当人们在工作与行为上的付出与劳动（Effort）能够得到他认为应该得到的回报、补赏和奖励的时候（Reward），人们就会自然而然地在心理上产生一种相对公平和满足的感觉。两者之间的差距越小，或者说，人们得到的比他们所付出的越多，人们对这种报酬的满意程度就会越高。[1] 我们已经指出，个人对单位的满意程度是影响依赖性行为的重要变量。满意度同资源一样，也是一个综合性指标，是通过测量个人对自己在单位中的工作、本单位在社会上的地位、与单位领导和同事的关系、单位的劳保福利情况、工作收入、工作条件、晋升机会、住房情况、学习培训机会、工作稳定性等 15 项指标得到的，因而主要是指单位成员对在单位中所获取资源和收入的满意程度，包括经济资源、社会保障和福利、各种机会以及社会地位等各个方面。因素分析法将

1 J.Siegrist, Adverse Health Effects of High-Effort/Low-Reward Conditions. *Journal of Occupational Health Psychology*. 1996, Vol. 1. pp. 27–41; A. B. Weinert, *Lehrbuch der Organisationspsychologie*. Muenchen 1981; H.Bosetyky, P. Heinrich, *Mensch und Organisation*. Muenchen 1989; P.Mayring, *Psychologie des Glücks*. Koeln 1993.

上述 15 个指标分解为三组，即对各种机会的满意度、对工作的满意度和对各种社会生活条件（包括福利、住房等）的满意度。

单位人的社会行为 单位人的社会行为在我们的分析模型中主要是指单位人对单位的依赖性行为。在任何社会互动的情境之中，人与人之间、人与组织之间以及阶层与阶层之间，都可能在资源、机会等诸方面有优势与劣势的不同情境的区分。依赖主要是指一种特定的社会情境，在这种社会情境之中，人们的社会行为由于需要获取特定的资源以及实现特定的期望而不得不受制于某一个特定的社会群体或个人。事实上，判断一个人或一个社会群体或阶层的行为是否处于一种依赖的社会情境之中的一个主要的依据是，人们在实现其目标、满足不同层次需求的过程中，在多大的程度上无可奈何地受制于某一个特定的社会群体或个人的行为取向，或者说在多大的程度上能够摆脱这种社会行为过程中的制约。

人们在行为的过程中不可能实现完全的自由和独立。人们行为上的自由度主要是指他们在实现目标和满足需求的行为过程中能够有能力同时依赖多个不同的行为主体，在多元依赖的过程中，最大限度地保持着自身行为的独立性。与之相联系，在严格的意义上的行为依赖所强调的是，资源供给的垄断性所造成的那种行为者不得不受制于某个群体或个人的行为过程和取向。这种依赖的行为特征是一元化而不是多元化，是垄断性而不是多样性。理解了这一点，我们就能够理解，行为的自由度和独立性所追求的实际上只是行为过程中依赖的多元化而不是行为的完全自治和独立。事实上，什么时候人们在满足需求和实现目标的过程中不再仰赖于或者说不再受制于某一个社会群体与个人的行为取向的时候，行为上依赖的情境就会逐渐地消失，人们因之也就会逐渐地强烈感受到自身行为过程中的独立性和自由度。

这种依赖性行为通过单位成员对单位的期望表现出来，即单位成员在多大程度上期望单位对他们在各项资源的获得上负有责任。那些在各项资源获得上期望单位更多地负有责任的单位成员，意味着他们将自己的资源获得在更大的程度上交付给单位，他们因而在更大程度上依赖于单位，通过单位获得他们期望获得的各种资源。对单位资源有更高的期望在一定程度上表明了，人们在其他地方很难或者无法获得自己所需的资源。

个人和单位的关系，基本上可表现为上述三个因素之间的相互作用。个人在单位中获得资源的多少将影响和制约着人们对单位的依赖性行为和对单位的满意度，同时，人们对获取资源的满意度，也会影响和制约人们的依赖性行为。因此，人们是否以及在多大程度上对单位组织保持着依赖性关系，主要取决于在单位中获得资源的多少和对此的满意程度。

但是应该指出的是，人们的满意程度一般不是绝对的。当人们实际上对某种事物或事件作出满意或不满意的评价时，都有可能受到个人社会地位、环境、参照群体等各种外在因素的影响，因而是相对的。考虑到主观感受的相对性，在上面的基本模型中应该还有一个基本变量存在的意义，即单位成员的相对剥夺感。和满意度相似，相对剥夺感测量的也是人们行为过程中的一种主观感受。相对剥夺感主要是指人们从期望得到的和实际得到的差距中（discrepancy between expectation and actuality）所产生出来的或所感受到的，特别是与相应的参照群体的比较过程中所产生出来的一种负面的主观感受，[1]因而相对剥夺感主要是通过单位成员将自己在经济收入、社会地位、政治地位等诸方面与其他单位成员、其他单位和社会上同类

---

1 W. G. Runciman, *Relative Deprivation and Social Justice*. London, 1972; T.R.Gurr, *Why Men Rebel*. Princeton University Press. 1971; K. D. Opp, *The Rationality of Political Protest*. Westview Press. 1989, pp. 132–179.

人相比较而产生的。就其对现实社会行为的影响来看，也许这种相对的主观感受有更为直接的影响。不仅人们的满意度有可能转化为相对剥夺感，而且人们获取资源的多少，也有可能通过这种相对剥夺感而对行为产生影响。

上述基本假设可用下图表示出来（假设一）：

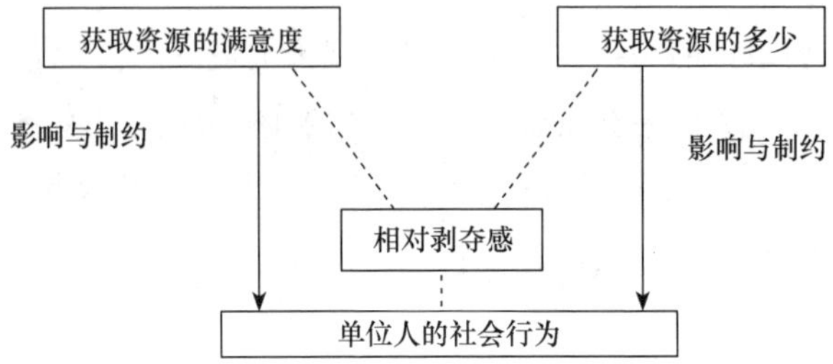

图 2-1

在对调查数据的分析中，我们采用路径分析（Path Analysis）的方法，对假设一进行了检验，并建立起相应的模型。

（二）分析和检验

对假设一进行的分析和检验，建立起下述的路径分析模型 1。模型 1 显示了四个因素之间的基本关系（图 2-2）。

对模型 1 中各种路径关系的统计值，可见表 2-1。

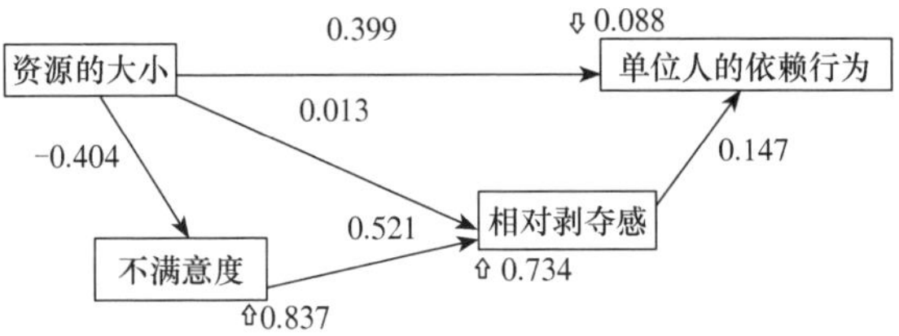

图 2-2　基本依赖模式——模型 1

表 2-1　模型 1 中的统计值

X	Y	Beta（显著度）
资源多少	不满意度	−0.404（0.000）
不满意度	相对剥夺感	0.521（0.000）
资源多少	相对剥夺感	0.013（0.526）
资源多少	依赖性高低	0.339（0.000）
相对剥夺感	依赖性高低	0.147（0.000）

这一模型包括了三个路径。当我们将资源作为自变量、满意度作为因变量时，这两个变量可以解释 16.3% 的差异（Variance）；当我们将资源、满意度作为自变量，相对剥夺感作为因变量的时候，这三个变量可以解释 26.6% 的差异；当我们将资源、满意度和相对剥夺感作为自变量，依赖作为因变量的时候，这四个变量则可以解释 11.2% 的差异。这一模型向我们显示出，单位中人们获得资源多少的状况可以对人们在单位中的满意度、相对剥夺感以及他们对单位的依赖程度作出有效的解释。

下面，让我们分别对上述模型中各变量之间的关系进行分析。

二

从模型 1 中我们可以看出，当资源、满意度和相对剥夺感作为自变量影响到依赖行为时，单位成员获取和支配的资源多少对单位人的依赖性行为是最具显著性作用的因素，对人们的依赖性行为和满意程度有直接影响。这一结果，与我们的基本假设相一致。

（一）单位组织意义的凸现

我们已经指出过，个人对单位的依赖模式随着中国社会的改革开放开始有所变化，即由直接的行政性控制转向以利益依赖作为实现国家控制的纽带。这种利益依赖由于单位组织之间的分化，甚至具有强化的趋势。

在传统国家社会主义的体制下，国家占有的和控制的资源，是按照行政权力授予关系，分配至各级不同类型和级别的政府和政府部门中，然后由它们再分配到各种单位组织中。不同单位，按照距离国家权力中心的远近，获取分配的资源，并承担按照国家的指令使用资源的责任。因此，不同单位按照授予的管理权限，具有了支配相应资源的合法权力地位。[1] 此时在单位之间主要是因为单位组织的所有制性质、行政管理级别等单位组织的等级制度，在资源占有或支配上具有很大差别。但是，高度集中的中央集权控制，使得国家对各种单位组织具有极强的控制能力。

第一，单位组织之间的差异大都是由明确的、统一的制度化规则形成并固定化。例如，在不同所有制单位之间、不同行政隶属（中央和地方）之间、不同级别之间的差别等，都有明确的、普遍适用的规则作出规定。这种严格的统一规定，与整个社会高度集中的统治体系和组织体系相一致。

第二，单位组织之间的相对差异受到国家的控制。在集中统一的管理体制下，虽然有些单位因权力而占有更多的资源，并且这些权力和资源实质上控制在某些单位组织手中，因而可以为某些单位带来特殊利益，但相当多的一部分资源基本上是在体制内统一进行分配的。即使存在着差异，其差异程度也受到国家或中央政府比较严格的控制，如在收入、社会保障、某些物资和服务的分配上。

1　路风，《单位：一种特殊的社会组织形式》，载《中国社会科学》1989 年第 1 期。李路路、王奋宇，《当代中国现代化进程中的社会结构及其变革》，杭州：浙江人民出版社 1992 年版。

第三，单位组织之间的差异被限制在一定范围内。尽管单位组织之间存在着差异，但各个单位组织的活动性质、范围和收益程度，都在很大程度上由国家直接限定，不同单位组织的利益空间和利益状况也由国家直接给定。因此，不仅个人和单位组织无法相对自主地进行选择占有资源和获得利益的方式和形式，而且资源和利益获得的工具性手段也受到严格限制。例如，单位组织获得的几乎所有利润都要上缴，然后再由国家统一向下分配，所有单位成员的工资标准都按照国家的统一规定等。人们虽然感受到不同单位组织之间存在的差异，但由于上述多种因素的存在，人们一般只是在特定的范围内感受到这种差异。并且在同类单位之间的差异相对较小。（李路路、王奋宇，1992）这时候，与其说人们依赖单位，不如说人们直接就在依赖国家。

随着中国社会开始向市场经济转型，虽然单位组织的基本限制没有根本改变，但相对于国家和个人的相对位置开始逐渐发生了极大变化。单位组织对于个人的意义开始进入个人社会生活的前台。

第一，在维持原有资源占有关系的前提下，在一定程度和范围内，政府直接参与和控制单位组织活动的状况有了很大改变，单位组织具有了一定的“自主权”。这意味着，虽然单位仍然受到政府的极大制约，但有了相当程度支配本单位所具有的资源的权力。或是说，在资源占有的权力主体中，单位组织具有越来越重要的意义。（张春霖，1996）

第二，随着国家控制权力的下放，原来统一的制度规则体系也开始部分解体，与下放自主权同理，中央政府及地方政府强制性维持统一规则的能力也受到削弱。

这样两方面的变化，使得单位组织原有的部分特征膨胀起来，单位作为一个利益主体和整体的意义日益突出。其中最重要的即资源的“单位所有”。单位组织所拥有的资源，在本质的意义上不属于任何个人或自然人所有。在传统国家社会主义体制中，国家承当起所有者的角色。当国家将资源控制的权力下放到单位组织后，国家作为实际所有人的角色逐渐变得模糊不清。单位组织所获得的一定自主权，使得单位所控制的资源实际上更多地受到这个单位组织本身的控制和支配，即资源日益“单位所有”。由于单位组织在一定程度上承当了比过去更多的责任和义务，也就有了比过去更多的获得资源和利益的可能性。这种单位所有的资源和利益通过各种各样的承包责任制而得到某种程度的保证。当然，在单位内部对单位所有的资源的控制，同样是一个重要而且有趣的问题。

在社会资源的占有和支配日益单位化的情况下，社会中形成了一种越来越强烈的利益单位化倾向。无论是单位领导人还是普通的单位成员，都是因为身在这个单位之中而获得这个单位的利益。这种资源和利益的单位化，不仅表现在工资收入方面，而且常常主要不是表现在工资收入方面，更多地表现在保障、福利和住房等基本资源方面。

无疑，养老、医疗保险的发展趋势是全面的社会化，即将传统完全由国家承担的责任和义务转变为由国家、单位和个人共同承担。正是这种发展趋势，使得单位在其中的意义明显突出出来。单位的意义不在于如果单位向其成员提供了较高的收入而使得单位成员获得较高的保险，而在于单位是否有能力承担起相应的责任和义务。在相当多的情况下，人们是否能够获得养老和医疗保险，完全取决于自己所在的工作单位。如果某些工作单位受到国家更多的强制性管制，或者经营状况比较好，也许它就承担起这种责任和义务，但如果某些工作单位没有受到国家的强制性制约，或者经营状况不好，那个单位的成员将无法享受到工作单位提供的医疗和养老保险。更为明显的差别是，无论是国有还是集体单位，企业单位要自己承担本单位的养老和医疗保险费用，而国家行政机关，特别是大量的所谓全民事业单位，则依然由国家全部承担这种责任。个人是否能够获得这种社会资源，主要取决于在什么样的单位组织中工作。

一些过去的研究都已经指出，在中国城市社区的单位体制中，不仅收入，其他诸如住房等许多福利资源也来自工作单位，因而人们对单位组织的依赖程度很高。（路风，1989；华尔德，1996）改革开放以来，随着市场的发展，相当多的资源，包括物质资源和机会，已经可以从单位组织之外的渠道——市场获得。在这个意义上，单位成员对单位的依赖性已经有所减少。但是在另一些方面，福利单位化的趋势相对于单位成员的需求来说，却越来越强烈，这其中主要是住房。

城市居民的住房对于他们的基本生活来说，无疑是最重要也是最紧缺的资源，因而也是一笔巨大的财富。长期以来，中国实行的是国家投资建房，然后分配至单位，单位分配给职工的体制。几乎是无偿分配的住房成为很多城市居民享受的最大福利。在住房制度改革前，城镇地区住房投资90%以上由各级政府解决，因而那时的体制可以说是“国家住房福利制”。随着住房制度改革的进展，住房的国家福利制已开始转变为单位住房福利制。首先，原有的国家公房单位化。即使是在1979年之前，虽然90%以上的住房由政府投资建成，但由政府管理部门直接管理的不到25%，其余75%都已分配到各个单位管辖。到20世纪90年代，即使那些25%的由政府直接管理的公房，也由于历史的原因，实际为住户所属单位直接支配。其次，建房日益单位化。城镇地区住房投资体制已发生极大变化，由国家是主要投资者变为国家、单位和个人共同投资，其中，单位投资的比例已达到60%。也就是说，大部分住房是由单位投资建成的。这样，大部分住房的分配权、处置权也都属于了单位。因此，住房的分配一般都是在单位内部进行，单位成员或多或少地集体支配本单位的住房，而人们在本单位的工龄、职务等成为获得单位住房的重要指标。据有关调查，城镇居民家庭住房与收入之间没有明显的相关关系，城镇居民并不依赖收入解决住房问题。人们是否拥有住房，主要取决于自己的工作单位是否拥有可供支配的住房。[1]

因此，在随着改革开放而出现的国家控制体系的松动，个人具有更多选择权力的同时，单位在个人资源获取和占有方面意义的突出，使得个人对单位组织的依赖性在上述意义上反而有所加强。当单位成员不拥有相对的替代性资源时，他依然只能通过对单位组织的服从，来交换自己需求的资源。

单位组织向市场的转化和资源单位化，使得单位组织对个人资源获得的重要性不仅造成了单位组织的权力更为突出，而且造成了单位之间的分化和差距的扩大。当国家控制权力下放且控制放松时，众多因素都会造成单位之间差距的扩大。那些拥有更多行政性权力的单位组织，可以利用自身的社会管理者身份，向全社会强制性地获取可由自己直接支配占有的资源。不仅原有的渠道被充分使用，而且新的渠道正在源源不断地被开发出来，已达到"巧立名目"的地步，各种行政性收费名目的出现即是证明之一。某些单位组织本身并不直接拥有行政权力，也没有在国家行政等级体系中占有较高地位。但是，它们可以借助国家行政权力，特别是借助于国家的政策干预和行政性管制，垄断获得收益的大小机会，形成高于市场机会的差额收入，可将这种收益称为因垄断性地位所产生的"租金"。这些单位组织可通过各种合法与非法手段得到占有这种租金的"权利"。行政管制的范围越大，政策干预的可能性越高，这种租金也就会越多，寻求这种租金的行为就会越普遍。当然不容忽视的一个重要因素是，在中国向市场经济的转型中，那些更加适应市场的单位组织，会在市场中获得相应回报，从而增加单位组织所占有的资源。这就造成了一个日益明显的

1 张京等，《房改——无限需求的终止》，北京：中国财政经济出版社 1992 年版。

结果，不同单位组织在资源占有和分配上的差距，比起传统国家社会主义社会时期，有了极大的发展。

单位组织之间的差距，也将会影响到单位成员对单位组织的依赖行为。对于那些在单位中获取和支配较多资源的人来说，如果他们离开一个单位的话，在寻求替代资源时其成本可能就会上升，特别是寻求相等替代时更是如此。对于那些即使在一个单位中没有占有较多资源的个人来说，单位之间既存的差距，也会使得他们在寻求替代时持慎重的态度，因为他们同样有可能因改变单位而降低原来的资源占有量。

（二）不同的依赖关系

如果对模型中资源和依赖的关系进行具体分析，可以看到资源在不同的依赖性之间的分布差别。首先我们看一看总体上资源获取在不同依赖性之间的差别（表 2-2）：人们在单位组织中获得的资源越多，人们对单位的依赖性就有可能越大。

表 2-2　资源与依赖

	低依赖	较低依赖	中等依赖	高依赖	
资源（n）	564	563	527	493	
均值	48.52	52.17	55.03	58.35	
标准差	10.16	9.54	11.81	16.54	
95% 的均值置信区间					
下限	47.68	51.38	54.02	56.89	
上限	49.36	52.96	56.04	59.82	
F 值					62.55
自由度					3
显著度					0.000

注：表中各统计指标的英文原文为：均值（mean），标准差（standard deviation），95% 的均值置信区间（95% CI for mean），下限（lower），上限（upper），F 值（F-ratio），自由度（DF），显著度（Sig.）。

通过表 2-2 我们可以清楚地看到资源占有量和依赖性之间的关系。资源占有的均值与依赖性程度同步提高，呈明显的正相关关系。在这组数据中，均值的差别也达到较高水平，为 9.83。表示出，人们在单位中所占有的资源越多，他们对其单位的依赖性在很可能的情况下会变得越强。表中的 F 值为 62.55，远大于在显著度为 0.001 的 F 值 5.42。F 的检定从一个侧面充分肯定了关于资源越多、依赖性越强的研究假设。

在阐述假设时已经说明过，在调查中涉及的各种单位资源被归并为四个方面。各类资源与依赖的影响也不尽相同（表 2-3）。

表 2-3　不同类型资源与依赖

	低依赖	较低依赖	中等依赖	高依赖	
社会保障和教育培训（n）	618	622	589	575	
均值	16.17	16.62	16.79	17.08	
标准差	3.64	3.61	3.62	4.32	
95% 的均值置信区间					
下限	15.88	16.34	16.50	16.72	
上限	16.46	16.91	17.08	17.43	
F 值					5.929
自由度					3
显著度					0.001
政治资源（n）	617	628	599	573	
均值	10.64	11.44	11.63	11.96	
标准差	2.95	2.62	2.65	3.21	
95% 的均值置信区间					
下限	10.41	11.23	11.42	11.69	
上限	10.89	11.64	11.84	12.22	
F 值					22.93
自由度					3
显著度					0.000

（续表）

	低依赖	较低依赖	中等依赖	高依赖	
单位福利资源（n）	623	638	591	565	
均值	10.40	11.92	13.20	14.14	
标准差	3.56	3.77	4.76	5.88	
95% 的均值置信区间					
下限	10.12	11.63	12.82	13.65	
上限	10.68	12.21	13.59	14.62	
F 值					76.32
自由度					3
显著度					0.000
个人生活和文化生活资源（n）	603	610	568	558	
均值	11.28	12.26	13.32	14.72	
标准差	3.34	3.05	3.96	5.55	
95% 的均值置信区间					
下限	11.02	12.02	12.99	14.26	
上限	11.55	12.51	13.65	16.17	
F 值					76.51
自由度					3
显著度					0.000

从表 2-3 中可以看到，社会保障和教育培训在一个处于转型期的社会中，对个人来说是相当重要的资源，一方面关系到人们的基本生活质量和生存，另一方面关系到个人适应社会转型以及获得所需资源的能力。因此，在社会保障和教育培训与不同依赖性的关系中，不仅具有统计上的显著性，不仅资源占有量与依赖之间仍然保持同步增长的关系，而且均值的差别是最小的，仅为 0.91。也就是说，个人在单位中占有多少这类资源，对依赖性关系的变化其影响小于其他类型的资源。但是，从 F 检定的结果来看，表中的 F 值为 5.929，仍略大于在显著度为 0.001 条件下的 F 值 5.42，表示出我们的研究假设仍然可以成立。

反之，在单位福利资源和个人生活及文化生活资源中，均值的差异都较大。那些在这些资源方面获取较多的单位成员，对单位的依赖性就较强，获取较少的单位成员，其依赖性就较弱。造成这种结果的原因可能在于，这些资源的社会化程度已经相对提高。例如，很多单位出于各种原因，已经将本单位原有的托儿所、食堂等取消，有的将这种福利改为直接的货币补贴，同时，这方面的社会化服务随着体制改革和经济发展也达到了较高程度。人们在这些资源获得方面寻求替代的成本相对降低，替代的渠道也相应多样化。因此，如果人们在自己的单位中较少占有这些资源的话，人们对单位的依赖性自然将会降低。在这里，F 检定的结果（$F=76.32$）同样有力地支持着我们的假设。

政治资源的依赖情况有些类似于社会保障和教育培训资源，其均值的差别相对较小。但 F 检定的结果远大于社会保障和教育培训资源和依赖这两个变量的 F 值（$F=22.93$），表示出我们关于政治资源越多、依赖性越强的研究假设依然能够成立。进一步的分析也将表明，这类资源的依赖情况在实质上不同于社会保障和教育资源。如果将人们的依赖按照不同资源类型进行比较的话，人们对政治资源的依赖性是最低的（表 2-4），其依赖性的均值比其他资源小一半左右。因此，在有关单位的政治资源方面，人们的依赖性实际上是最小的，人们并不希望也不需要在这方面依然保持对单位的依赖，或者说受到单位组织的控制。

表 2-4　对不同资源依赖的均值比较

资源类型	N	均值
社会保障和教育资源的依赖	2912	20.7466
政治资源的依赖	2904	9.8323
单位福利资源的依赖	2797	19.9389
个人生活和文化生活资源的依赖	2734	17.4192

（三）资源、收入与依赖

在讨论假设一时，我们曾经指出过，在单位组织的依赖模式中，收入和资源有可能是相对分离的，这种资源和收入的相对分离是中国单位组织中依赖性行为的一个特征。将收入和资源分别作为两个自变量，将依赖作为因变量，在数据检验和分析中检验它们和依赖的关系，有如下结果，证明了我们的假设（图 2-3）。

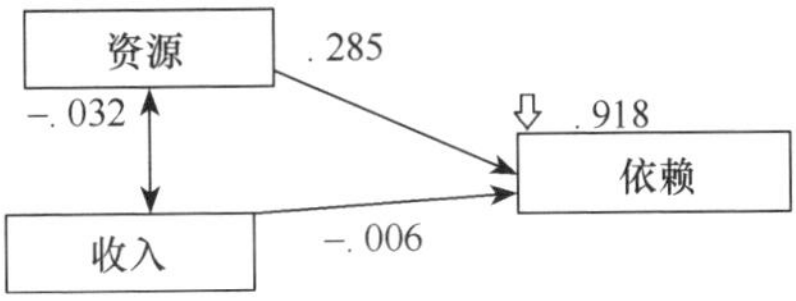

X	Y	显著度
资源	依赖	0.285（0.000）
收入	依赖	−0.006（0.770）
资源	收入	−0.032（0.139）

图 2-3　资源、收入和依赖的路径分析模型

从图 2-3 中可以看出，在单位组织中，人们获取的资源越多，对单位的依赖越大；但是，在资源和收入之间没有显著的相关关系，在收入和依赖之间也没有显著的相关关系。

也就是说，个人对单位的依赖，主要取决于对单位资源的获取和支配，而不是主要表现为对收入的依赖。单位对个人来说，绝不仅仅是一个工作场所或者是获得收入的"工作"，而是具有更多的意义，或者如过去人们常常所说的，具有更多的功能。仅就资源、收入和依赖三个因素的影响作用来说，收入仅是广义上的单位资源中的一种，而从收入对依赖性的关系来说，甚至不是一个重要的因素，人们在单位组织中获取和支配的资源对依赖性的影响更为重要。即使在 20 世纪 90 年代人们也许会将在单位中的收入问题看得很重，那是因为收入是显现的“资源”，而其他资源常常是“隐蔽”的。这些单位中的资源分配或者单位的更多功能，是由国家赋予的，由国家的性质和统治形式所决定的。如果人们对单位组织的依赖仅仅是收入依赖的意义，单位组织中的依赖关系也就丧失了独特性。没有这种特殊的个人对单位的依赖，国家社会主义的统治形式将会发生重大的变化。

三

模型 1 表明，当资源、满意度和相对剥夺感作为依赖的自变量时，相对剥夺感也是对依赖具有直接影响的自变量因素，在相对剥夺感与依赖性行为之间有着直接显著的相关关系：相对剥夺感越强，人们对单位的依赖性也有可能越强（表 2-5）。人们对单位的满意度通过相对剥夺感对人们的依赖性产生影响，而满意度不是直接影响依赖行为的变量。

表 2-5 依赖与相对剥夺感

	低	较低	中等	较高	高	
依赖（n）	512	467	455	462	581	
均值	66.53	66.75	67.16	68.53	70.07	
标准差	13.68	14.10	13.32	14.06	16.15	
95% 的均值置信区间						
下限	65.35	65.47	65.93	67.24	68.76	
上限	67.72	68.04	68.39	69.81	71.39	
F 值						5.74
自由度						4
显著度						0.000

上述这组数据清楚显示了依赖依相对剥夺感的提高而增强的趋

势。这一结果好像是一个“悖论”，因为按照通常的理解，人们如果对一个单位组织非常不满意，且相对剥夺感较强的话，无论是出于因为在这个单位的资源分配中获得较少，还是出于个人或人际关系的原因，推动他离开这个单位的动机应该更强，对这个单位的依赖性因此有可能更弱。但我们的统计分析结果却与此相反。如何解释这个看起来不合理的结果呢？

如果将这一看起来“不合理”的结果放到特定的制度背景中，人们就会看到其内在的存在合理性。首先，在传统的国家社会主义体制中，单位组织是一种通过提供社会成员所需资源从而实现国家统治的工具。单位组织所提供的资源中，除任何一个工作单位都要向其成员提供的收入外，还有其他大量的资源，收入仅是单位成员在单位组织中所得资源的一部分。中国的改革开放在一定程度上已经改变了这种状况，但远没有彻底改变。在 20 世纪 90 年代的制度背景下，单位组织除向单位成员提供收入外，依然具有很强的资源供给性，与之相对应的，社会在资源供给方面的重要性仍然相对较弱。对此我们已经有所论述。人们进入一个单位组织中，除期望获取收入外，仍然期望获得其他各种所需的资源，如各种单位福利等。其次，改革以来所造成的单位组织之间的分化，使得单位组织中的资源分配具有极强的边界性，如在本单位的工龄等限制性条件（对此我们在涉及相应因素时还要详细讨论）。

因此，单位成员会因自己获取和支配的资源较少而产生不满意感和相对剥夺感，但至少上述两个原因在一定程度上决定了，这种不满意感和相对剥夺感不一定导致对单位依赖性的降低，反而有可能使得这些单位成员对单位组织产生更强烈的期望，因为他们会认为自己在这一单位组织中还没有获得他们应该获得的资源，而这些资源并非他们在其他单位组织中或者社会上就可以轻易获得的。如果人们在一个单位组织中除工资收入外没有获取其他资源就离开了这一单位，常常被认为“亏了”，就是这一心态的生动反映。因而尽管他们对单位有某种相对剥夺感，甚至可能是强烈的相对剥夺感，但他们对单位依然保持着一定的依赖性。相对剥夺感的主要来源之一，即是和本单位其他成员的比较。在这个意义上，那些因资源获取和支配较少而具有更强相对剥夺感的单位成员，同那些在单位中获取和支配资源较多的单位成员一样，都对单位保持着一定的依赖性。他们都是单位制度的产物。

但是，由资源获取较多或相对剥夺感较强而影响到的依赖性有很大区别。毕竟二者的机制有很大不同。前者是一种既得利益或现实利益对单位成员的行为所产生的约束，后者则是因对利益的期望而产生的行为约束。两者在约束强度和依赖性程度上会有差别。当相对剥夺感比较强烈而利益需求迟迟不能得到满足的情况下，单位成员就有可能寻求替代，从而摆脱对这个单位的依赖。因此，从模型 1 中可以看到，资源与依赖的相关关系的 Beta 值相差一倍多，说明尽管它们都对依赖有影响，但两个因素对单位人的依赖性行为差异的解释程度有很大差别。资源获取和支配的多少对依赖性行为有更重要的影响，而相对剥夺感则因有其他的可能性，对依赖性的影响较弱。

从人们对单位的不同方面的依赖性，可以看到对相对剥夺感的不同影响。在涉及对单位组织的社会保障和教育以及政治等方面的依赖时，人们的相对剥夺感差异不大，其 F 值仅为 1.07（显著度为 0.371），表示出关于对单位组织的社会保障和教育以及政治等方面的依赖越多、相对剥夺感越强的研究假设不能成立。也就是说，并不因相对剥夺感的不同而出现人们对社会保障与教育依赖程度上的不同。相对剥夺感与依赖之间较强的相关关系主要表现在对单位福利和文化生活与个人生活的依赖上。相对剥夺感越强，人们对单位的依赖性也会变得越强。这方面的资源更有可能在不同单位组织之间存在着较大的差异（表 2-6）。

表 2-6　社会保障与教育以及政治依赖与相对剥夺感

	低	较低	中等	较高	高	
社会保障与教育依赖（n）	572	525	505	518	656	
均值	20.65	20.65	20.77	20.71	20.97	
标准差	3.08	3.07	2.84	3.21	3.58	
95% 的均值置信区间						
下限	20.40	20.38	20.52	20.43	20.70	
上限	20.91	20.91	21.01	20.98	21.24	
F 值						1.07
自由度						4
显著度						0.371
政治依赖（n）	582	526	502	510	648	
均值	9.93	9.90	9.86	9.80	9.59	
标准差	2.28	2.35	2.32	2.34	2.63	
95% 的均值置信区间						
下限	9.75	9.70	9.66	9.60	9.38	
上限	10.12	10.10	10.07	10.01	9.79	
F 值						2.07
自由度						4
显著度						0.083

我们的调查表明，相对剥夺感与依赖之间较强的相关关系主要表现在对单位福利和文化生活与个人生活的依赖上。相对剥夺感越强，人们对单位的依赖性在很大程度上也会变得越强。因为这方面的资源更有可能在不同单位组织之间存在着较大的差异（表 2-7）。

表 2-7　单位福利以及文化生活和个人生活依赖与相对剥夺感

	低	较低	中等	较高	高
单位福利依赖（n）	543	509	491	501	629
均值	18.79	19.40	19.68	20.35	21.13
标准差	6.13	6.03	5.90	5.93	6.35

（续表）

	低	较低	中等	较高	高	
95% 的均值置信区间						
下限	18.28	18.87	19.16	19.83	20.63	
上限	19.31	19.92	20.20	20.87	21.63	
F 值						12.61
自由度						4
显著度						0.000
文化生活和个人生活依赖（n）	551	489	477	484	616	
均值	17.12	16.85	16.81	17.36	18.45	
标准差	5.16	5.27	5.19	5.34	5.93	
95% 的均值置信区间						
下限	16.69	16.38	16.35	16.88	17.98	
上限	17.55	17.32	17.28	17.84	18.92	
F 值						8.80
自由度						4
显著度						0.000

还需要说明的是，相对剥夺感有可能使得人们离开一个单位，但如果人们寻求的仍然是单位组织的话，他不过是摆脱了对某一个单位组织的依赖，而陷入对另一个单位组织的依赖，从而仍然处于国家的直接统治之下。如果他转移到了非单位组织，他对资源分配者的依赖就有可能无论从数量上还是从性质上都已不同于单位组织。

四

基本的依赖模型（模型 1）中已表明，当我们将资源和满意度作为自变量、相对剥夺感作为因变量时，我们注意到，资源获取和支配多少与相对剥夺感之间没有显著相关关系，但人们在单位中的满意度和相对剥夺感之间则有显著的相关关系。也就是说，人们的相对剥夺感主要直接受满意程度的影响，而不是直接受资源获取和支配多少的影响。这也在一定程度上证明了前面的“猜测”，即满意度可能要通过所谓相对剥夺感才有可能影响到人们的依赖性行为。

当人们对单位有了某种较强的不满意时，在大多数情况下会参照其他单位和整个社会的情况，决定自己是否还要依赖目前的单位来解决需要。在满意度和依赖性之间，相对剥夺感是一个中间性变量。不满意的程度越高，其相对剥夺感就可能越强（表 2-8）。相对剥夺感是满意程度的比较结果，因而它更有可能直接受满意程度的影响。这意味着，人们无论是和单位内的其他人相比，还是同其他单位和社会上的其他群体相比，如果认为自己在单位中获取和支配的资源较少的话，就会产生一种相对被剥夺的感觉。表 2-8 显示出，这组数据的均值差异高达 12.72，其差异程度相当大。这表明，满意度的任何变化，都会导致相对剥夺感的强烈变化。仅就关系强度来说，不满意程度与相对剥夺感的相关关系其 Beta 值在这个模型中最高，超出资源与满意度的关系。人们的不满意度，主要是通过相对剥夺感表现出来。满意度和相对剥夺感的这种紧密关系，也在一定程度上解释了依赖和相对剥夺感之间的不显著关系。离开了满意度的主观评价，资源的多少也就有可能成为一个抽象的“值”。就其对行为的影响来说，相对剥夺感是更直接的因素。

表 2-8 不满意度与相对剥夺感

	低	较低	中等	较高	高
不满意度（n）	561	508	481	499	622
均值	42.50	45.73	49.02	51.98	55.22
标准差	9.02	7.27	7.23	7.34	9.94
95% 的均值置信区间					
下限	41.57	45.10	48.37	51.33	54.43

（续表）

	低	较低	中等	较高	高	
上限	43.24	46.37	49.67	52.62	56.00	
F 值						206.77
自由度						4
显著度						0.000

如果具体分析满意度对相对剥夺感变化的影响，不同对象上的满意度对相对剥夺感变化的影响差异并非很大。在机会、工作条件和社会生活满意度与相对剥夺感三组数据中，其相对剥夺感的均值差异分别为4.08、3.59和3.89，但是相比较，还是具有一定的差异（表2-9）。在三类满意度中，可以看到在对机会的不满意程度一组数据中，均值差异最大，而在对工作条件的不满意度一组数据中，其均值差异最小。这一结果从另一个方面印证了前面的结果，即人们在单位中各种资源获取的情况，特别是福利、住房等资源获取的情况，对单位人的影响更强烈，在这里，人们对单位中各种机会的获得以及由此而产生的不满意程度，更强烈地影响到人们相对剥夺感的变化；而对工作条件满意度则对相对剥夺感的影响没有那样敏感；对一般社会的不满意程度对相对剥夺感的影响作用居中。

表2-9　不同对象的不满意度与相对剥夺感

	低	较低	中等	较高	高	
对机会的不满意度（n）	578	526	500	519	648	
均值	14.83	16.05	16.97	17.97	18.91	
标准差	3.55	5.14	3.00	3.01	3.71	
95% 的均值置信区间						
下限	14.54	15.78	16.70	17.71	18.63	
上限	15.12	16.31	17.23	18.23	19.20	
F 值						137.44
自由度						4

（续表）

	低	较低	中等	较高	高	
显著度						0.000
对工作条件的不满意度（n）	606	566	540	548	681	
均值	10.67	11.67	12.72	13.47	14.26	
标准差	2.73	2.32	2.47	2.30	2.94	
95% 的均值置信区间						
下限	10.54	11.48	12.51	13.27	14.04	
上限	10.89	11.87	12.93	13.65	14.49	
F 值						189.00
自由度						4
显著度						0.000
对社会生活的不满意度（n）	595	555	531	542	80	
均值	14.69	15.53	16.46	17.38	18.58	
标准差	3.55	2.73	2.89	2.84	3.81	
95% 的均值置信区间						
下限	14.42	15.30	16.21	17.14	18.29	
上限	14.96	15.76	16.70	17.62	18.87	
F 值						142.99
自由度						4
显著度						0.000

五

如果说满意度对相对剥夺感有显著的直接相关关系，而相对剥夺感又对人们的依赖性有显著的直接相关关系的话，那么，人们对单位的满意度取决于什么因素的影响？模型 1 表明，这种满意程度与人们在单位中的资源占有情况有密切的直接相关关系。资源占有越少，人们在很大程度上对单位的不满意度就会越高。

人们在单位中获取的资源越多，对单位的满意程度就可能越高，因为人们对资源的需求在单位中获得了一定程度的满足。但是，同时，人们对单位的满意度对他们的依赖性没有直接的影响。也就是说，人们获取和支配资源的多少，直接影响到人们对单位的满意程度，但这种满意程度并不直接影响对单位的依赖性。

资源占有与满意度之间具有显著的相关关系，这是一个明显的结果。对资源占有在不同满意程度之间的分布的分析表明了这一点（表 2-10）。

表 2-10　资源与不同满意度

	很满意	比较满意	一般满意	很不满意	
资源（n）	516	579	549	545	
均值	59.40	55.34	51.70	46.83	
标准差	12.05	11.51	10.95	12.1	
95% 的均值置信区间					
下限	58.36	54.40	50.78	45.82	
上限	60.44	56.28	52.62	47.84	
F 值					112.86
自由度					3
显著度					0.000

从表 2-10 中可以看到，在这组数据中，不同满意程度下资源均值的差异达到 12.57，超过资源和依赖那组数据的均值差异，资源和满意度的相关关系其 Beta 值也超过资源和依赖的 Beta 值。这就是说，资源占有情况与人们对单位的满意度之间的关系要强于与依赖性的关系。人们在资源占有上的变化将对满意程度有强烈的影响作用。在某种意义上可以说，这是因为无论人们是否对单位组织产生依赖性关系，但具有某种主观感受则是必然的。而主观感受和实际行动之间往往会存在一个距离，尽管按照韦伯的说法，任何社会行动都是有意义的，因而都是有动机的。在单位中获取和支配资源较少的人，其不满意度一般会较高。下面是对资源和不同满意度之间关系

的具体分析结果（表 2-11）。

表 2-11 不同类型资源与不同满意度

	很满意	比较满意	一般满意	很不满意	
社会保障与教育资源（n）	590	665	637	634	
均值	18.44	17.32	16.34	14.54	
标准差	3.28	3.30	3.50	4.00	
95% 的均值置信区间					
下限	18.17	17.07	16.07	14.23	
上限	18.70	17.57	16.61	14.85	
F 值					135.38
自由度					3
显著度					0.000
政治资源（n）	592	676	639	622	
均值	12.61	11.86	11.21	9.99	
标准差	2.56	2.77	2.83	2.90	
95% 的均值置信区间					
下限	12.40	11.65	10.99	9.76	
上限	12.81	12.07	11.43	10.21	
F 值					99.02
自由度					3
显著度					0.000
单位福利资源（n）	571	663	627	634	
均值	13.77	12.71	2.03	10.86	
标准差	4.99	4.54	4.59	4.17	
95% 的均值置信区间					
下限	13.36	12.36	11.67	10.53	
上限	14.18	13.06	12.39	11.18	
F 值					43.21
自由度					3
显著度					0.000

（续表）

	很满意	比较满意	一般满意	很不满意	
个人生活与文化生活资源（n）	569	934	610	606	
均值	14.34	13.30	12.29	11.45	
标准差	4.54	4.09	6.86	3.67	
95% 的均值置信区间					
下限	13.96	12.98	11.98	11.15	
上限	14.71	13.62	12.59	11.74	
F 值					56.42
自由度					3
显著度					0.000

在上述四组数据中，均值差异最大的是社会保障与教育资源在不同满意程度之间的分布，即人们在单位中所获取和支配的社会保障资源以及教育资源的数量，对满意程度的变化有更大影响；其他三种资源对满意程度变化的影响则基本相同，即资源多少的变化对满意程度的变化其影响要小于社会保障与教育资源。同资源与依赖的关系有类似之处，在一个由中央计划经济向市场经济的转型过程中，就其单位组织分配资源的功能来说，社会保障和教育资源的分配具有越来越重要的意义。在我们的社会保障和教育资源中，基本上可以分为三类：社会保险，包括养老和医疗保险；住房以及培训。它们都涉及人们基本的生活保障和就业能力。对于大多数城市居民来说，传统国家社会主义体制的一个突出特征，即上述资源由国家统一分配，人们无须为此感到担忧。当这些资源的获取和支配越来越多地取决于单位组织，并且供给变得越来越不稳定的时候，它们在人们对一个单位的评价中就占据了越来越重要的地位，成为人们选择工作单位的优先指标，甚至常常超出了工资的意义。对于那些在单位组织中工作多年、已进入中老年龄阶段的单位成员来说，上

述资源的意义就更是如此。特别是养老和医疗保险问题，是阻滞国有和集体单位改革的突出问题之一。在没有形成有效的养老和医疗保险体制之前，单位组织的改革就不可能真正地进行下去。这也从另一个方面说明了这类资源与满意度之间的关系，揭示了依赖的内在原因和基础。

六

我们在上面比较详细地讨论和分析了有关单位组织依赖性结构的第一个假设，及其数据的检验和分析结果，基本上证实了我们关于单位中依赖关系的基本假设，并给出了一个路径分析的模型，对资源、满意度、相对剥夺感和依赖之间的关系进行了具体解释。

在这个依赖结构中，我们看到了一个基本的交换关系，即资源和依赖性之间的交换关系。单位人之所以对单位组织保持着依赖性关系，是因为在单位组织中人们可以通过这种依赖获取和占有单位组织提供的各种资源，人们甚至没有因为较强烈的相对剥夺感而摆脱对单位组织的依赖关系。毫无疑问，随着中国社会向市场经济的转型和资源分配的市场化和社会化，人们对单位组织的依赖与传统国家社会主义时期相比，已经有了很大的松动，但是这种松动还远没有达到人们可以自由选择的程度。当人们所需要的社会资源在很大程度上还通过单位组织来进行分配的时候，人们为了获取这些资源，只有以自己对单位组织的服从来交换所需要的那些资源。

更为重要的是，在中国的城市单位体制中，这种资源和依赖之间的交换关系具有特殊性。

（一）单位中资源和依赖之间交换的全面性

无论在任何社会中，当个人在某一单位中工作时，都存在着一种资源和依赖之间的交换关系，即至少人们通过在这个单位中的工作，换取一定的收入，也许还包括其他的有用资源。人们为了得到这个收入或者更多的收入，必定要服从资源提供者，即工作单位的命令。在中国的单位组织中，这一交换关系同样存在。但是，在非国家社会主义的制度背景下，这种单位中资源和依赖的交换关系基本上被限制在特定的范围内，即主要集中在收入这一交换媒介上。人们服从工作单位的命令，然后得到相应的收入报酬，而单位成员通过服从工作单位命令所能得到的回报，也基本上仅限于收入。因而这种交换关系相对单纯。人们在工作单位中交换到收入后，可以在工作单位之外的资源市场上，用自己所获得的收入去交换其他所需要的各种资源，如住房和各种服务等。当人们对工作单位所提供的收入不满时，人们寻求替代的过程相对简单也相对容易。人们只要寻求到一个替代物，即收入，就可以摆脱原有的依赖关系。

但是，在国家社会主义的制度背景下，即使是在向市场经济转型的中国社会中，我们的调查和数据分析表明，在单位组织中，这种资源和依赖之间的交换关系远比市场经济社会中复杂。收入当然仍然是单位组织向单位成员提供的一种重要所需资源，但单位组织所提供的资源远远超出收入的范围。在我们的研究中所涉及的可能的资源，并非单位组织能够提供的所有资源，有很多资源是人们无法用问卷包括的，特别是各种获取资源的机会和各种各样非正式的资源提供，如各种非货币的实物等。早就有权威性的研究指出，在城镇居民可支配的“收入”中，工资性货币收入在总收入中的比重仅为44.42%，而各种补贴性收入则与工资性货币收入不相上下。[1] 在某些单位组织中，向其成员提供的资源，几乎涵盖了人们生活的所

1 赵人伟、基斯·格里芬主编，《中国居民收入分配研究》，北京：中国社会科学出版社 1994 年版，第 9 页等。

有方面。单位组织可能提供的资源的全面性，决定了人们交换关系的全面性，由此也决定了依赖关系的全面性。单位组织中这种交换关系的全面性意味着对单位成员摆脱依赖的更多约束。如果人们是理性行动的话，当人们想摆脱与单位组织的依赖关系时，首先，他需要衡量的是，他对某种资源获取和分配的不满意，是否足够重要到能够取代他在这个单位组织中所获得的其他资源；其次，他还需要考虑的是，他是否能够在其他工作单位中获得同样多的资源。特定交换关系的全面性，将使得人们改变这种关系的机会成本大大上升，从而制约了人们的行动自由。就好像人们的初级关系的替代性要远远低于次级关系的替代性一样。因此，资源和依赖之间“片面的”（如果我们能够这样称呼单纯的以收入为主要媒介的交换关系的话）交换关系与那种“全面的”交换关系有着极大的不同，不同的交换关系所决定的依赖关系由此也有极大的不同。

（二）资源和依赖之间交换的强制性

单位组织中交换关系的全面性决定了依赖关系的特殊性。这仅仅是问题的一个方面。与此相联系，单位组织中交换关系的强制性成为依赖关系特殊性的第二个方面。

在一个非国家社会主义的制度背景下，不仅人们和工作单位之间的交换关系可能是“片面的”，同样重要的是，人们可以在市场上通过市场交换到自己所需的资源，直至包括自己的收入。在这样的社会中，绝大多数资源的供给是相对更加市场化的，货币几乎成为所有交换的唯一媒介。当然即使是在这样的社会中，各种结构性或制度性的分割仍然存在，市场因而并非一个真正完全的市场。但基本经济制度决定了资源配置的主要机制是市场，更高程度的市场化对于寻求资源的人们来说，意味着更高程度的替代性。相对于资源提供者来说，一般情况下寻求资源的人们有可能在不同的资源提供者之间进行选择，市场会为这种供求关系提供一个大致相同的“价格”。因此，在这种制度背景下所形成的资源和依赖之间的交换关系，其基本的前提之一是交换双方的“自由选择”权利，资源的市场配置机制为这种自由选择的权利提供了可能性。这种交换关系基本上不存在“人为的”强制性，如果个人对在某一工作单位中所形成的依赖关系不满意的话，他有更多的可能性去选择其他的交换关系。对他的这种自由选择权利可能形成制约的，更多的是他个人的一些特征，如他的工作能力、受教育程度等，这些特征会对他的自由选择权利形成限制，将其强制性地限制在特定范围内，例如特定的职业上。

在单位组织中所形成的交换和依赖关系，则具有更多的强制性。我们已经多次指出过，中国20世纪90年代正处于由再分配经济向市场经济的转型过程中，因而这样的社会是一个“混合体制”的社会，再分配经济的机制和市场经济的机制都在社会资源的配置过程中发挥作用。尽管相当多的社会资源已经逐步开始进入市场进行交换，尽管社会经济生活的底层已经在很大程度上实现了市场化的资源配置机制，但由于国家社会主义的体制仍然构成了整个社会的基本制度背景，国家仍然在很大程度上占有着大量的社会资源，并且掌握着配置这些资源的权力。在这种背景下，单位组织仍然是国家分配资源的工具，而且国家依然在很大程度上通过单位组织分配自己所掌握的资源。因此，资源分配的市场化仅在一定范围内和一定程度上存在着。20世纪90年代正在进行的住房改革是对这种情况的一个极好说明。在市场上存在真正商品化的住房吗？存在。但是，例如在北京，这样的住房其价格为6000—7000元/平方米。掌握在各个单位组织手中的住房已经在“商品化”，但其售价在同期仅为1450元/平方米，而且还可享受最多可达50%的优惠。[1]因此，在存

1 参见：《北京房地产》，以及北京市关于住房制度改革的有关规定。

在两种资源分配机制，且成本差别极大的情况下，人们的自由选择权利是较小的。较小的自由选择权利意味着较少的替代可能性，那些在资源拥有上具有优势的提供者，对那些需要这些资源的人就可能有更大的权力。在如此条件下所形成的交换关系往往带有更多的强制性，弱势一方的依赖性也往往是这种强制性的结果。

改革以来单位组织差距不断扩大的趋势，在一定程度上加强了这种强制性的特点。不仅各种类型、各个行业、各种规模的单位组织之间在资源获取方面有着极大的差别，即使是在同类单位组织之间也存在着极大差别。有人批评中国人见面喜欢问对方挣多少钱，其实这从一个角度反映了一个社会现实，即人们实在无法预计对方的收入。在资源分配市场化程度不高，且单位组织之间提供的可分配的资源又存在很大差异的情况下，资源垄断地位越高、资源分配优势地位越强的单位组织，在与单位成员所形成的交换关系中就越多地带有强制性。

（三）资源和依赖之间交换的政治性

单位组织中资源和依赖之间交换的全面性和强制性，都还不足以说明单位组织中依赖结构的特殊性。因为上述两个特点在其他类型的社会中，即在非国家社会主义社会中，都有可能不同程度存在。

中国社会单位组织中依赖结构的独特性，在于我们在前面已经讨论过的，即这种依赖关系的政治性。在例如非国家社会主义的社会中，对工作单位的依赖虽然有可能也是全面的、强制性的，但仅仅是对一般资源占有者的依赖，或者是对国家政权的间接依赖，这是由于那些占有优势或垄断地位的资源占有者和国家政权结成了紧密的联盟。因此，这种依赖关系的强制性局限在一定范围内，如局限在经济的范围内。在此范围之外，个人仍然保持着相对的独立性。

但是，中国社会中的单位组织，不是一个相对独立的社会组织，而是如前面已经论证过的那样，在本质上它们是国家政权占有资源的一种“组织形式”，是国家政权的一种延伸和扩大。中国社会的改革已经使单位组织的这种“色彩”有所淡化，但国家占有资源的本质并没有改变，国家政权的统治机构深深地扎根于单位组织之中，国家依然可以通过单位组织贯彻自己的统治意志。因此，单位成员对单位组织的依赖或服从，不仅是对一个有优势地位的资源占有者的依赖和服从，同时还是对国家政权的依赖和服从，尽管在中国社会开始向市场经济转型后，这种依赖和服从常常成为潜在的，而不像传统国家社会主义社会中那样外显出来。任何在单位组织中生活的人，都经常会遇到这些有形或无形的国家意志。单位组织的制度和结构特征、决策和行为方式、单位组织内的资源分配等，都因此不同于那些非单位组织。单位组织的实质决定了，个人和单位组织之间的交换关系有可能超出一般的资源交换关系，而由此形成的依赖关系也有可能转变为对国家的服从。

个人与单位组织依赖关系的政治性，在不发生冲突的情况下常常是潜在的，但是，如果发生了冲突，这种政治性就会显露出来，从而强化它的强制性，表现出超出普通社会组织的优势地位。当人们和单位组织发生冲突时，往往会发现冲突的对象有可能逐渐变成了国家行政机构。因此，国家的统治在很大程度上建立在单位组织的基础之上。如果单位组织的基础在社会转型中逐步缩小，国家原有的统治形式就会受到极大的挑战，国家的统治形式就有可能随之也发生改革。

依赖的形式经常是相同的，但依赖的结构和实质会因制度背景的不同而有本质的不同。

第三章　权力与非制度化方式

——单位组织中的资源获得

在第二章中，我们在假设一的基础上，通过模型1，分析了单位组织中的基本依赖性结构。指出，人们在单位组织中的资源占有、满意度和相对剥夺感与人们对单位组织的依赖性行为之间具有显著的关系，特别是资源占有状况和相对剥夺感，对依赖性行为有着直接的显著相关关系，从而证明了本研究的第一个基本假设：通过资源的交换，单位人形成了对单位组织的依赖关系。模型1提供了分析个人与单位关系的基础。

但是，在假设一中，存在着一个重要的问题没有直接给予解答，即人们在单位中获取资源的多少又是由什么因素决定的，这些因素与依赖又是什么样的关系。

一

在基本依赖模型中，资源、满意度、相对剥夺感和依赖之间的关系是变量之间的关系。人们的资源获取和支配、满意度或相对剥夺感不同，对单位组织的依赖性也不同。因此，必须对基本的依赖模式作进一步的解释和分析。

（一）个人社会特征与资源占有

按照社会学特别是社会分层理论的解释，人们对社会资源的占有或者获取，是由其社会地位决定的。社会资源依据特定的规则被分配至不同的社会地位上，导致不同的社会地位不平等地占有那些在社会中有价值的事物，如财富、收入、声望、教育机会等。因此，社会成员所具有的社会地位决定了他们对社会资源的占有。

在社会学的理论传统中，依照韦伯多元社会分层理论发展起来的社会分层研究，在理论上的一个重要特征，即从不同的个人特征方面的差别去解释社会成员在社会地位上的差别，由此开创了多元社会分层的理论研究方向。但是，在社会学有关地位获得或者社会流动的研究中，个人特征在很多情况下被约简为那些个人的人口统计学特征。例如，在布劳-邓肯的社会流动模型中，他们以现代化、产业化作为其理论预设的前提，将社会地位约简为职业地位，将社会的分层结构主要归结为职业地位所形成的职业分层结构，而某种职业地位的获得主要取决于个人的教育水平、性别、年龄人口统计学特征以及收入等经济特征。(Blau 和 Duncan，1967) 这一模型对后来的社会流动研究产生了极大影响。特别是对于已实现工业化的发达国家来说，占据了研究的主导地位，并成为类似研究的一个无须证明的基本前提。

但是，在中国的传统国家社会主义社会中，国家的统治制度和各种政治制度对人们的地位获得、资源获得具有重要的意义。人们在单位组织中所获得的资源、人们对单位组织的依赖性等，最根本上取决于人们在国家统治结构中的地位，取决于国家在社会资源分配上所形成的各种制度和标准。个人人口统计学的特征，如年龄、教育水平、性别等因素，即使在国家社会主义社会中，当然也是影响个人社会资源获得和行为方式的因素，但至少是同时，那些受基本制度背景决定的个人社会特征，也会在资源获得和行为方式的决定中，具有重要的作用。在单位组织的依赖结构和个人的行为特征上，会深深打上社会制度结构的烙印。我们将那些深受制度背景影响的个人特征，称为个人的“社会特征”，以区别于通常的人口统计学特征。在这一章中我们想要分析的是，在中国的单位组织中，这些“社会特征”在什么样的程度上起作用？它们对单位组织中的依赖结构具有什么样的影响？

因此，在分析个人在单位中的资源获得和满意度时，在类型上我们将有两组基本的自变量：一是属于个人人口统计学特征的那些因素，主要是个人年龄、工龄、性别、受教育水平、收入、婚姻状况等。与此同时，必须对那些个人的社会特征以及相关的因素给予足够重视，属于受制度背景影响的这些个人社会特征，主要是个人在国家统治体系中的位置，包括个人的政治党派身份和个人在国家行政体系中的地位，以及与此相联系的个人在单位组织中的权力地位等。

对于上述可能的影响变量，有些需要作进一步的解释和定义。

政治面貌　指个人的政治党派身份，特别是是否为“中共党员”。中国社会是一个由共产党居于绝对领导地位的社会。在传统国家社会主义社会中，只有那些具有这一政治身份的人，才有可能在国家统治体制中占据较高的位置，才有可能掌握分配社会资源的权力。这是不争的现实。问题在于，在中国社会开始向市场经济转型以来，特别是所谓“体制外”经济和社会有了相当程度的发展后，国家分配社会资源的范围和方式都发生了很大的变化，这种“政治面貌”或者“政治身份”在单位组织中是否还会对资源获得以及行为方式具有影响。我们的基本判断是，由于整个社会的统治体制没有发生根本的变化，因而人们的政治身份仍然会在单位组织中成为影响资源获得和社会地位的重要影响因素。

个人行政级别　个人行政级别是指单位中的个人，特别是那些在单位组织中拥有一定权力的单位成员，在国家行政序列中的地位。由于在中国各种主要短缺资源的分配不是通过社会而主要是通过单位来实现的，因而人们在单位中的地位就成为十分重要的影响因素。单位组织从本质上来说不存在单纯个人对资源的占有权力，个人是依靠国家赋予的一定地位，因而在实际上获得一定的支配或处置权力。其中，个人在国家行政序列中的一定位置（行政级别）就是这种权力的重要来源之一。对于单位组织中的领导人和管理人员来说，他们的权力和权威，取决于国家的认可和赋予合法性。他们的行政地位等级和单位组织的行政地位等级具有同等的重要地位。

上述两个变量的特殊性在于，当国家占有大量社会资源时，国家势必通过国家行政关系和行政等级分配资源的占用和调配权力。因此，这种行政关系和行政等级制度扩散到几乎所有的单位组织中，形成社会资源占有状况中的普遍"行政化"。我们在分析中，对这些因素在改革开放之后对个人资源占有的影响作用要进行检验，以确定在向市场经济的转型过程中，它们是否还具有重要的意义。

个人权力地位 按照韦伯的理解，"权力意味着在一种社会关系之中，人们在具有反抗的情况下，仍然能够贯彻自己意志的任何一种机会，而不管这种机会是建立在什么样的基础之上"[1]。根据韦伯的定义以及我们这本书中研究的需要，我们在这里把权力主要理解为在占有、分配单位中的各种机会和资源的过程中，能够顺利地贯彻自己意志的能力。一般而论，中国单位中的这种权力主要以上级任命和垄断性占有和分配机会与资源为特征。个人权力地位主要是指个人在单位组织科层结构中的位置，这种位置往往是和资源占有及影响他人的能力直接联系在一起的。例如，单位的负责人、管理人

---

1 "Macht bedeutet jede Chance, innerhalb einer sozialen Beziehungden eigenen Willen auch gegen Widerstreben durchzusetzen, gleichviel worauf diese Chance beruht." Max Weber, *Wirtschaft und Gesellschaft*. Tuebingen, 1980, p. 28.

员、普通职工等。他们在单位组织权力结构中的位置，对资源占有和满意度等有可能具有直接的影响。但是，这种权力地位不同于上述的个人行政级别地位。前者是个人在单位组织中的实际地位，后者是国家赋予的、在国家统治体系里的一个等级地位。

工龄　工龄当然是指工作年限的长短。将其纳入这一假设之中，是因为在传统国家社会主义体制下，对于几乎所有单位组织中的成员来说，工龄都是一个获得国家资源的重要因素。当国家在单位体制内统一进行资源分配，不存在其他资源分配的机制（如根据财产占有关系）时，除去个人行政级别、单位内权力地位等制度化标准外，工龄以及受教育水平等就有可能成为最具操作化的个人标准。

（二）“关系网”、社会行动与资源占有

在讨论上述个人特征和结构性特征的影响时，都内在隐含了一个理论上的预设，即个人的某种社会地位，主要是由那些“客观的”“外在的”社会因素决定的。如果人们具有了这些客观外在的因素，个人就有可能获得相应的社会地位。社会学理论研究的发展，已经证明这是一种简单和片面的认识。

在传统的地位获得过程模型（Blau 和 Duncan，1967；Sewell 和 Hauser，1975；Featherman 和 Hauser，1978）中，曾对成就过程的人口统计学特征及分布方面的情况进行了深入研究。但是，不断有人对这些模型中缺乏结构性因素和“关系”因素的问题进行批评，认为不能够仅仅将个人成就的获得限定在个人资源范围内。格兰诺维特（Granovetter，1973: 1361）将“关系”和关系强度（strength of a tie）引入分析之中，提出所谓“弱关系”在信息和影响力的传播中扮演着重要角色，认为这种“关系”不仅为流动提供了机会，而且还有助于社会的运行。林南等人对嵌入在某一个体的社会网络中的社会资源问题进行了大量研究。在他们的研究中，社会资源被定义

为“与个体直接或间接相联的人们所拥有的财富、地位、权力，以及社会关系”。林南（Lin，Dayton 和 Greenwald，1978）等提出，社会结构可以被设想为人们构成的一个社会网络，按照某些规范化的荣誉和回报，如财富、地位和权力，人们得以排列在这一网络中的位置。社会资源的概念包括两个方面：社会关系和经这些社会关系而联结到的“位置”中所嵌入的资源。通常人们所说的个人资源包含了个人的财富、地位和权力，而社会资源是嵌入在个人通过其社会网络而联结到的他人的位置中的，即社会资源包括了那些通过网络而连接起来的他人所占有的资源。在他们关于求职的研究中得出结论：“当某人的社会网络被用于求职时，他所获得的职业地位主要取决于他的教育水平和嵌入在网络中的社会资源，而他所拥有的网络又主要取决于他的先赋地位（家庭背景）。”[1]

在单位组织中，单位成员不仅通过正式地位和正式结构获得一定的资源，而且还往往通过各种人际关系等社会支持手段，获得各种社会资源，因而“关系”或者“关系网”就有可能成为社会权力的重要来源之一。一个人占有的人际关系越多，一个人的社会网络中他人占有的资源越多，个人获得各种社会资源的可能性就越大。在我国的社会生活中，“关系”自古以来就具有重要意义。

个人在单位组织中总是处于不同的社会层次上，或是处于领导地位，或是具有较高的行政级别，或是属于单位内的某个社会网络之中。由于资源是由国家分配的，当资源的社会流动性很低，且又被不同单位组织、职位强制性分割后，人们更多是在一个单位组织内对单位所占有的资源进行争夺。因而不可避免地使得单位成员之

---

1 Lin Nan, Paul Dayton, and Peter Greenwald: “Analyzing the instrumental uses of social relations in the context of social structure.” *Sociological Methods and Research* 7: pp.149–166, 1978. Lin Nan, John C, Vaughn, and Walter M. Ensel, “Social resources and occupational status attainment.” *Social Forces* , (June 1981) .

间在占有和分配短缺资源以及获取发展机会和各种利益的过程中发生尖锐的矛盾和冲突。在这种情况下，“关系”在资源获得上的重要作用就变得更加明显。特别是在国家调控机制和统一规范不健全或受到损坏，而资源的相对稀缺性又十分尖锐的情况下，原有的资源分配机制逐渐弱化，单位组织的意义上升，使得在单位组织中有时甚至会形成没有“关系”就得不到重要资源的地步。为了维护个人在单位中的利益和权力，单位内会形成错综复杂的社会关系网络以及各种根据“以我为中心向外推”的差序格局。[1] 人们在单位组织内正式关系的背景下，会更多地依靠一种初级的社会关系来争取单位内的资源，这种互动在很大程度上取决于单位成员个人与单位内的某些利益集团或利益群体之间的“面子”“交情”“义气”以及个人道德。这种关系网络的互动，更多地表现出一种利益和资源的结合和交换。这就使得单位内的互动关系带有很大的不确定性和不稳定性。

有研究认为，单位组织中特殊的社会网络的形式之一，是所谓单位领导人和积极追随者之间形成的“庇护关系”。[2] 还有研究认为，建立在行动基础上的利益争取或维护关系是所谓“派系关系”。[3] 无论是“庇护关系”还是“派系关系”，都反映出在现实的组织生活中，单位中资源分配的结果，是组织结构和实际行动二者相结合的产物，因而是人们“建构”的产物。建构活动不仅直接影响到单位组织中的资源分配，而且是导致组织变迁的重要原因之一。

正如大量研究所揭示的那些组织中的结果，包括资源或权力分配的结果，不但是正式规则和制度的产物，而且在相当程度上是组

---

1 费孝通，《乡土中国》，北京：生活 · 读书 · 新知三联书店 1985 年版。

2 华尔德（Andrew Walder），《共产党社会的新传统主义》，香港：牛津大学出版社 1996 年版。

3 李猛、周飞舟、李康，《单位：制度化组织的内部机制》，载香港《中国社会科学季刊》总第 16 期，1996 年秋季卷，第 89—108 页。

织成员各种正式和非正式互动的结果。[1] 组织中的正式结构和结果，是组织成员和环境共同建构的产物。在存在组织正式结构和规则的情况下，组织成员作为行动者，会在各种约束条件下，从自己的需要和利益出发，有策略地采取相应行动，形成特定的行动模式和策略。这种行动模式和策略不仅会影响到组织内资源的分配，而且会给组织的制度安排和权力关系以极大影响。因此，个人在单位中争取地位和资源、利益的实际行动，对资源获得和满意度也有可能具有很大影响。

最基本的行动模式可以区分为两种：一种是尽可能按照组织规范的要求去获取组织内的资源，另一种则是不按照组织规范的要求去获取资源。前者是一种制度化的方式，单位成员的行动实质上是被动的，资源实质上是“分配”的；后者是一种非制度化的方式，单位成员在资源获取上有很大的行动主动性。

非制度化的资源获取方式，主要形式被界定为那些特殊主义性质的社会关系，或“社会网络”。如果说强调结构性因素或制度性因素属于一种地位结构观的话，强调社会网络关系则可以称为一种网络结构观。二者的一致之处是都强调外在于个人的社会因素，不同之处在于网络结构观重视人际关系所形成的网络以及人们身处在什么网络中，重视人际间的联系性和资源的嵌入性，不看人的归属感；重视个人能够通过这种人际网络摄取多少资源，而不是人们现实占有多少资源。[2] 在我们的问卷中，二者的区分是：前者是以专业能力、学历、经验、努力等为特征，后者是以与单位领导和单位的上级领导搞好关系，在单位中有有影响、有权势的朋友，以及家庭背景等为特征。在对调查数据的检验和分析中，我们将两种资源获

---

1 许嘉猷，《社会阶层化与社会流动》，台北：三民书局 1986 年版；查理斯·裴洛（Charles Perrow），《组织社会学》，台北：桂冠图书公司 1987 年版。

2 李路路，《论社会分层》，载北京《社会学研究》1999 年第 1 期。

取方式在中国单位组织资源分配中的意义和作用作了比较。

（三）基本假设二

这样，在我们看来，决定或者影响人们资源获得和对单位满意度的因素，主要表现为三组，即个人人口统计学特征、个人社会特征或制度性特征以及人们获得资源的行动方式特征等。在此基础上形成了我们的第二个基本假设：单位成员在单位中的资源获得和对单位的满意程度，主要受上述三方面因素的影响（图 3-1）。

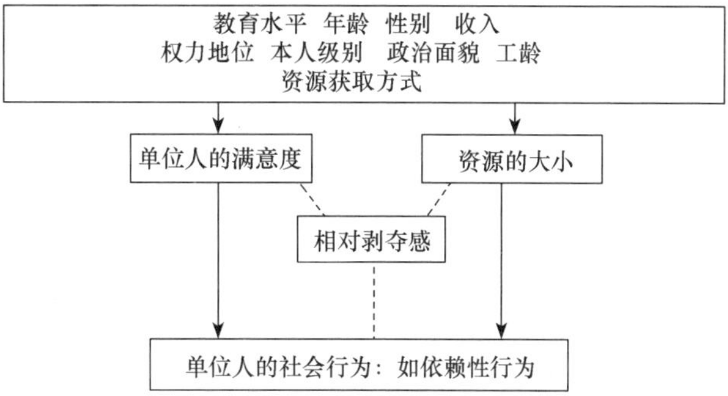

图 3-1

由于统计分析的需要，对上述假设进行的分析和检验将被分为两个部分。第一个部分从可能影响资源占有的外在性或“客观”变量角度，分析它们对资源占有的影响以及对依赖性的影响；第二个部分从将内在的“主观”变量，即人们对单位组织的满意度或相对剥夺感等变量加入模型中，分析对资源占有的影响以及对依赖性的影响。我们将分别予以讨论。

二

首先对外在和客观变量与资源占有和依赖性之间关系进行分析

和检验。

在分析外在和客观变量与资源占有和依赖性之间关系时，根据人们在单位组织中所采取的获取资源的两种不同方式为基础，分别对上述因素对资源占有和依赖性的影响进行分析和检验，我们得出如下结果（图 3-2，图 3-3）。

(a)

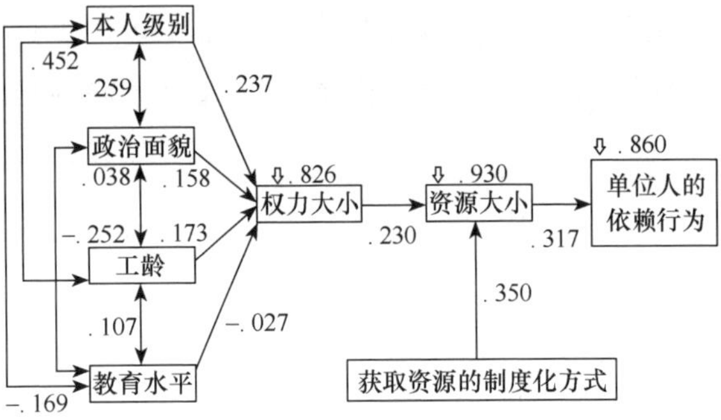

图 3-2　不同行动方式下影响资源和依赖性的模型 2-a

模型 2-a 中，各变量之间的 Beta 值及统计显著性值如下（表 3-1）。

表 3-1

X	Y	Beta（显著度）
本人级别	权力大小	0.237（0.000）
政治面貌	权力大小	0.158（0.000）
工龄	权力大小	0.173（0.000）
教育水平	权力大小	−0.027（0.252）
制度化方式	资源大小	0.035（0.218）
权力大小	资源大小	0.230（0.000）
资源大小	依赖	0.317（0.000）
本人级别	政治面貌	0.259（0.000）
本人级别	工龄	0.452（0.000）
本人级别	教育水平	−0.196（0.000）

（续表）

X	Y	Beta（显著度）
政治面貌	工龄	0.038（0.034）
政治面貌	教育水平	−0.252（0.000）
工龄	教育水平	0.107（0.000）

(b)

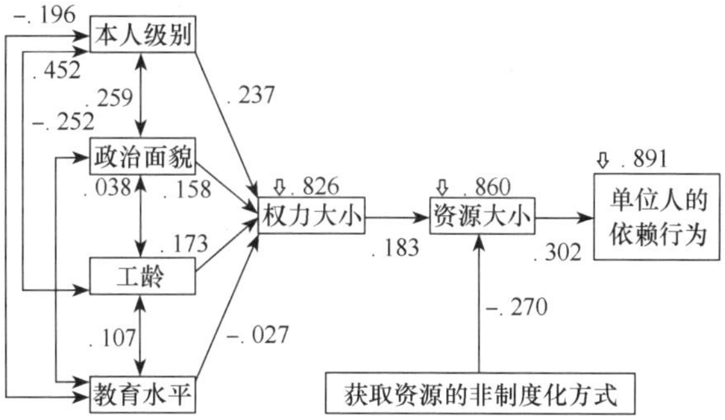

图 3-3　不同行动方式下影响资源和依赖性的模型 2-b

模型 2-b 中，各变量之间的 Beta 值和显著性程度值如下（表 3-2）。

表 3-2

X	Y	Beta（显著度）
本人级别	权力大小	0.237（0.000）
政治面貌	权力大小	0.158（0.000）
工龄	权力大小	0.173（0.000）
教育水平	权力大小	−0.027（0.252）
非制度化方式	资源大小	−0.270（0.000）
权力大小	资源大小	0.183（0.000）
资源大小	依赖	0.302（0.000）
本人级别	政治面貌	0.259（0.000）
本人级别	工龄	0.452（0.000）

（续表）

X	Y	Beta（显著度）
本人级别	教育水平	−0.196（0.000）
政治面貌	工龄	0.038（0.034）
政治面貌	教育水平	−0.252（0.000）
工龄	教育水平	0.107（0.000）

在模型 2-a 中，我们可以看到三组路径关系。首先，当我们以受访者本人级别、政治面貌、工龄为自变量，以人们在单位中权力大小为因变量时，这四个变量可以解释 17.4% 的差异。其次，当我们以受访者本人级别、政治面貌、工龄、权力大小和获取资源的制度化方式为自变量，以人们在单位中获取资源的大小为因变量时，这七个变量仅仅可以解释 7% 的差异。最后，当我们以受访者本人级别、政治面貌、工龄、权力大小、资源大小和获取资源的方式为自变量，以单位人的依赖性为因变量时，这八个变量可以解释 14% 的差异。

在模型 2-b 中，我们同样可以看到三组路径关系。首先，当我们以受访者本人级别、政治面貌、工龄为自变量，以人们在单位中权力大小为因变量时，这四个变量可以解释 17.4% 的差异，其结果和模型 2-a 一样。其次，值得注意的是，当我们以受访者本人级别、政治面貌、工龄、权力大小和获取资源的非制度化方式为自变量，以人们在单位中获取资源的大小为因变量时，这七个变量则可以解释 14% 的差异，高于模型 2-a 中相同路径解释力的一倍。最后，当我们以受访者本人级别、政治面貌、工龄、权力大小、资源大小和获取资源的方式为自变量，以单位人的依赖性为因变量时，这八个变量可以解释 10.9% 的差异，略低于模型 2-a 中相同路径的解释力。下面，让我们对模型进行一些深入的讨论。

在模型 2-a、2-b 中，我们应该注意到的一个结果是，尽管在两个模型中分别引入了两个不同的变量，即获取资源的制度化方式和非制度化方式，在变量之间影响程度上造成了不同的结果，但所得模型的路径结果完全一致。这说明在这两个模型中，诸变量之间的路径关系相对稳定，不因一个变量的变化而改变。这为我们的分析和比较提供了基础。

从我们分析的结果中可以看出，获取资源的方式对资源大小的影响，在模型 2-a、2-b 中有不同的影响。对比 2-a、2-b 两个路径模型，可以发现两个明显的差别。

第一，当资源大小被作为因变量时，包含获取资源的制度化方式的模型 2-a 中，自变量的变化能够解释资源大小变化的 R 的平方值仅为 0.07（1−0.930），表示只能解释 7%的差异；而在包含获取资源的非制度化方式的模型 2-b 中，R 的平方值则为 0.14（1−0.860），表示可以解释 14%的差异，比前一个模型中所能解释的差异多了一倍。这个结果起码可以说明，当人们以带有制度化的资源获取方式这一变量所构成的模型去解释人们获取资源的大小时，其解释力远低于以带有非制度化资源获取方式变量所构成的模型。

第二，模型 2-a 表明，获取资源的制度化方式与资源大小之间没有显著的相关关系；模型 2-b 表明，越是采用非制度化方式的资源获取方式，获取更多资源的可能性就越大。

下面，让我们对这两个模型进行一些深入的分析和讨论。

三

首先，我们在更多自变量的基础上，讨论在模型 2 中建立的基本依赖性关系。

在模型 2-a、2-b 中，模型 1 所建立起来的基本的依赖结构仍然保持，即人们在单位组织中获取和支配的资源越多，人们对单位组织的依赖程度就越高。而且在模型 2 中显示了其他因素与依赖性之间的关系。

（一）依赖与教育水平

依赖性与个人教育水平之间有着显著的相关关系，即教育水平较高的人，对单位组织的依赖性有可能也较高。按照一般的想象，当社会逐渐向市场体制过渡时，市场给教育等人力资本以较高的评价，因而，那些具有较高教育水平的人，应该更倾向于市场化程度较高的组织，如民营或三资企业，而且寻找资源替代的能力也应该更高。但是，我们的数据表明，教育水平高的人，对单位组织的依赖性可能更高（表 3-3）。有两个原因造成了这一结果：第一，中国向市场经济的转型，还远未达到充分的程度。正如撒拉尼所指出的，正处于中间性的过渡阶段。（撒拉尼，1996）人们的受教育水平并非一定会在市场上得到相应的回报，其他的因素，如“关系”、与再分配经济的联系等更为重要。因此，教育水平高的人，摆脱单位束缚的能力不一定就高。第二，在某种意义上，那些教育水平较高的人，更有可能对单位组织产生依赖。在单位体制中，出于各种需要，人力资本获得了较高的评价，甚至成为重要的晋升机制之一。因此，如果对比国有企业和私营企业负责人的教育水平，国有企业负责人的教育水平远远高于私营企业。（李路路，1998）如果他们要离开单位组织，他们付出的机会成本有可能高于其他人。相比之下，教育水平较低的人，仅就教育水平与单位组织的依赖关系来说，更有可能依赖性较低，因为他们相应的机会成本也低。

表 3-3　依赖与教育水平

	本科	大专	高中	初中	小学
依赖（n）	32	369	851	720	566
均值	69.22	70.13	69.50	68.26	63.67
标准差	17.26	15.57	14.01	14.03	14.30

（续表）

	本科	大专	高中	初中	小学	
95% 的均值置信区间						
下限	63.00	68.53	68.56	67.23	62.49	
上限	75.44	71.72	70.44	69.28	64.85	
F 值						17.29
自由度						4
显著度						0.000

教育水平对依赖的影响，依不同的依赖对象而有所不同（表3-4）。从表 3-4 中我们可以看出，在不同的依赖对象上，那些具有较高教育水平的人，对单位福利（F 值为 13.88）和文化生活与个人生活（F 值为 20.25）的依赖性都相对较高，与其他教育水平的人相比有较大差异。但是，在社会保障和教育方面，以及在政治依赖性方面，他们的依赖性并非最高。

表 3-4　不同的依赖对象与教育水平

	本科	大专	高中	初中	小学	
社会保障与教育依赖（n）	37	423	961	800	625	
均值	20.27	20.65	21.00	20.98	20.13	
标准差	4.05	3.57	3.02	2.92	3.53	
95% 的均值置信区间						
下限	18.92	20.30	20.81	20.77	19.85	
上限	21.62	20.99	21.19	21.18	20.41	
F 值						8.57
自由度						4
显著度						0.000
政治依赖（n）	38	427	956	800	625	
均值	9.63	9.92	9.92	13.03	9.37	
标准差	2.78	2.38	2.32	2.30	2.56	
95% 的均值置信区间						

（续表）

	本科	大专	高中	初中	小学	
下限	8.71	9.69	9.78	9.87	9.17	
上限	10.55	10.15	10317	10.19	9.57	
F 值						7.86
自由度						4
显著度						0.000
单位福利依赖（n）	35	403	932	766	62	
均值	20.51	20.96	20.51	19.74	18.47	
标准差	7.14	6.08	6.03	6.15	6.12	
95% 的均值置信区间						
下限	18.06	20.36	20.12	19.31	17.98	
上限	22.97	21.55	20.90	20.18	18.96	
F 值						13.88
自由度						4
显著度						0.000
文化生活与个人生活依赖（n）	34	394	892	762	599	
均值	18.32	18.56	17.93	17.35	15.80	
标准差	6.12	5.67	5.37	5.40	5.20	
95% 的均值置信区间						
下限	16.19	18.00	17.58	16.97	15.38	
上限	20.6	19.12	18.29	17.74	16.21	
F 值						20.25
自由度						4
显著度						0.000

（二）依赖与政治面貌

政治面貌在这里主要是指中共党员、共青团员、民主党派和无党派等四种政治身份。一般人们有可能认为，中共党员和共青团员等政治身份对单位组织的依赖性会更高，因为他们的社会地位和单位组织应有紧密的联系。但对数据实际上的分析结果显示出，如果仅就依赖性与政治面貌的关系看，那些无党无派的“群众”对单位组织的依赖性在总体上最高，其均值高出党员的两个百分点；在其他各依赖性分项中，除政治依赖外，也是最高的（表3-5）。在政治依赖中，无疑党员对单位的依赖性应该最高；无党无派的人依赖性较低，是因为他们本身实际上就没有政治生活。在总体上他们的依赖性最高，正是我们这种混合型社会的真实写照。向市场经济的渐进式转型，并非马上并在所有方面都意味着行政式权力的下降，那些由于较“高”的政治身份从而在传统国家社会主义体制中占有优势地位的人，在向市场经济的转型中，乃至在更多市场化程度的社会中，有可能利用他们原有的优势，仍然占有优势地位，[1] 他们对单位组织的依赖性因而有可能比那些无党无派的人还低。作者所作的关于中国私营企业主的研究也在一定程度上证明了这个结论。[2]

表3-5　依赖与政治面貌

	党员	团员	民主党派	群众	
依赖（n）	817	809	26	888	
均值	67.4	67.67	62.23	69.44	
标准差	13.75	14.05	23.30	15.25	
95% 的均值置信区间					
下限	66.09	66.70	52.82	68.43	
上限	67.98	68.64	71.64	70.44	
F 值					5.62
自由度					3
显著度					0.001
政治依赖（n）	926	894	27	1004	
均值	10.36	9.58	8.70	9.62	

1　David Stark, 1992, “Path Dependence and Societies Strategies in Eastern Europe” . *East European Politics and Societies.* 6:17—54.

2　李路路，《转型社会中的私营企业主》，北京：中国人民大学出版社 1998 年版。

（续表）

	党员	团员	民主党派	群众	
标准差	2.08	2.45	3.26	2.49	
95% 的均值置信区间					
下限	10.22	9.42	7.42	9.47	
上限	10.49	9.75	9.99	9.78	
F 值					23.34
自由度					3
显著度					0.000

（三）依赖与本人级别

个人的行政级别是单位制度中政治身份的一个重要方面。如果仅就本人行政级别与依赖的关系来看，数据分析表明，具有不同行政级别的单位成员，对单位的依赖性有显著差异。具有高行政级别的人对单位的依赖性较强（均值＝68.42），具有中低级行政级别的人，对单位组织的依赖性相对较低（均值＝64.43），而那些根本没有行政级别的单位成员，对单位的依赖性与高级别的人相似，同样较高（均值＝68.57，表 3-6）。

表 3-6　依赖与本人级别

	高	中	低	无级别	
依赖（n）	19	145	570	1049	
均值	68.42	64.43	65.68	68.57	
标准差	18.40	15.54	13.66	13.82	
95% 的均值置信区间					
下限	59.55	62.08	64.45	67.74	
上限	77.29	67.18	66.92	69.41	
F 值					6.75
自由度					3
显著度					0.000

进一步分析可以看出，本人级别与依赖的紧密关系主要体现在对单位福利以及文化生活与个人生活的依赖方面，在政治依赖和社会保障与教育依赖方面几乎没有显著的差异。那些级别较低乃至无级别的人，在这两个方面对单位组织有着更多的依赖性（表 3-7）。

表 3-7　不同依赖性与本人级别

	高	中	低	无级别	
单位福利依赖（n）	19	158	504	1140	
均值	20.00	18.46	18.59	20.17	
标准差	7.25	6.57	6.06	5.94	
95% 的均值置信区间					
下限	16.51	17.42	18.06	19.83	
上限	23.49	19.49	19.12	20.52	
F 值					10.00
自由度					3
显著度					0.000
文化生活与个人生活依赖（n）	20	152	492	1102	
均值	17.80	16.19	16.53	17.57	
标准差	6.09	5.36	5.14	5.36	
95% 的均值置信区间					
下限	14.59	15.33	16.07	17.26	
上限	20.65	17.05	16.98	17.89	
F 值					6.23
自由度					3
显著度					0.000

（四）依赖与工龄

工龄相对独立于上述三个指标，具有一定的普遍性。因此，工龄的长短并不直接影响到人们对单位组织的依赖性，而是有可能影响到与其他变量的关系（表 3-8）。在这里，我们可以看到，在依赖和工龄这两个变量中，F 值仅为 2.39，显著度为 0.067，既小于显著度为 0.05 情况下的 F 值（2.60），也远小于显著度为 0.001 状态下的 F 值（5.42）。F 值的检定从一个侧面说明了关于工龄越长，人们对单位的依赖性越强的研究假设不能成立。但是，在以后的分析中我们可以看到，工龄仍然是一个构成间接影响依赖行为的变量。

表 3-8　依赖与工龄

	1—5	6—12	13—21	22 以上	（年）
依赖（n）	660	691	579	595	
均值	66.84	68.26	68.99	67.92	
标准差	14.19	14.92	14.43	14.14	
95% 的均值置信区间					
下限	65.76	67.14	67.81	66.78	
上限	67.93	69.37	70.16	69.06	
F 值					2.39
自由度					3
显著度					0.067

（五）权力与依赖

权力是人们在单位组织中位置的最重要指标，它直接反映了人们在组织中的地位。仅就权力与依赖的关系来看，与本人行政级别与依赖的关系有相似之处，即权力很多和很少的人，对单位组织的依赖性都相对较高（表 3-9）。从 F 检定的结果来看，表中的 F 值为 2.69，仅略大于在显著度为 0.05 情况下的 F 值（2.37）。一个可能的解释是，前者是因为他们在单位组织中获得了更多的利益，而后者是因为根本就缺乏替代的能力。我们必须指出的是，这两类变量的分析是以不考虑其他变量对依赖的影响为前提的。基本的依赖关系是由多种因素共同决定的结果。单一因素的分析只能说明两个因素之间直接的关系。

表 3-9　权力与依赖

	很少	较少	中等	较多	很多	
依赖（n）	739	280	406	392	462	
均值	69.18	66.61	67.26	66.90	67.71	
标准差	15.92	12.94	13.95	13.52	13.90	
95% 的均值置信区间						
下限	68.03	65.09	65.90	65.56	66.44	
上限	70.33	68.14	68.63	68.25	68.98	
F 值						2.69
自由度						4
显著度						0.030

但是，拥有不同权力的人，在不同的依赖方面有不同的表现。在对文化生活和个人生活的依赖方面，权力和依赖的关系不仅有显著的差别，而且差别的表现与上述基本关系相同。然而在社会保障和教育依赖方面，不同权力地位的人之间其依赖性没有了值得注意的差别。在这里，从 F 检定的结果我们可以看到，F 值仅为 1.38，显著度为 0.237，既小于显著度为 0.05 情况下的 F 值（2.37），也远小于显著度为 0.001 状态下的 F 值（4.62）。F 值的检定从一个侧面说明了我们关于权力的大小能够影响人们在社会保障教育方面对单位的依赖的研究假设不能成立。实际的情况总是，无论人们的权力地位如何，社会保障和教育资源都来自单位组织（表 3-10）。

表 3-10　社会保障和教育依赖与权力

	很少	较少	中等	较多	很多
社会保障和教育依赖（n）	814	304	450	443	511
均值	20.95	20.54	20.73	20.59	20.72
标准差	3.48	2.97	3.03	3.04	3.17

（续表）

	很少	较少	中等	较多	很多	
95% 的均值置信区间						
下限	20.71	20.20	20.45	20.31	20.45	
上限	21.19	20.87	21.01	20.88	21.00	
F 值						1.38
自由度						4
显著度						0.237

在政治依赖方面，那些拥有很多权力的成员对单位的依赖性最高（均值＝10.21），因为他们的权力和政治体制有密切的联系。离开了特定的政治制度，他们的权力就有可能受到损害（表 3-11）。在这里，F 检定的结果（F＝9.48，显著度＝0.000）同样有力地支持着我们的研究假设。

表 3-11　政治依赖与权力

	很少	较少	中等	较多	很多	
政治依赖（n）	808	303	452	439	513	
均值	9.41	9.69	9.83	9.90	10.21	
标准差	2.65	2.31	2.44	2.22	2.12	
95% 的均值置信区间						
下限	9.23	9.43	9.60	9.69	10.02	
上限	9.60	9.95	10.05	10.11	10.39	
F 值						9.18
自由度						4
显著度						0.000

在对单位福利的依赖方面，权力很多的人其依赖性最低（均值＝19.25）。他们由于其权力地位，在单位组织中的资源分配和收入分配上已经占有了相当优势，因而单位分配的福利对他们的意义

相对较小。而那些权力较少的人，由于在各项资源分配中都处于劣势地位，单位福利对他们仍具有重要意义（表 3-12）。在这里，F 检定的结果（F = 5.89，显著度 = 0.000）从另一个角度支持着我们的分析和判断。

表 3-12　单位福利依赖与权力

	很少	较少	中等	较多	很多	
政治依赖（n）	785	292	446	431	489	
均值	20.77	19.65	19.67	19.58	19.25	
标准差	6.33	5.89	6.02	6.01	6.16	
95% 的均值置信区间						
下限	20.33	18.98	19.11	19.01	18.71	
上限	21.22	20.33	20.23	20.15	19.80	
F 值						5.89
自由度						4
显著度						0.000

四

下面，我们讨论各自变量与资源大小之间的关系。

对于我们的研究更为重要的，也是研究者们更感兴趣的是，在单位组织中，人们获取和支配资源的大小是由什么因素决定的，也就是说，是什么因素影响到单位组织中的基本依赖关系。建立模型 2 的主要目的之一，即试图解释，如果资源大小与单位人的依赖行为有紧密的关系，那么，资源大小和什么样的因素有联系。从模型 2-a、2-b 中可以看出明显的结果，即受访者本人级别、政治面貌、工龄、权力大小和获取资源的方式与人们获取和支配的资源大小之间存在着一定关系，人们可以在一定程度上用上述这些自变量对资源量大小的变化进行有效的解释或预测。权力和获取资源的方式，是影响资源大小的直接因素。

（一）权力与资源

模型 2 中显示出，权力和资源之间具有显著的直接相关关系，人们在单位组织中的权力越大，其获取和支配更多资源的可能性就越大（表 3-13）。在这组数据中，资源在不同权力地位上的均值差异达到 8.48，超出其他很多变量之间关系的差异，而且由低到高呈有规律的递增。这符合常识和普遍的理论判断。同时，表中的 F 值为 33.15，远大于在显著度为 0.001 的 F 值 4.62。F 值的检验从一个侧面充分肯定了关于权力越大、资源越多的研究假设。事实上，权力本身就意味着对资源的支配和调动，没有了各种社会资源作为基础，权力将无法维持。

表 3-13　资源与权力

	很少	较少	中等	较多	很多	
资源（n）	660	260	376	367	427	
均值	49.82	51.47	53.89	53.24	58.30	
标准差	13.19	9.80	11.09	11.44	13.21	
95% 的均值置信区间						
下限	48.42	50.27	52.76	52.06	57.05	
上限	50.83	52.67	55.01	54.41	59.56	
F 值						33.15
自由度						4
显著度						0.000

分析不同的权力地位所占有的不同资源，可以进一步看出权力在资源分配中的作用。社会保障与教育资源在不同权力地位上的分布差异最大，其均值差异达到 2.46，F 值在显著度是 0.000 的情况下为 34.84；其次是文化生活与个人生活资源，均值差异为 2.42，F 值

在显著度是 0.000 的状态下为 25.30。权力对资源分配的意义主要体现在这两方面（表 3-14）。

表 3-14 社会保障和教育资源、文化生活与个人生活资源与权力

	很少	较少	中等	较多	很多	
社会保障和教育资源（n）	779	293	447	420	489	
均值	15.52	16.29	16.76	16.84	17.98	
标准差	4.25	3.24	3.41	3.39	3.55	
95% 的均值置信区间						
下限	15.22	15.92	16.44	16.51	17.67	
上限	15.81	16.66	17.07	17.16	18.30	
F 值						34.84
自由度						4
显著度						0.000
文化生活与个人生活资源（n）	753	285	421	401	466	
均值	11.90	12.55	12.63	12.82	14.32	
标准差	4.30	3.37	3.80	3.71	4.73	
95% 的均值置信区间						
下限	11.59	12.16	12.26	12.45	13.88	
上限	12.20	12.94	12.99	13.18	14.75	
F 值						25.30
自由度						4
显著度						0.000

在政治资源和单位福利资源方面，不同权力地位之间的差异相对较小，而差异最小的是单位福利资源，分别为 2.04 和 1.59。其中，政治资源的分配制度化特点更强，因而差别相对固定，而单位福利资源主要以单位成员资格作为分配标准。正因为单位福利资源的分配在不同权力地位之间的差异相对较小，或者说相对较为平均，因而对处于不同权力地位上的人具有不同的意义（表 3-15）。

表 3-15　政治资源和单位福利资源与权力

	很少	较少	中等	较多	很多	
政治资源（n）	773	290	440	420	490	
均值	10.43	11.01	11.73	11.49	12.47	
标准差	3.02	2.62	2.73	2.75	2.70	
95% 的均值置信区间						
下限	10.22	10.71	11.48	11.23	12.23	
上限	10.64	11.31	11.99	11.76	12.71	
F 值						43.47
自由度						4
显著度						0.000
单位福利资源（n）	753	285	431	401	466	
均值	11.90	12.55	12.63	12.82	14.32	
标准差	4.30	3.37	3.80	3.71	4.76	
95% 的均值置信区间						
下限	11.59	12.16	12.26	12.45	13.88	
上限	12.20	12.94	12.99	13.18	14.75	
F 值						25.30
自由度						4
显著度						0.000

（二）获取资源的方式与资源

获取资源的方式对资源大小的影响，在模型 2-a 和 2-b 中有不同的影响。对比 2-a 和 2-b 两个路径模型，可以发现两个明显的差别。

第一，当资源大小被作为因变量时，包含获取资源的制度化方式的模型 2-a 中，自变量的变化能够解释资源大小变化的 R 的平方值仅为 0.007（1−0.930），表示只能解释 7%的差异；而在包含获取资源的非制度化方式的模型 2-b 中，R 的平方值则为 0.14（1−0.860），表示可以解释 14%的差异，比前一个模型中所能解释的差异多了一倍。

这就是说，当人们以带有制度化的资源获取方式这一变量所构成的模型去解释人们获取资源的大小时，其解释力远低于以带有非制度化资源获取方式变量所构成的模型。

第二，模型2-a表明，获取资源的制度化方式与资源大小之间没有显著的相关关系（Beta＝0.035）；模型2-b表明，越是采用非制度化的资源获取方式，获取更多资源的可能性就越大（Beta＝－0.270）。

1. 不同资源获取方式与资源

上述资源获取方式与资源大小之间的关系，基本上证明了我们在前面有关的假设以及其他的相关研究。在讨论有关资源获取方式的假设时，我们曾经指出，人们在单位组织中的行动方式和"关系"对于资源获取具有重要意义，在一些研究中，"庇护关系"和"派系结构"等得到了阐述。[1]而上述数据分析的结果，揭示出非制度化的资源获取方式在资源大小中的显著意义，十分明显地将中国社会中单位组织的特征之一凸显出来。

非制度化的资源获取方式在资源获取中的显著意义，是由单位组织的基本性质决定的。单位组织所拥有的各种资源，从根本上属于国家（政府）所有，并最终受到国家的控制。这一性质决定了，单位组织中的资源在权利上不属于任何个人或自然人所有。当然，现代中国社会中的单位组织不能说不具有"科层制"的特征，即国家和单位组织本身，都制定了一系列规则来规范单位中的资源分配和运作，以期获得更高的资源收益。但是，单位组织的性质导致了如下的可能性：第一，国家（政府）对单位组织的所有和控制在操作化的层面上，正如许多研究已经指出的，常常处于权利主体"虚置"的状态，单位组织中的规范执行更多地成为一种"仪式"而丧失了内在的实质；第二，单位体制中的规范，不仅来自组织效益的目标，甚至常常主要不是来

1　华尔德，《共产党社会的新传统主义》，香港：牛津大学出版社1996年版。李猛、周飞舟、李康，《单位：制度化组织的内部机制》，载香港《中国社会科学季刊》总第16期，1996年秋季卷，第89—108页。

自组织效益的目标，而且包括很多政治、社会等国家的目标在内，而依据这些目标所形成的规范又常常很难操作；第三，单位组织中的资源处置权力，主要掌握在在单位组织中处于权力地位的人手中，谁占据了这种地位，谁就实际上具有了支配整个单位中资源分配的权力，而这种权力一般来说仅仅受到各种偶然因素的影响，如不同的上级领导或者与上级领导的关系，外界环境的导向等；第四，上述三种可能性造成单位组织中资源分配状况主要取决于人们在其中的权力地位，以及人们与这些权力地位所形成的“关系”。只要占有了这些权力地位，自然会在资源分配中占有优势，对此，权力与资源的统计关系已经证明。人们即使没有占据单位中科层组织意义上的权力地位，但与权力地位保持一定的关系，也有可能在资源分配中占据优势地位；第五，如果单位人是一个足够理性的人的话，单位组织中获取资源的制度化方式和非制度化方式在成本收益上的比较，也会驱使人们更多地选择非制度化的方式。与制度化方式相比较，非制度化方式以特殊性“关系”为主要特征，替代性较低，可能比较稳定，同时无须更多的人力资本的投资，不受严格的监督与考核。因此，如果两种资源获取方式同时存在着的话，随着时间的推移，选择的天平也会逐渐倾向于非制度化的方式。在非单位组织中，非制度化的资源获取方式仍然不可避免地存在，但它的作用范围和程度，有更多的可能受到组织效益目标的约束。

对不同资源获取方式与资源大小之间关系的分析，证实了上述结论（表 3-16，表 3-17）。

表 3-16　资源与制度化的资源获取方式

	很重要	比较重要	不太重要	不重要
资源（n）	602	638	460	451
均值	52.98	52.83	52.97	54.98
标准差	14.12	12.05	11.86	11.56

（续表）

	很重要	比较重要	不太重要	不重要	
95% 的均值置信区间					
下限	51.85	51.89	51.88	53.82	
上限	54.11	53.76	54.06	55.96	
F 值					2.97
自由度					3
显著度					0.031

仅就制度化资源获取方式与资源大小的关系看，在上述这组数据中可以看到：第一，制度化资源获取对资源获得的影响有限，其数据的均值差异不大；从 F 检定的结果来看，这两个变量的 F 值仅为 2.97，远远小于显著度在 0.001 状态下的 F 值 5.42，表示在显著度为 0.001 的条件下，那种关于越用制度化方式去行为，人们获得资源越多的研究假设不能成立。在其他的资源方面，与制度化方式变量相关联的一些虚无假设（Null Hypothesis）也都不能被否定。第二，那些制度化资源获取方式取向越强的人，他们获得的资源就越少。因而制度化的资源获取方式对资源获得的解释力相对较小，这和整个模型相一致。

表 3-17　资源与非制度化的资源获取方式

	很重要	比较重要	不太重要	不重要	
资源（n）	483	704	485	498	
均值	58.77	54.07	51.20	49.64	
标准差	14.18	11.08	11.01	12.35	
95% 的均值置信区间					
下限	57.50	53.25	50.22	48.55	
上限	60.64	54.89	52.19	50.73	
F 值					53.71
自由度					3
显著度					0.000

与制度化资源获取方式相对照，非制度化的资源获取方式对资源获得大小有明显的影响。那些非制度化的资源获取方式取向较强的人，他们获得的资源也相对较多；而且，人们获得资源的大小与非制度化资源获取方式有着显著的差异，资源获得的均值差异达到了 9.13。从 F 检定的结果来看，这两个变量的 F 值为 53.71，远远大于显著度在 0.001 状态下的 F 值 5.42，表示在显著度为 0.001 的条件下，强有力地支持着那种关于越用非制度化方式去行为，人们获得资源越多的研究假设。这同时表明，使用非制度化的资源获取方式能够更为有效地解释资源获得大小的变化。

2. 不同资源获取方式与权力的影响

不同资源获取方式对资源获取的不同意义，实际上和权力大小与资源大小的关系联系在一起，对比模型 2-a 和模型 2-b 可以看到，在有关资源获取大小的诸变量中，资源获取方式变量的变化会导致权力和资源之间关系的变化。当资源获取方式为制度化方式时，不仅诸变量对资源大小的解释力低于资源获取的非制度化方式，而且权力大小与资源大小之间关系的 Beta 值也低于非制度化的资源获取方式。这说明，固然在单位组织中，权力地位是影响资源大小的重要因素，但借用格兰诺维特的说法，制度是“嵌入”在社会关系之中的。[1] 单位组织中制度化的权力结构，与人们通常所说的非正式结构或者说社会关系网络并存在组织中。社会关系网络在获取组织资源中的作用，取决于组织结构、制度环境、组织外部关系等多种因素的影响。在单位组织中，由于单位组织的基本性质和制度环境，这种非制度化的资源获取方式获得了更为显著的意义。当人们在单位组织更多地采用非制度化的资源获取方式时，权力地位对资源占

1 Granovetter, Mark, 1973 “The strength of weak ties.” *American Journal of Sociology* 78: pp. 1360–1380. —— 1974 “Getting a job” . Cambridge, Mass,: Harvard University Press.

有的意义就可能下降。

因此，当我们分析采取不同的资源获取方式对权力大小的影响时，看到了类似于资源大小与资源获取方式之间同样的差别（表3-18）。那些制度化资源获取方式倾向较强的人，其权力占有相对较低（均值=22.95）；而那些非制度化的资源获取方式倾向较强的人，其权力的占有相对更高（均值=26.34）。在权力的问题上，不同资源获取方式都能显著说明权力大小的变化，在这一点上，与资源大小有所区别。这也许是因为资源获取方式在权力问题上有着更为重要的关系。

表3-18　权力与不同资源获取方式

制度化方式	很重要	比较重要	不太重要	不重要	
权力（n）	719	729	537	539	
均值	22.95	23.55	24.18	26.34	
标准差	6.08	6.35	6.43	7.55	
95%的均值置信区间					
下限	22.50	23.09	23.63	25.70	
上限	23.39	24.02	24.72	26.98	
F值					29.96
自由度					3
显著度					0.000
非制度化方式	很重要	比较重要	不太重要	不重要	
权力（n）	547	820	566	597	
均值	25.79	24.75	23.29	22.40	
标准差	7.61	6.95	5.83	5.36	
95%的均值置信区间					
下限	25.15	24.27	22.81	21.97	
上限	26.43	25.22	23.78	22.83	
F值					31.34
自由度					3
显著度					0.000

3. 获取资源的不同方式与依赖

如果我们将不同的资源获取方式放到整个模型 2 中，对比模型 2-a、2-b 中所有自变量对依赖行为的关系时，我们还发现一个不同的差异，即包含获取资源的制度化方式的模型 2-a 中，所有自变量对单位人的依赖行为能够解释 14%的差异，而包含获取资源的非制度化方式的模型 2-b 中，所有自变量对单位人的依赖行为只能够解释 10.9% 的差异，前者高于后者约 3 个百分点。这是一个很有意思的结果。当获取资源的制度化方式成为影响资源大小的变量之一时，它与资源大小没有显著的相关关系，而且所有变量对资源大小的解释力下降；当获取资源的非制度化方式成为影响单位人的依赖行为的变量之一时，所有变量对依赖行为的解释力也下降。也就是说，在其他自变量相同的情况下，如果人们采取非制度化的方式获取资源，与获取资源的制度化方式相比，他们对单位的依赖性可能降低。一个可能的解释是，这时人们更加依赖的是单位内部的“关系网”。如上所述，是单位组织的性质本身，造成了“关系网”在单位中的重要意义。

4. 获取资源的不同方式与个人特征

资源获取的不同方式在资源获取中具有重要意义，但在不同教育水平的人之间没有显著的差异。从 F 检定的结果来看，资源获取的制度化方式和教育水平这两个变量的 F 值仅为 1.54，资源获取的非制度化方式和教育水平这两个变量的 F 值仅为 1.34，这两组变量都远远小于显著度在 0.001 状态下的 F 值 5.42，表示在显著度为 0.001 的条件下，这两组变量的虚无假设都不能被否定。这也说明，无论人们倾向于采取哪种获取资源的方式，与他们的教育水平都没有什么关系，而更多的是一种结构影响下的行动特征（表 3-19）。

表 3-19　资源获取的不同方式与教育水平

	本科	大专	高中	初中	小学	
制度化方式（n）	37	409	960	783	622	
均值	8.30	8.58	8.36	8.21	8.55	
标准差	2.84	3.25	2.94	2.93	2.98	
95% 的均值置信区间						
下限	7.35	8.26	8.18	8.01	8.31	
上限	9.24	8.89	8.55	8.2	8.78	
F 值						1.54
自由度						4
显著度						0.189
非制度化方式（n）	36	402	966	794	632	
均值	12.86	12.74	13.02	13.14	13.39	
标准差	5.11	4.91	4.58	4.64	4.42	
95% 的均值置信区间						
下限	11.13	12.26	12.73	12.82	13.04	
上限	14.59	13.22	13.31	13.46	13.73	
F 值						1.34
自由度						4
显著度						0.254

资源获取的制度化方式在不同政治面貌的人之间具有显著性差异，那些政治身份较“高”的人，更倾向于采取制度化的资源获取方式（党员的均值为 8.70）。从 F 检定的结果来看，这两个变量的 F 值仅为 5.43，与显著度在 0.001 状态下的 F 值 5.42 相差 0.01 个百分点，表示在显著度为 0.001 的条件下的研究假设仍然可以成立。但在倾向于采取非制度化方式的人中，不同政治面貌之间的均值差异相对较弱，而且数据表明，那些政治身份较“低”的单位成员，更倾向于采取非制度化的资源获取方式（非党团员的均值都为 13.44）。从 F 检定的结果来看，这两个变量的 F 值为 3.00，表示其研究假设在显著度

为0.05的情况下可以成立（大于F值2.60），但在显著度为0.001情况下却不能成立（小于F值5.42）。在显著度为0.05的情况下能够成立的研究假设至少可以说明，一方面他们在正式的权力结构中地位较低，另一方面，正式的权力结构无法保证他们的资源获得，即由于国家对单位组织的控制方式和单位体制的运行方式，使得在单位组织中的资源获取极易受到众多偶然因素的影响。因此，那些政治身份较“低”的人，更有可能通过非制度化方式获取资源。那些政治身份较“高”的人，如中共党员等，更有可能采取制度化方式，单位组织中的制度化结构本身就有利于政治身份较“高”的人（表3-20）。

表3-20　资源获取方式与政治面貌

	党员	团员	民主党派	群众	
制度化方式（n）	874	911	27	1008	
均值	8.70	8.40	8.19	8.14	
标准差	3.06	3.06	2.99	2.89	
95%的均值置信区间					
下限	8.50	8.20	7.00	7.97	
上限	8.90	8.60	9.37	8.32	
F值					5.43
自由度					3
显著度					0.001
非制度化方式（n）	980	914	27	1009	
均值	12.84	12.99	13.44	13.44	
标准差	4.56	4.34	5.71	4.90	
95%的均值置信区间					
下限	12.54	12.70	11.18	13.14	
上限	13.14	13.27	15.71	3.74	
F值					3.00
自由度					3
显著度					0.030

不同的资源获取方式在不同行政级别的人之间不同于与教育水平和政治面貌的关系，而表现出一种有意思的结果：在那些制度化资源获取方式取向较强的人中，行政级别越高的人，其倾向性越强（均值 = 9.50），不同行政级别的人之间有显著差异（F = 12.74，显著度 = 0.000），这是因为已经获得较高行政级别的人需要维护既得的利益。但是，在那些非制度化的资源获取方式取向较强的人中，不同行政级别的人之间不存在显著差异，无论他们具有什么样的行政级别（F = 2.20，显著度 = 0.086）（表 3-21）。

表 3-21　资源获取方式与行政级别

	高级别	中等级别	低级别	无级别	
制度化方式（n）	20	150	497	1173	
均值	9.50	9.43	8.75	8.12	
标准差	3.03	3.44	2.93	2.98	
95% 的均值置信区间					
下限	8.08	8.87	8.49	7.96	
上限	10.92	9.98	9.01	8.29	
F 值					12.74
自由度					3
显著度					0.000
非制度化方式（n）	20	155	505	1175	
均值	11.40	12.49	12.90	13.20	
标准差	3.69	4.48	4.32	4.75	
95% 的均值置信区间					
下限	9.67	11.78	12.52	12.93	
上限	13.13	13.20	13.28	13.47	
F 值					2.20
自由度					3
显著度					0.086

获取资源的不同方式在不同工龄的人之间有显著差别，但在下

述两组数据中，其均值差异都较小。在那些制度化方式取向较强的人中，工龄较短和较长的人都更倾向于制度化方式；在这里，我们的研究假设只有在显著度为 0.01 或 0.05 的情况下才能成立，因为这两个变量的 F 值 5.06 均大于显著度为 0.01 条件下的 F 值 3.78 以及显著度为 0.05 条件下的 F 值 2.60。在那些非制度化方式取向较强的人中，工龄较长的人更倾向于非制度化方式（表 3-22）。在这里，我们的研究假设仍然是成立的，因为这里的 F 值 5.77 仍然大于在显著度为 0.001 条件下的 F 值 5.42。

表 3-22　资源获取方式与工龄

	1—5	6—12	13—21	22 以上	（年）
制度化方式（n）	734	788	625	659	
均值	8.64	8.23	8.12	8.58	
标准差	3.09	2.88	2.83	3.17	
95% 的均值置信区间					
下限	8.42	8.03	7.90	8.33	
上限	8.87	8.43	8.34	8.82	
F 值					5.06
自由度					3
显著度					0.002
非制度化方式（n）	739	789	631	668	
均值	12.53	13.17	13.47	13.33	
标准差	4.06	4.59	4.78	5.00	
95% 的均值置信区间					
下限	12.23	12.85	13.09	12.95	
上限	12.82	13.49	13.84	13.71	
F 值					5.77
自由度					3
显著度					0.001

（三）其他因素与资源

权力大小和不同的资源获取方式对人们获取资源的大小有显著的直接相关关系。但其他一些因素对人们获取资源的大小也具有间接的关系，我们曾经讨论了个人特征与依赖的关系，而本人级别等因素与资源的关系，则与依赖性有所不同。

1. 资源与教育水平

数据分析表明，人们在单位组织中获取资源的多少，与人们不同的教育水平并没有显著性的关系（表 3-23）。F 检定的结果（F 值为 1.49，显著度为 0.203）表明了关于教育水平越高，资源越多的研究假设不能成立。事实上，在单位组织中单位成员的教育水平并没有在总体上成为影响资源分配的因素，单位组织所具有的统治功能，会在一定程度上排斥教育在地位获得过程中的作用，因此，与教育水平相比较，权力等其他因素有着更为重要的影响作用。这一结果表明，中国城市社会中的单位组织，还没有发展成为一个真正相对独立的社会组织，整个社会还远未完成向市场经济的转型，因而还无法像在市场化程度较高的社会和这种社会中的组织中那样，使得教育水平成为地位获得与决定资源分配的一个重要因素。[1]

表 3-23　资源与教育水平

	本科	大专	高中	初中	小学
资源（n）	34	322	778	655	522
均值	54.56	51.86	53.43	53.82	53.3
标准差	17.71	14.37	13.09	11.71	11.23
95% 的均值置信区间					

1　Blau, Peter M. and O.D.Duncan, “The American Occupational Structure”, New York: Wiley, 1967.

（续表）

	本科	大专	高中	初中	小学	
下限	48.38	50.29	52.51	52.93	52.07	
上限	60.74	53.44	53.36	54.72	54.00	
F 值						1.49
自由度						4
显著度						0.203

从不同的资源类型上看，社会保障与教育资源和政治资源在不同教育水平的人之间存在显著差异，但可以看到，教育水平相对较低的人，获得社会保障与教育资源相对更多，这主要是因为教育水平较高的人已经获得了较高的相应资源；政治资源在不同教育水平的人之间的分布较为混乱，没有显示出规律，其研究假设也只能在显著度为0.01 或 0.05 的情况下能够成立（F 值 3.92 均大于在显著度为 0.01 或0.05 的情况下的 F 值 3.78 和 2.60）。单位福利资源以及文化生活与个人生活资源的分配在不同教育水平的人之间不存在显著差异，并非教育水平高的人就可能享有更多的相应资源（表 3-24）。F 检定的结果也表明，在这里的虚无假设无论在显著度的哪个层次上都是不能被否定的。从模型 2 的路径模型中，我们也可以清楚地看到，资源与教育水平的这种关系受到了其他因素，如权力大小因素的影响。这样，教育水平在单位组织资源分配中的意义也就成为可以理解的了。

表 3-24　不同资源与教育水平

	本科	大专	高中	初中	小学
社会保障与教育资源（n）	37	410	926	767	592
均值	16.24	15.42	16.26	17.10	17.29
标准差	5.02	4.40	3.86	3.52	3.32
95% 的均值置信区间					
下限	14.57	14.99	16.01	16.86	17.02
上限	17.92	15.85	16.51	17.35	17.55

（续表）

	本科	大专	高中	初中	小学	
F 值						20.42
自由度						4
显著度						0.000
政治资源（n）	36	389	903	779	611	
均值	11.36	10.99	11.46	11.65	11.24	
标准差	3.41	3.03	2.89	2.90	2.92	
95% 的均值置信区间						
下限	10.21	10.68	11.28	11.44	11.00	
上限	12.51	11.29	11.65	11.85	11.47	
F 值						3.92
自由度						4
显著度						0.004
单位福利资源（n）	37	386	915	757	594	
均值	12.76	12.26	12.57	12.30	11.90	
标准差	5.50	4.64	4.89	4.58	4.53	
95% 的均值置信区间						
下限	10.92	11.80	12.25	11.97	11.53	
上限	14.59	12.73	12.89	12.63	12.26	
F 值						1.59
自由度						4
显著度						0.100
文化生活与个人生活资源（n）	36	372	869	731	578	
均值	13.61	13.02	12.91	12.72	12.60	
标准差	5.96	4.54	4.32	4.04	3.83	
95% 的均值置信区间						
下限	11.59	12.55	12.62	12.42	12.29	
上限	15.63	13.48	13.19	13.01	12.91	
F 值						1.12
自由度						4
显著度						0.346

2. 资源与政治面貌

资源与政治面貌的关系明显不同于与教育水平的关系。在总体上，资源在不同政治面貌之间具有显著的差异性，党团员等比非党团员更有可能获得较多的资源，而且党员的均值明显高于其他人(均值=55.81)。但是，考虑到不同的资源与政治面貌的关系，我们发现，社会保障与教育资源和政治资源的分配在不同政治面貌的人之间同样具有显著差异，但单位福利资源和文化生活与个人生活资源的分配在不同政治面貌之间的人则没有显著差异（F 值分别为 0.689 和 2.21；显著度为 0.559 与 0.085)。因此，政治面貌对资源获取的影响不是全面的，其显著性关系主要是因为政治面貌对权力大小有显著的差异（表 3-25)。

表 3-25　资源与政治面貌

	党员	团员	民主党派	群众	
资源（n）	753	733	23	805	
均值	55.81	52.11	52.04	52.20	
标准差	12.09	12.11	16.13	13.26	
95% 的均值置信区间					
下限	54.95	51.23	45.07	51.28	
上限	56.68	52.98	59.12	53.12	
F 值					14.37
自由度					3
显著度					0.000
社会保障与教育资源（n）	863	869	24	988	
均值	17.75	16.10	16.46	16.02	
标准差	3.48	3.71	4.8	4.00	
95% 的均值置信区间					
下限	17.52	15.85	14.48	45.77	
上限	17.99	16.35	18.44	16.27	
F 值					40.03

（续表）

	党员	团员	民主党派	群众	
自由度					3
显著度					0.000
政治资源（n）	893	851	26	944	
均值	12.40	11.03	10.73	10.81	
标准差	2.52	2.93	3.56	3.05	
95% 的均值置信区间					
下限	12.24	10.83	9.29	10.62	
上限	12.57	11.22	12.17	11.01	
F 值					55.84
自由度					3
显著度					0.000
单位福利资源（n）	883	836	26	953	
均值	12.49	12.22	13.08	12.32	
标准差	4.83	4.69	5.11	4.68	
95% 的均值置信区间					
下限	12.17	11.90	11.01	12.02	
上限	12.81	12.52	15.14	12.61	
F 值					0.689
自由度					3
显著度					0.559
文化生活与个人生活资源（n）	826	817	23	927	
均值	13.13	12.62	12.52	12.78	
标准差	4.28	4.00	5.51	4.32	
95% 的均值置信区间					
下限	12.84	12.34	10.14	12.50	
上限	13.43	12.89	14.90	13.06	
F 值					2.21
自由度					3
显著度					0.085

3. 资源与本人级别

模型 2 表明，在个人行政级别与资源获取之间存在显著的相关关系，行政级别越高的人，获取更多资源的可能性就越大（均值＝63.47）。数据同时表明，在不同级别的人之间，有显著差异的分布。无论是哪方面的资源，行政级别越高的人，其资源获得的数量越多（表 3-26）。在前面对依赖与行政级别的关系的分析中，数据表明，依赖性在不同的行政级别间呈现出两头高的状况。看来，这种区别产生与行政级别与资源之间具有直接的关系，但与依赖之间则是间接的关系。

表 3-26　资源与本人级别

	高级别	中等级别	低级别	无级别	
资源（n）	17	126	431	950	
均值	63.47	57.69	54.99	53.24	
标准差	14.21	13.63	11.02	12.59	
95% 的均值置信区间					
下限	56.16	55.29	53.95	52.44	
上限	70.78	60.09	56.03	54.04	
F 值					9.16
自由度					3
显著度					0.000

4. 资源与工龄

资源与工龄之间有着显著的关系，无论是哪方面的资源，都表现为工龄越长，人们获取和支配的资源就有可能越多（均值＝55.68）。因而工龄也是影响资源分配的因素之一（表 3-27）。F 检定的结果也表明，表中的 F 值为 12.08，远大于在显著度为 0.001 的 F 值 5.42。这也从另一个侧面肯定了关于工龄越长，获取的资源越多的研究假设。

表 3-27　资源与工龄

	1—5	6—12	13—21	22 以上	（年）
资源（n）	603	643	511	547	
均值	51.23	53.40	53.43	55.68	
标准差	12.49	12.23	13.03	12.37	
95% 的均值置信区间					
下限	50.23	52.45	52.30	54.64	
上限	52.23	54.34	54.57	56.71	
F 值					12.08
自由度					3
显著度					0.000

五

如果说人们在单位组织中的权力地位是影响人们资源大小的重要因素之一，另外一个问题也就随之产生，即这种权力地位与什么样的因素有关系？

组织权力在组织中具有中心地位。一般来说，组织权力的本质实际上是组织结构中的一个位置，这个位置具有支配资源、强制他人行动的能力。自韦伯以来，人们对权力以及组织权力的来源进行过多方面的探讨。[1] 在中国的单位组织中，权力的意义超出了组织结构中的一个位置这样的概念。人们在单位组织中的权力地位，不仅是组织行动的需要，而且是国家统治体系中的一个环节，因而具有较强的政治含义和意识形态的意义。单位组织中权力地位的这一意义，使得中国社会中的单位组织和其他社会中的社会组织明显区分开来。

1　戴维·比瑟姆，《马克斯·韦伯与现代政治理论》，杭州：浙江人民出版社 1989 年版。

在模型 2-a、2-b 中都显示出，单位人本人的行政级别、政治面貌、工龄和教育水平，对人们在单位组织中的权力地位有较强的解释力。本人的行政级别越高，人们获得较高权力地位的可能性就越大；如果单位人是中共党员的话，就比其他人更有可能获得较高的权力地位；人们的工龄越长，获得更多权力的可能性就越大；但是，在单位人的教育水平高低和权力大小之间，则不存在显著的相关关系。无论在模型 2-a 中还是在模型 2-b 中，都是如此。

（一）政治身份与权力

单位人本人的行政级别和政治面貌与权力地位的关系，充分体现了单位组织的政治统治功能。我们已经指出，在中国传统的国家社会主义社会中，单位组织实质上是国家进行统治，并为实现这种统治而分配国家占有的资源的工具。因此，单位组织是国家行政机构的延长，或者说就是国家行政机构的一个组成部分。在这样的体系中，人们具有的地位，包括实际支配和处置资源的权力和获取资源的权利，都和人们在这一体系中的位置相联系。中共党员的身份，构成了取得这种地位的基本前提。不具有这种政治身份，就很难获得一定的行政地位。但是，实际支配和处置国家资源的权力，是和直接体现权力的行政级别有着更为紧密的联系的。因此，我们看到，就政治面貌和行政级别与权力的关系来说，在模型 2 中，行政级别与权力的 Beta 值高于政治面貌与权力的 Beta 值，行政级别显示出更为重要的意义。而且本人行政级别在涉及权力大小的 4 个自变量中，其 Beta 值也是最高的。

同时应该注意到的是，模型 2 中 4 个自变量对权力大小的影响，在模型 2-a 和模型 2-b 中完全一样，各个路径的 Beta 值也完全一样。说明这种关系是一种稳定的结果。

我们可分别看看行政地位和政治面貌与权力的关系。

1. 权力大小与行政级别

毫无疑问，单位组织的性质决定了那些具有较高行政级别的人，肯定在单位中占有较高的权力地位，而且均值的差异最大达到 7.90，这在所有差异性分析中属于较大的（表 3-28），行政级别对人们权力地位的获得具有强烈的影响（F＝88.80，显著度＝0.000）。

表 3-28　权力与行政级别

	高级别	中等级别	低级别	无级别	
权力（n）	20	144	483	1108	
均值	29.40	31.03	26.99	23.13	
标准差	13.08	8.54	7.06	5.81	
95% 的均值置信区间					
下限	23.28	29.62	26.36	22.78	
上限	35.52	32.44	27.63	23.47	
F 值					88.80
自由度					3
显著度					0.000

那些具有较高行政级别的人，对权力的期望也远远超出其他人（表 3-29，均值＝37.88）。F 检定的结果也表明，表中的 F 值为 9.80，远大于在显著度为 0.001 状态下的 F 值 5.42。这从一个侧面也支持着我们上述的研究假设。当然，也需要同时指出的是，在我们前面已经分析过的其他因素与权力期望的关系时，多数数据分析的结果是，权力在这些因素间的分布有很大的差异，但权力期望则一般不具有显著性差异，而行政级别和下面涉及的政治面貌则与权力期望有显著的关系。

表 3-29　权力期望与行政级别

	高级别	中等级别	低级别	无级别
权力期望（n）	16	135	457	1085

（续表）

	高级别	中等级别	低级别	无级别	
均值	37.88	36.53	34.19	33.08	
标准差	9.51	8.77	7.81	7.99	
95% 的均值置信区间					
下限	32.81	35.04	33.48	32.60	
上限	42.94	38.03	34.91	33.56	
F 值					9.80
自由度					3
显著度					0.000

2. 权力大小与政治面貌

对权力大小与政治面貌关系的分析，清楚地显示出了二者之间的关系（表 3-30）。中共党员在单位组织中的权力地位明显高于其他政治身份的成员（均值＝27.23）。共青团员由于年龄普遍较小，升任一定权力地位的可能性受到限制，因而其权力的均值在四种身份中最低。在这里，F 值高达 93.54，远大于在显著度为 0.001 情况下的 F 值 5.42。F 检定的结果强烈地支持着我们上述的研究假设。

表 3-30 权力与政治面貌

	党员	团员	民主党派	群众	
权力（n）	813	866	25	968	
均值	27.23	22.55	23.12	22.88	
标准差	7.49	5.85	6.41	5.84	
95% 的均值置信区间					
下限	26.71	22.16	20.48	22.51	
上限	27.74	22.95	25.76	23.25	
F 值					93.54
自由度					3
显著度					0.000

在对于权力地位的期望中，我们则可以看到明显的依政治身份排列的现象，在单位中，人们政治身份的高低，决定了人们对未来权力地位的预期，从而从另一个侧面反映出单位组织中权力地位的获取可能性（表3-31），党员、团员、群众和民主党派依次排列（F＝10.52，显著度＝0.000）。

表3-31　权力期望与政治面貌

	党员	团员	民主党派	群众	
权力期望（n）	784	849	26	926	
均值	34.55	33.02	31.46	32.42	
标准差	7.68	8.15	7.56	8.57	
95% 的均值置信区间					
下限	34.01	32.47	28.41	31.87	
上限	35.09	33.56	34.52	32.97	
F 值					10.52
自由度					3
显著度					0.000

（二）权力与工龄和教育水平

在讨论有关模型2的假设时，我们指出，工龄可能是影响人们在单位中资源分配和依赖行为的一个重要因素。

如果说行政级别和政治面貌对人们在单位中的权力有很大影响作用，是单位组织特征的极好反映的话，那么，教育水平高低与权力大小没有显著性关系，则是对单位组织特征的一个极好旁注。单位组织的国家统治性质和功能，只能使得那些与此相关的因素，如行政级别和政治面貌等因素对处置国家资源的权力产生作用，而其他的因素，特别是那些普遍性的社会因素，如教育水平等，则无法直接参与到单位中的权力分配中来。单位体制内的分配标准和评价标准都不倾向于教育水平这样的普遍性因素。

当教育水平对权力不具有影响时，在那些政治身份的标准外，工龄就有可能成为影响人们在单位组织中权力地位的一个因素，工龄越长，就越有可能获得较高的权力地位（均值=26.89）。对权力的期望在不同工龄的人中，仅有微弱的差异（F=3.08，显著度=0.027），表示我们关于工龄较长的人对权力有更高的期望的研究假设，只有在显著度为0.05的情况下才能成立，因为只有在这种情况下，F值大于2.60（表3-32）。

表3-32　权力及权力期望与工龄

	1—5	6—12	13—21	22以上	(年)
权力（n）	703	745	575	635	
均值	22.11	23.79	24.09	26.89	
标准差	5.45	6.38	6.34	7.76	
95%的均值置信区间					
下限	21.71	23.33	23.57	26.28	
上限	22.52	24.24	24.61	27.49	
F值					61.24
自由度					3
显著度					0.000
权力期望（n）	697	716	54	599	
均值	32.71	33.57	32.84	33.89	
标准差	8.33	8.49	8.37	7.39	
95%的均值置信区间					
下限	32.09	32.95	32.15	33.30	
上限	33.33	34.19	33.53	34.48	
F值					3.08
自由度					3
显著度					0.027

（三）各自变量之间的关系

各个因素对权力大小的影响，也可以通过它们之间的关系表现出来。模型2的分析结果表明，在单位组织中，中共党员获得较高行政级别的可能性要大于非党员的单位成员；而那些行政级别越高的人，其教育水平越低的可能性就越大；在政治面貌和工龄长短之间没有显著的相关关系，但是，那些非党员的单位成员的教育水平要高于具有党员身份的人（表 3-33）；工龄越长，人们具有较高教育水平的可能性就越大。

表 3-33 教育水平与政治面貌

	党员	团员	民主党派	群众	
教育水平（n）	1018	998	30	1125	
均值	9.63	9.84	9.47	11.24	
标准差	2.78	2.72	2.97	2.77	
95% 的均值置信区间					
下限	9.46	9.67	8.36	11.07	
上限	9.81	10.01	10.58	11.40	
F 值					72.97
自由度					3
显著度					0.000

如果说行政级别高的人更有可能获得较大的权力是可以理解的话，那么，高行政级别与党员身份和低教育水平的紧密联系，以及党员和低教育水平的紧密联系，则向我们解释了在这种政治性的行政控制中，什么因素可能是更重要的。应该说这样的结果并不令人惊奇，因为这是单位体制的必然结果。

上述结果与李路路等人 1988 年的一个研究中所得出的结果极为类似。在那个研究中，对问卷调查的数据分析表明，在不同的社会群体划分中，将声望、权力、收入和教育水平相比较，人们的教育水平和收入都是对群体分类影响不显著的因素。[1] 时隔 4 年，特别

1 李路路、王奋宇，《当代中国现代化进程中的社会结构及其变革》，杭州：浙江人民出版社 1992 年版，第 59—62 页。

是经过了 1992 年的第二次思想解放，中国社会包括单位组织都发生了很大变革，例如，收入在社会分层、社会流动中的意义，以至对单位中行为的影响，都有了上升（有关收入在单位组织中的意义我们在后面还要讨论），但是人们必须看到，这种变革仍然是有限度的。收入在社会地位获得中的重要意义，在大多数社会中都是一样的，无论是在前现代社会还是在现代社会中，[1] 也无论在市场经济社会还是在再分配经济社会中（除去严格的国家社会主义再分配经济社会）。但是，教育在社会中，特别是在社会地位获得中具有普遍的意义，则一般只有在现代工业化社会和市场经济社会中才是如此。

在上述意义上，可以说，单位组织的特殊性主要不在于它向单位成员提供了多少资源，或者，主要不在于这种资源对依赖行为的程度有很大影响，在这两方面，无疑单位组织与其他社会中的社会组织相比较，有其特殊性；最为根本的一点是，这种资源和依赖关系是建立在各种国家行政关系和政治关系基础之上的。对此，在本书的第一章和其他各部分里已有多次讨论，只不过上述数据从一个方面证明了这个基本结论而已。

六

在模型 1 中，我们看到的是资源和依赖关系之间的基本依赖结构。模型 2 向我们展示了一个更为复杂的依赖性结构，即权力、资源获取方式与资源和依赖之间的关系。人们在单位组织中权力大小

---

1 需要说明的是，这里所使用的概念是“社会地位”而不是政治地位。人们也许会说，在传统中国社会中，教育对于人们的社会地位获得具有极为重要的意义。但是，不应忘记的是，在传统中国，政治地位或者行政权力地位几乎取代了所有其他的社会地位，对于人们来说，社会区分仅在于“做官的”和“为民的”差别。因此，在这种社会中，教育的意义绝然不同于现代社会。

和非制度化的资源获取方式，对获取资源的大小具有直接的影响；而行政级别、政治面貌和工龄等因素，对人们在单位组织中的权力地位具有显著性的相关关系，但教育水平则对权力地位大小没有显著性的相关关系；那些在单位组织中政治身份较低和教育水平较低的成员，更多倾向于采取非制度化的资源获取方式，而那些更倾向于非制度化的资源获取方式的人，则获得了更多的权力和资源。

单位人的政治身份与权力大小的紧密关系和非制度化的资源获取方式在单位资源占有中具有重要意义，其从国家和个人行动两个方面揭示了单位组织中的依赖性结构。首先，人们在单位组织中的权力地位，是由国家赋予的，或者与国家的政治统治有着密切关系。由于单位组织实际上是国家的一个部分，单位中的资源根本上属国家所有，因而是由国家来决定由什么人管理和实际处置国家资源。国家选择的标准首先是对国家的“忠诚”和其他的政治标准，对单位组织的资源的处置与国家的统治联系在一起。我们在本书第一章中讨论了国家对单位组织领导的任免权问题。在单位体制下，单位领导的权力完全来自上级政府和主管部门。因此，尽管中国的改革开放有了很大的进展，但单位体制和国家统治的基本机制没有改变，国家和党管理干部的体制没有改变，甚至可以说，在国家占有社会资源的情况下，这是“合理”的体制。几乎在任何社会中，资源所有者都有绝对的权力来选择资源的经营者。因而在单位组织中，“权力”来自国家和党。

在单位组织的权力地位与国家权力有相当程度的重合后，单位中的权力地位甚至超出了其他一般性社会组织中的权力。在单位组织的权力地位背后是国家的权力，这种权力就具有了国家权力所赋予的特殊的强制性和专断性。与这种权力的对峙不是同一个组织结构中的“位置”，甚至不是仅仅同一个组织的对峙，而常常演变成同国家的对峙。当国家行政权力的统治和财产权力的统治合为一体时，这种权力常常就变成绝对的权力统治，几乎没有其他力量能够制约它。因此，在单位组织中，权力地位不仅带有政治性和意识形态性的特点，而且几乎是不受限制的，除了授予权力的一方以外。这种几乎不受限制的权力一方面是指在单位组织内部几乎不受限制，另一方面是指，由于它和国家权力的重合，因而在社会中也几乎是不受限制的。据有了单位组织中的权力，就据有了单位组织中的几乎所有资源。

其次，正如“委托人”和“代理人”之间存在利益分化的情况一样，国家对单位组织的控制也是建立在国家和单位之间存在利益分化的基础上。科尔内曾经在“短缺经济”的题目下最早讨论了社会主义国家和社会主义企业之间的相对关系。（科尔内，1986）如果分析国家社会主义社会中国家和企业关系的主要倾向时，应该说在改革开放之前，国家的统一控制占主导地位，至少在中国社会中如此，尽管其他各种因素，如所谓“信息不对称”等，使得这种国家的统一控制并非如某些极权主义理论所想象的那样严密。但是，一个重大的变化导致原有的国家和单位关系发生变化，即我们所熟知的经济体制改革，特别是扩大企业和其他单位自主权的改革，这一改革和整个社会的市场化相得益彰，并行发展，相互促进，使得原有的国家和单位组织的关系发生了极大变化，即国家和单位组织之间的利益分化逐渐“制度化”“合法化”和“正常化”，国家在维持根本性控制的前提下，承认了单位组织的自身利益，单位组织的利益以及这种利益对单位成员的重要性，也在这个背景下和过程中不断明晰化。虽然国家仍然想对单位组织内部进行控制和规范，但它实际上已不能再像过去那样在不同单位组织维持统一的规则了。使用一个也许不太确切的说法，它已从全面性的统治更多地转向“授权式”的统治。这时，单位组织内的资源分配就成为一个新的问题逐渐显露出来。单位组织所拥有的资源，无论是“存量”还是“增量”，在很大程度上为单位本身所支配或为单位“所有”，在国家控制放松的情况下，争夺单位所有的资源的斗争将变得激烈起来。至少有两方面的原因使得非制度化的资源获取方式具有很大意义：第一，维持单位组织中资源分配的制度化方式往往要有赖于国家的支持，而国家已经很难再给予或维持原有的那种制度化方式；第二，在单位组织边界内的资源分配的制度化方式，不仅需要一个“制度化过程”，而且需要其他相应的制度基础，如资源所有权的制度等。因此，在单位体制的“科层制”受到破坏、单位组织中又不存在真正市场的情况下，各种非制度化的方式，特别是那些关系网络的形式，就成为人们获取资源、维持利益的基本选择。

就单位组织中资源分配的权力地位和非制度化方式来说，权力地位占有主导位置。虽然我们无法用数据直接证明这一点，但理论的逻辑会导致这一判断。单位组织作为正式组织，权力始终是组织结构的核心。国家对单位组织的权力授予，赋予这种权力以合法性，市场化和自主权又破坏了这种权力在单位组织内的制度化，各种非制度化关系就围绕单位中的权力位置“组织”起来，归根结底，非制度化的关系形式是要控制单位组织中资源分配的权力位置。

第四章　满意度和相对剥夺感

——依赖结构的主观层面

在基本依赖结构——模型 1 中，单位人的满意度和相对剥夺感是影响依赖行为的基本变量，人们对单位的满意程度越高，依赖性越强；对单位的相对剥夺感越大，人们对单位的依赖性也就越强。在模型 1 中，资源占有的多少直接影响到人们对单位的满意度，而与人们的相对剥夺感没有显著性的相关关系；但是，满意度和相对剥夺感之间有直接的显著相关关系。资源多少、满意度和相对剥夺感的高低，对人们的依赖行为有较高的解释力。在第三章中，我们主要通过模型 2 对资源变量作了进一步的分析。在本章中，我们将对满意度和相对剥夺感两个影响依赖行为的变量作进一步分析。

一

满意度和相对剥夺感都属于主观层面的变量。在模型 2 所显示的依赖结构中，没有考虑主观层面变量对依赖性的影响。但是，通过模型 1 我们知道，满意度和相对剥夺感对人们的依赖行为有重要影响。正如韦伯曾经说过的那样，人们的行动动机或人们赋予行动的意义，是理解社会行为的基础。将模型 2 略作改变，即加入满意程度的变量，得到了路径分析的模型 3-a、3-b（图 4-1，图 4-2）。

(a)

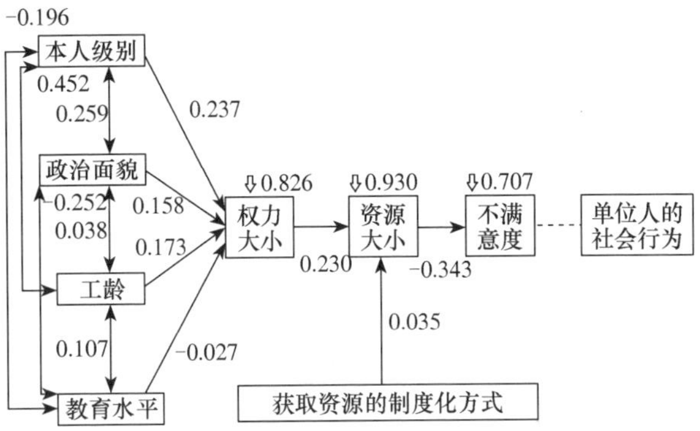

图 4-1　带有满意程度变量的路径分析模型 3-a

模型 3-a 中，各变量之间的 Beta 值及统计显著性值如下（表 4-1）。

表 4-1

X	Y	Beta（显著度）
本人级别	权力大小	0.237（0.000）
政治面貌	权力大小	0.158（0.000）
工龄	权力大小	0.173（0.000）
教育水平	权力大小	−0.027（0.252）
制度化方式	资源大小	0.035（0.218）
权力大小	资源大小	0.230（0.000）
资源大小	不满意度	−0.343（0.000）
本人级别	政治面貌	0.259（0.000）
本人级别	工龄	0.452（0.000）
本人级别	教育水平	−0.196（0.000）
政治面貌	工龄	0.038（0.034）
政治面貌	教育水平	−0.252（0.000）
工龄	教育水平	0.107（0.000）

(b)

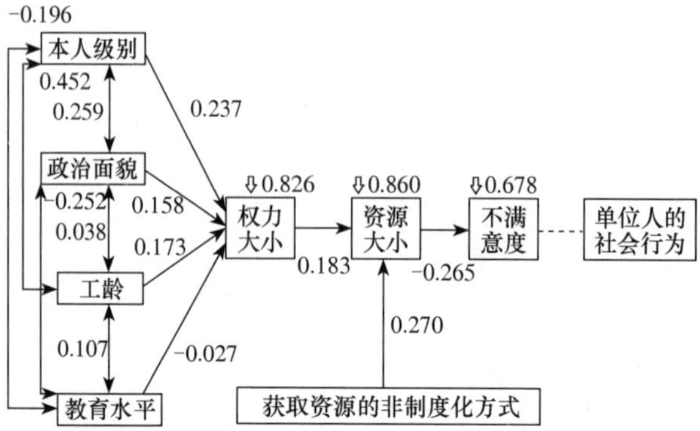

图 4-2　带有满意程度变量的路径分析模型 3-b

模型 3-b 中，各变量之间的 Beta 值和显著性程度值如下（表 4-2）。

表 4-2

X	Y	Beta（显著度）
本人级别	权力大小	0.237（0.000）
政治面貌	权力大小	0.158（0.000）
工龄	权力大小	0.173（0.000）
教育水平	权力大小	−0.027（0.252）
非制度化方式	资源大小	−0.270（0.000）
权力大小	资源大小	0.183（0.000）
资源大小	不满意度	−0.265（0.000）
本人级别	政治面貌	0.259（0.000）
本人级别	工龄	0.452（0.000）
本人级别	教育水平	−0.196（0.000）
政治面貌	工龄	0.038（0.034）
政治面貌	教育水平	−0.252（0.000）
工龄	教育水平	0.107（0.000）

将模型 3-a 和模型 3-b 比较，我们可以看出，模型的基本路径和

各变量之间的关系没有根本的变化。在对模型 1 中人们不满意度的分析时已经得知，人们在单位组织中获取和支配的资源越多，人们对单位的满意程度就越高；人们对单位组织的满意程度，直接影响到单位人的社会行为，如依赖行为。而模型 3 向我们提供了其他一些变量与不满意度的关系的分析。

在模型 3-a 中，我们可以看到三组路径关系。首先，当我们以受访者本人行政级别、政治面貌、工龄、教育水平为自变量，以人们在单位中权力大小为因变量时，这五个变量可以解释 17.4% 的差异。其次，当我们以受访者本人级别、政治面貌、工龄、教育水平、权力大小和获取资源的制度化方式为自变量，以人们在单位中获取资源的大小为因变量时，这七个变量仅仅可以解释 7% 的差异。最后，当我们以受访者本人级别、政治面貌、工龄、教育水平、权力大小、资源大小和获取资源的方式为自变量，以单位人的满意度为因变量时，这八个变量可以解释 29.3% 的差异。

在模型 3-b 中，我们同样可以看到三组路径关系。首先，当我们以受访者本人级别、政治面貌、工龄、教育水平为自变量，以人们在单位中权力大小为因变量时，这五个变量可以解释 17.4% 的差异，其结果和模型 3-a 一样。值得注意的是，当我们以受访者本人级别、政治面貌、工龄、教育水平、权力大小和获取资源的非制度化方式为自变量，以人们在单位中获取资源的大小为因变量时，这七个变量则可以解释 14% 的差异，高于模型 3-a 中相同路径解释力的一倍。再次，当我们以受访者本人级别、政治面貌、工龄、教育水平、权力大小、资源大小和获取资源的非制度化方式为自变量，以单位人的满意度为因变量时，这八个变量可以解释 32.2% 的差异，高于模型 3-a 中相同路径的解释力近三个百分点。下面，让我们对模型进行一些深入的讨论。

（一）权力地位与不满意度

我们已经知道，权力地位与人们在单位组织中的资源获得有直接的相关关系，权力越多，人们获取和分配的资源也就有可能越多。而资源获取的多少，和人们对单位的依赖以及不满意度都有直接的影响。因此，那些在单位中权力地位较高的人，或者说权力较多的人，对单位的不满意程度应该较低，他们是单位组织的真正支配者和利益获得者。权力和资源的关系，势必造成权力和不满意度的关系（表 4-3）。在这里的 F 检定中，F 值为 76.03，远大于在显著度为 0.001 情况下的 F 值 4.62。F 值的检定从一个侧面强有力地支持着关于权力越大、不满意度越低的研究假设。

表 4-3　权力与不满意度

权力	很少	较少	中等	较多	很多	
不满意度（n）	791	287	436	426	487	
均值	52.68	50.07	48.27	48.88	44.04	
标准差	9.95	7.77	8.69	8.17	9.17	
95%的均值置信区间						
下限	51.99	49.16	47.46	48.10	43.23	
上限	53.38	50.97	49.09	49.66	44.86	
F 值						76.03
自由度						4
显著度						0.000

不满意度在不同权力地位之间的差异，在机会、工作条件和社会三个方面基本上一致。尽管 F 值检验的结果都强有力地支持着我们的研究假设（三者的 F 值分别为 67.18、37.78 和 61.80），但是，在不同的对象上，不同权力的人其不满意度的表现有所不同。不满意度在不同权力上表现差异最大的，是不同权力的人在对机会的不满意度上，均值之间的差异为 3.16；此外是对社会的不满意度，均

值之间的差异为2.84；不满意度差异最小的是对工作条件的不满意度，均值之间的差异为1.91。可见在不同权力条件下表现出来的不满意度在机会上最为明显（表4-4）。

表4-4　不同不满意度与权力

权力	很少	较少	中等	较多	很多	
对机会的不满意度（n）	820	298	453	437	505	
均值	18.30	17.51	16.79	17.00	15.14	
标准差	3.73	3.20	3.18	3.23	3.63	
95%的均值置信区间						
下限	18.05	17.14	16.50	16.70	14.82	
上限	18.56	17.87	17.09	17.31	15.54	
F值						67.18
自由度						4
显著度						0.000
对工作条件的不满意度（n）	857	311	481	160	524	
均值	13.34	12.87	12.50	12.59	11.43	
标准差	2.99	2.68	2.80	2.67	2.82	
95%的均值置信区间						
下限	13.14	12.57	12.24	12.35	11.19	
上限	13.54	13.17	12.75	12.84	11.67	
F值						37.78
自由度						4
显著度						0.000
对社会的不满意度（n）	846	309	471	460	518	
均值	17.88	16.72	16.16	16.49	15.04	
标准差	3.68	2.88	3.22	3.03	3.34	
95%的均值置信区间						
下限	17.63	16.39	15.86	16.21	14.75	
上限	18.13	17.04	16.45	16.76	15.33	
F值						61.80
自由度						4
显著度						0.000

（二）资源获取方式与不满意度

在模型3-a、3-b中，我们又依次看到了资源获取方式对满意程度的重要影响，这种影响类似于模型2：在包含制度化资源获取方式的模型3-a中，所有自变量对不满意度可以解释29.3%的差异（1−0.707）；在包含非制度化资源获取方式的模型3-b中，所有自变量对不满意度的差异的解释上升为32.2%（1−0.678）。也就是说，与制度化的资源获取方式相比，如果人们在单位中主要采取非制度化的资源获取方式，我们就可以更好地解释人们对单位的不满意程度。同时，在模型3中还可以看到，虽然在制度化的资源获取方式因素下，所有自变量对不满意度的解释力下降，但资源大小与不满意度的关系却更为强烈，与在非制度化的资源获取方式影响下相比，其Beta值大大提高。也就是说，在制度化的资源获取方式下，人们的资源大小对不满意度有更强烈的影响，但如果人们更多地采用非制度化的资源获取方式，资源大小的直接作用就将降低。人们在单位中的不满，有可能一方面指向资源占有的多少，另一方面指向获取资源的非制度化方式。由此可见，在考虑到人们在单位中的主观意识后，资源获取方式仍然是影响人们在单位组织中行为，特别是影响依赖行为的重要因素之一。

对满意度和资源获取方式的分析表明，那些认为制度化资源获取方式很重要的人，他们对单位的满意度也是最高的，而那些认为不重要的人，是满意度最低的，二者之间的均值差异为6.62（表4-5）。F检定的结果（F值为53.97；显著度为0.000）也强有力地支持着我们上述的研究假设。

表4-5 满意度与制度化的资源获取方式

	很重要	比较重要	不太重要	不重要
满意度（n）	709	738	540	535
均值	51.78	49.45	48.29	45.16

（续表）

	很重要	比较重要	不太重要	不重要	
标准差	10.25	8.86	8.56	8.92	
95%的均值置信区间					
下限	51.02	48.81	47.56	44.40	
上限	52.53	50.09	49.01	45.92	
F 值					53.97
自由度					3
显著度					0.000

但是，那些认为非制度化方式很重要的人，对单位的满意度是最低的；而认为非制度化方式不重要的人，其对单位的满意度则是最高，在这里，F 值达到了 119.20（显著度为 0.000），二者之间的均值差异达到 8.87，超过满意度与制度化方式之间的差异。非制度化的资源获取方式对人们的满意度有更大的影响（表 4-6）。人们在不同方面对单位的满意程度与资源获取方式的关系基本上都是一样的。

表 4-6　满意度与非制度化的资源获取方式

	很重要	比较重要	不太重要	不重要	
满意度（n）	553	833	553	591	
均值	45.30	46.77	50.13	54.17	
标准差	10.23	8.25	8.13	9.02	
95%的均值置信区间					
下限	44.45	46.21	49.45	53.44	
上限	46.16	47.33	50.81	54.90	
F 值					119.20
自由度					3
显著度					0.000

需要特别指出的是，在下面分析中出现的所有路径分析模型中，不同资源获取方式的影响完全一致，因而它对人们在单位中的资源

获取和依赖行为都是一个稳定的影响因素。这一结果提出了一个有意义而且重要的课题，即对单位组织中获取资源和追求利益的行动方式进行更为深入的研究。它也许可以从一个侧面更为深刻地揭示中国单位组织的独特特征。

（三）个人特征与不满意度

人们对单位组织的不满意程度，除受资源、权力、资源获取方式的影响外，与个人政治身份、工龄和教育水平也有一定的关系。

1. 不满意度与政治面貌

不同政治面貌的人对单位的不满意程度也有显著差异。中共党员对单位的不满意程度是最低的，因为他们有可能在单位组织中获得更多的利益（均值＝46.54）；团员的不满意度之所以较高，是因为他们主要是一些年轻、工龄短的人组成，因而在单位内的资源分配中不占有优势（表 4-7）。

表 4-7　不满意度与政治面貌

	党员	团员	民主党派	群众	
不满意度（n）	877	871	28	956	
均值	46.54	50.18	49.36	49.99	
标准差	9.08	9.36	12.03	9.76	
95%的均值置信区间					
下限	45.94	49.56	44.69	49.37	
上限	47.14	50.81	54.02	50.61	
F 值					27.89
自由度					3
显著度					0.000

在不同的不满意度方面，不同政治面貌的人之间的差别基本一致，没有表现出特别之处。民主党派的不满意度始终低于团员和群

众，而高于中共党员（表 4-8）。

表 4-8　不同不满意度与政治面貌

	党员	团员	民主党派	群众	
对机会的不满意度（n）	915	898	28	999	
均值	16.02	17.65	17.07	17.21	
标准差	3.49	3.54	4.56	3.72	
95%的均值置信区间					
下限	15.79	17.42	15.30	16.98	
上限	16.25	17.88	18.84	17.44	
F 值					33.34
自由度					3
显著度					0.000
对工作条件的不满意度（n）	973	958	30	1089	
均值	12.13	12.70	12.33	12.84	
标准差	2.73	2.88	3.49	2.98	
95%的均值置信区间					
下限	11.96	12.52	11.03	12.66	
上限	12.30	12.88	13.64	13.02	
F 值					11.56
自由度					3
显著度					0.000
对社会的不满意度（n）	957	945	29	1061	
均值	15.81	16.85	16.97	16.95	
标准差	3.30	3.45	3.95	3.58	
95%的均值置信区间					
下限	15.60	16.63	15.46	16.73	
上限	16.02	17.07	18.47	17.17	
F 值					21.79
自由度					3
显著度					0.000

2. 不满意度与行政级别

与不满意度和政治面貌的关系相似，那些无级别的人，对单位的不满意度最高（均值＝49.43）；但不同于政治面貌的是，高级别者对单位的不满意度居第二位，那些低级别者的不满意程度最低（表 4-9）。

表 4-9　不满意度与本人级别

	高级别	中等级别	低级别	无级别	
不满意度（n）	18	149	515	1119	
均值	47.94	47.25	46.27	49.43	
标准差	12.70	9.47	8.66	9.56	
95%的均值置信区间					
下限	41.63	43.72	45.52	48.87	
上限	54.26	46.78	47.15	49.99	
F 值					18.80
自由度					3
显著度					0.000

也许人们在不同对象上的不满意程度，会对上述结果作出一定的说明：高级别的人对工作条件的不满意程度最高，他们对与自己的级别相一致的工作条件有着更高的要求；而无级别人员在机会问题上不满意程度是最高的，因为没有机会就没有一切，尽管在这方面不满意度的差异相对较弱；那些处于中间位置的人，则在态度上也永远是中间的一层，只有那些低级别的人在机会问题表示了更多的不满（表 4-10）。从 F 检定的结果来看，级别与人们对机会的不满意度以及级别与人们对社会的不满意度这两个方面的 F 值都远远大于显著度在 0.001 状态下的 F 值 5.42，表示强有力地支持着上述的研究假设。但是，级别与对工作条件的不满意度之间的 F 值仅能在显著度为 0.05 的情况下支持上述的研究假设（F 值大于 2.60）。

表 4-10　不同的不满意度与本人级别

	高级别	中等级别	低级别	无级别	
对机会的不满意度（n）	21	158	530	1164	
均值	15.71	15.30	15.76	17.34	
标准差	4.35	3.41	3.39	3.63	
95%的均值置信区间					
下限	13.74	14.76	15.47	17.13	
上限	17.69	15.83	16.04	17.55	
F 值					33.59
自由度					3
显著度					0.000
对工作条件的不满意度（n）	22	171	557	1251	
均值	12.68	12.12	12.13	12.51	
标准差	3.20	2.83	2.71	2.90	
95%的均值置信区间					
下限	11.26	11.70	11.90	12.35	
上限	14.10	12.55	12.36	12.68	
F 值					2.91
自由度					3
显著度					0.033
对社会的不满意度（n）	21	165	552	1230	.
均值	16.24	15.48	15.69	16.67	
标准差	4.48	3.45	3.23	3.52	
95%的均值置信区间					
下限	14.20	14.95	15.42	16.47	
上限	18.28	16.01	15.96	16.83	
F 值					13.59
自由度					3
显著度					0.000

3. 不满意度与工龄

工龄越长的人，对单位的不满意程度越低（均值=47.03）。因为工龄越长的人，获得单位资源的可能性就越大，那些工龄短的人，会对工龄成为一个重要标准表示不满（表 4-11）。在这里，F 检定的结果（F＝13.54；显著度＝0.000）同样有力地支持着我们的研究假设。

表 4-11　不满意度与工龄

	1—5	6—12	13—21	22 以上	（年）
不满意度（n）	699	753	610	656	
均值	50.19	49.34	48.95	47.03	
标准差	9.26	9.51	9.42	9.41	
95%的均值置信区间					
下限	49.50	48.66	48.20	46.31	
上限	50.87	50.02	49.70	47.75	
F 值					13.54
自由度					3
显著度					0.000

不同工龄的人的不满意度，尽管差异表现基本一致，但还是可以看出，人们的不满意度差别在“机会”问题上表现得相对突出（表 4-12）。F 检定的结果表明，在对机会的不满意度与工龄的 Anova（方差分析）表格中，F 值为 30.54，远大于在显著度为 0.001 状态下的 F 值 5.42。F 值的检验，从一个侧面充分肯定了关于工龄越长，人们对机会的不满意程度就越低的研究假设。

表 4-12　不同的不满意度与工龄

	1—5	6—12	13—21	22 以上	（年）
对机会的不满意度（n）	718	785	641	685	
均值	17.66	17.29	16.92	15.92	
标准差	3.50	3.65	3.67	3.49	
95%的均值置信区间					

（续表）

	1—5	6—12	13—21	22 以上	（年）
上限	17.40	17.04	16.6	15.66	
下限	17.91	17.55	17.20	16.18	
F 值					30.54
自由度					3
显著度					0.000
对工作条件的不满意度（n）	773	819	686	753	
均值	12.67	45.64	12.66	12.25	
标准差	2.85	2.97	2.92	2.73	
95%的均值置信区间					
下限	12.47	12.44	12.44	12.05	
上限	12.87	12.84	12.88	12.44	
F 值					3.86
自由度					3
显著度					0.000
对社会的不满意度（n）	765	816	676	722	
均值	16.83	16.52	16.50	16.22	
标准差	3.41	3.58	3.38	3.34	
95%的均值置信区间					
下限	16.59	16.27	16.25	15.98	
上限	17.08	16.77	16.76	16.47	
F 值					3.92
自由度					3
显著度					0.000

4. 不满意度与教育水平

教育水平越高的人，对单位组织的不满意程度可能就越高（均值=51.69）。他们也许认为，自己的较高人力资本应该在单位中得到较高的回报，但教育水平一方面和权力获得没有显著的关系，另一方面，不同教育水平的人在资源获得方面也没有显著差异。因此，教育水平较高的人对单位的不满意程度较高。在不同的满意度方面，都呈现出有规律的依教育水平由高向低不满意度逐渐降低的趋势，而且不满意度的差异程度也基本上保持一致（表4-13）。

表4-13　不满意度与教育水平

	本科	大专	高中	初中	小学	
不满意度（n）	36	685	909	775	622	
均值	51.69	50.44	49.52	47.86	48.32	
标准差	11.58	10.07	9.81	8.80	9.41	
95%的均值置信区间						
下限	47.70	49.44	48.88	47.24	47.57	
上限	55.61	51.45	50.16	48.48	49.06	
F值						7.17
自由度						4
显著度						0.000

二

在第二章以及在模型1和模型3中，我们都特别强调指出了人们对单位组织的满意程度和相对剥夺感等主观因素，对人们的依赖行为有重要影响。关于单位组织中依赖结构的基本假设和模型1都显示出，相对剥夺感有可能同资源占有一样，成为影响人们在单位中行为和对单位依赖性的重要因素。在一定意义上可以说，满意度和相对剥夺感是一种潜在的行为可能性，就像孕育中的火山一样。一旦爆发出来，有可能引发更为激烈的行动。因此，在单位组织的研究中，依赖结构的主观层面一直是我们分析的重点之一。通过对满意度和相对剥夺感的分析，不同的单位成员在单位中的行为可能性或倾向性将得到阐述甚至预测。

因此，我们将模型3作了一定程度的修改，主要是将收入变量引入路径分析模型中来，以人们在单位组织中的政治身份特征（本人级别、政治面貌）、经济特征（收入多少、资源大小）、行为特征（获取资源的制度化方式和非制度化方式）和相对剥夺感等作为自变量，考察它们对不满意度的影响，建立了模型4，从而推论对单位人的依赖行为的影响（图4-3，图4-4）。需要说明的是，虽然在前几个模型中“收入”变量都没有被纳入，但并不意味着“收入”在依赖结构中不重要，而是强调在单位组织的依赖结构中，资源和收入是相对分离的，从而凸显出单位组织的特殊性。“收入”是几乎所有组织中导致依赖行为的一般性变量。当中国社会逐渐向市场经济转型时，收入具有越来越重要的意义。在我们后面的分析中，将会对收入作更多的分析。

(a)

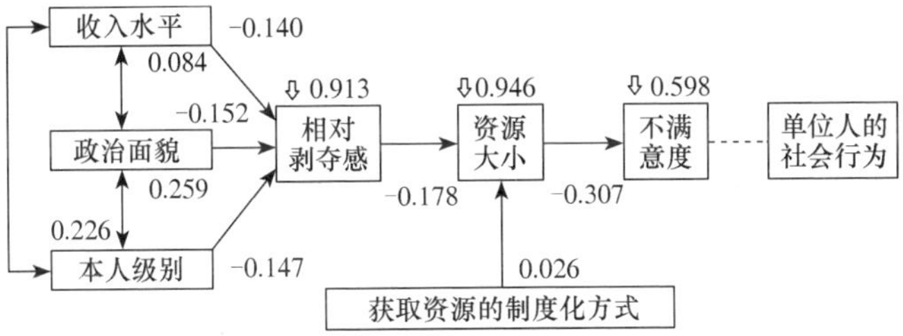

图4-3　带有收入和相对剥夺感的路径分析模型4-a

模型4-a中，各变量之间的Beta值及统计显著性值如下（表4-14）。

表4-14

X	Y	Beta（显著度）
收入水平	相对剥夺	−0.140（0.000）
政治面貌	相对剥夺	−0.152（0.000）
本人级别	相对剥夺	−0.147（0.000）

（续表）

X	Y	Beta（显著度）
相对剥夺	资源大小	−0.178（0.000）
制度化方式	资源大小	0.026（0.355）
资源大小	不满意度	−0.307（0.000）
收入水平	政治面貌	0.084（0.000）
收入水平	本人级别	0.226（0.000）
政治面貌	本人级别	0.259（0.000）

(b)

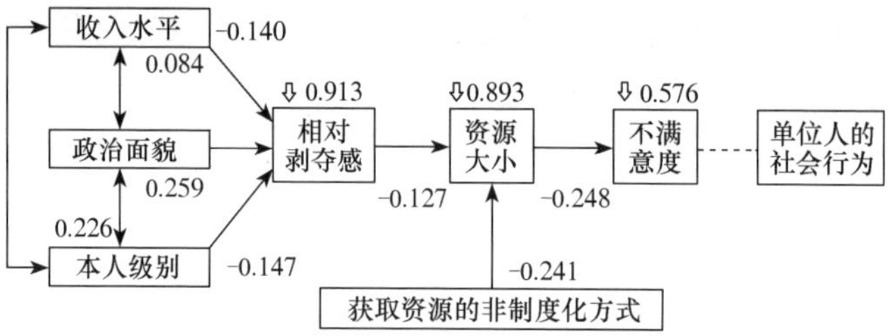

图 4-4　带有收入和相对剥夺感的路径分析模型 4-b

模型 4-b 中，各变量之间的 Beta 值及统计显著性值如下（表 4-15）。

表 4-15

X	Y	Beta（显著度）
收入水平	相对剥夺	−0.140（0.000）
政治面貌	相对剥夺	−0.152（0.000）
本人级别	相对剥夺	−0.147（0.000）
相对剥夺	资源大小	−0.127（0.000）
非制度化方式	资源大小	−0.241（0.000）
资源大小	不满意度	−0.248（0.000）
收入水平	政治面貌	0.084（0.000）
收入水平	本人级别	0.226（0.000）
政治面貌	本人级别	0.259（0.000）

从模型 4-a 中，我们可以看到，以收入水平、政治面貌和本人级别为自变量，以相对剥夺感为因变量，可以解释 8.7% 的差异；以收入水平、政治面貌、本人级别、相对剥夺感和获取资源的制度化方式为自变量，以资源大小为因变量，可以解释 5.4% 的差异；但是，如果其他自变量不变，将获取资源的制度化方式改为非制度化方式的话，自变量对因变量的解释力将上升到 10.7%；以收入水平、政治面貌、本人级别、相对剥夺感、获取资源的制度化方式和资源大小为自变量，以不满意度为因变量，则可以解释 40.2% 的差异，如果将获取资源的制度化方式改为非制度化方式的话，对不满意度的解释力则上升为 42.4%。无论在模型 4-a 或者模型 4-b 中，人们不满意的程度都直接影响到单位人的社会行为，如依赖行为。同时我们注意到，与模型 2 和模型 3 一致的是，获取资源的方式在模型 4 中，依然与资源大小有着完全不同的关系：制度化的资源获取方式与资源大小之间没有显著的相关关系，而人们越是采用非制度化的资源获取方式，他们获取更多资源的可能性就越大。

（一）不满意度、相对剥夺感与收入

在讨论模型 1 时已经指出，在收入、资源和依赖三个变量之间，收入与资源和依赖没有显著的相关关系。在模型 4 中，收入作为自变量之一，成为影响满意度、资源大小和相对剥夺感的因素之一。如果仅仅考虑收入和满意度的关系，数据分析表明，在不同收入者之间，人们的满意度存在显著差异（表 4-16）。高收入和较高收入者对单位的不满意程度较低，而中等收入以下者，对单位组织的不满意程度相对较高。因此，不仅资源获取多少是影响满意度的重要变量，收入同样也是重要影响变量之一，并非收入在单位的依赖结构中丧失意义，而是收入需借助于其他变量对人们的依赖性产生影响。

表 4-16　不满意度与收入

	低	较低	中等	较高	高	
不满意度（n）	321	733	1060	571	102	
均值	47.34	52.33	48.52	46.93	45.81	
标准差	10.93	9.50	9.3	8.76	8.78	
95%的均值置信区间						
下限	46.14	51.64	47.98	46.21	44.09	
上限	48.54	53.01	49.07	47.65	47.54	
F 值						36.49
自由度						4
显著度						0.000

在上述这组数据中，均值的差异也达到了 6.52，这是一个比较高的水平。分析收入与各种不同满意度的关系，都具有上述这组数据相同的显著性和结果。这一结果与我们在前面对收入问题在单位组织中的意义所作的判断一致。

在模型 1 中，资源和相对剥夺感之间没有显著的相关关系，我们分析认为，人们的相对剥夺感主要来自对单位的不满意程度。但是，在模型 4 中，收入和不满意度之间不仅存在显著的关系，而且与相对剥夺感之间也呈现出显著的相关关系：人们在单位中的收入越低，其相对剥夺感的感觉就会越强。这首先是因为，收入是一个比较敏感的指标，同样的人只要他们的收入相差一点儿，就会导致强烈的相对剥夺感。其次，单纯收入本身可能没有直接的意义，只有在和单位内外的其他人相比较，收入大小才具有意义。收入影响到人们的相对剥夺感，而相对剥夺感则对依赖性有显著的直接相关关系（表 4-17）。随着中国向市场社会的转型，收入差距将对人们的行为产生越来越大的影响。如果可能再作同样调查的话，也许收入将直接对人们的依赖和选择具有显著性的影响作用。

表 4-17　相对剥夺感与收入

	低	较低	中等	较高	高	
相对剥夺感（n）	373	819	1147	613	107	
均值	28.21	29.92	28.13	17.11	26.22	
标准差	4.85	4.66	4.27	4.27	4.35	
95%的均值置信区间						
下限	27.71	29.61	27.89	26.77	25.38	
上限	28.70	3.24	28.38	27.45	27.05	
F 值						44.40
自由度						4
显著度						0.000

（二）相对剥夺感与权力和政治身份特征

相对剥夺感与政治身份特征有显著的直接相关关系：非党团员身份的人其相对剥夺感要大于党团员身份的人；本人的行政级别越高，其相对剥夺的感觉就会越弱（表 4-18）。在这里，两个 Anova 表格中的 F 检定的结果都强烈地支持着上述的研究假设。

政治身份特征与相对剥夺感的这种关系，与政治身份与权力大小和资源多少有直接的关系。政治身份“较高”的单位成员，其权力地位和资源占有都高于其他人，因而他们的相对剥夺感自然要低于其他人。模型 1 所显示的，那些相对剥夺感高的人仍然对单位组织保持较高的依赖性，在这里找到了部分的说明，即他们一般是那些政治身份比较低的人，在任何单位组织中，他们都可能无法获得较高的权力地位和较多的单位资源，因而他们只能依然依赖自己的单位。寻求资源替代的可能性对他们来说同样较低。如果他们离开自己所在的单位，有可能丧失更多的既得利益。

与政治身份特征和相对剥夺感的关系类似，权力与相对剥夺感的关系也是如此。在模型 2 和模型 3 中，我们都分析证明，在单位组

表 4-18　政治面貌、本人级别与相对剥夺感

政治面貌	党员	团员	民主党派	群众	
相对剥夺感（n）	970	940	29	1066	
均值	26.80	28.70	28.24	29.44	
标准差	4.22	4.38	5.72	4.65	
95%的均值置信区间					
下限	26.54	28.42	26.06	29.16	
上限	27.07	28.98	30.42	29.72	
F 值					62.59
自由度					3
显著度					0.000
本人行政级别	高级别	中等级别	低级别	无级别	
相对剥夺感（n）	21	171	557	1241	
均值	26.90	25.47	26.94	28.52	
标准差	7.49	3.94	4.21	4.33	
95%的均值置信区间					
下限	23.50	24.87	26.59	28.28	
上限	30.31	26.06	27.29	28.76	
F 值					35.77
自由度					3
显著度					0.000

织中，政治身份特征与权力大小之间存在显著的直接相关关系。因此，虽然在模型 4 中没有直接引入权力地位的变量，但相对剥夺感在不同权力地位的人之间仅有显著的差异性。那些相对剥夺感较低的人，一般是占有较高权力的人，或者说，那些在单位中拥有较高权力地位的人，其相对剥夺的感觉可能较低（表 4-19）。权力是决定很多变量的重要因素。

表 4-19　权力与相对剥夺感

	低	较低	中等	较高	高	
权力（n）	521	498	472	495	627	
均值	27.29	25.18	23.90	22.59	21.67	
标准差	8.56	6.45	6.18	5.36	5.08	
95%的均值置信区间						
下限	26.35	24.61	23.34	22.12	21.27	
上限	28.03	25.75	24.46	23.06	22.07	
F 值						65.26
自由度						4
显著度						0.000

在上述这组数据中，均值差异也较大，达到 5.62。如果考察相对剥夺感在具有不同权力期望的人之间的情况，同样可以看到，那些对可能具有权力抱有较低期望的人，他们的相对剥夺感相对更强（均值＝35.39），而对权力抱有较高期望的人，他们的预期造成其相对剥夺感较弱（表 4-20，均值＝31.82）。

表 4-20　相对剥夺感与权力期望

	低	较低	中等	较高	高	
权力期望（n）	511	482	457	483	613	
均值	35.39	34.05	33.16	32.42	31.82	
标准差	8.39	7.53	7.75	7.98	8.52	
95%的均值置信区间						
下限	34.66	33.38	32.44	31.71	31.15	
上限	36.12	34.73	33.87	33.13	32.50	
F 值						16.23
自由度						4
显著度						0.000

（三）教育水平、工龄与相对剥夺感

在模型 4 中，为了分析的需要，没有引入教育水平和工龄的变量。但是，由于相对剥夺感在我们的基本模型中是一个非常重要的变量，对人们在单位组织中的依赖行为具有重要影响，因而我们对那些与相对剥夺感有关系的因素都给予高度重视。即使不能在模型中对有关因素进行分析，也有必要单独对教育水平和工龄与相对剥夺感的关系作一分析，以从不同方面认识人们的相对剥夺感（表 4-21）。

表 4-21　教育水平与相对剥夺感

	本科	大专	高中	初中	小学	
相对剥夺感（n）	37	446	1018	837	644	
均值	28.03	29.51	28.83	27.62	27.67	
标准差	4.91	4.72	4.44	4.33	4.66	
95%的均值置信区间						
下限	26.39	29.07	28.56	27.33	27.31	
上限	29.66	29.95	29.11	27.92	28.03	
F 值						19.47
自由度						4
显著度						0.000

工龄较长的单位成员，其相对被剥夺的感觉要低于工龄较短的人，因为工龄较长的人，在单位组织的资源分配和权力分配中都占有一定的优势地位，因而成为单位中的既得利益者。工龄较短的人，由于工龄而限制了对单位资源的获取和支配，他们会认为不公平。在市场机制逐渐引入单位生存的环境和单位内部后，工龄作为资源和权力分配的标准更有可能引起那些工龄较短的人的相对剥夺感（表 4-22）。

表 4-22　工龄与相对剥夺感

	1—5	6—12	13—21	22 以上	（年）
相对剥夺感（n）	762	807	677	738	
均值	28.67	28.48	28.50	27.65	
标准差	4.27	4.49	4.72	4.70	
95%的均值置信区间					
下限	28.36	28.17	28.15	27.31	
上限	28.97	28.79	28.86	27.98	
F 值					7.62
自由度					3
显著度					0.000

（四）获取资源方式与相对剥夺感

对获取资源方式与相对剥夺感之间关系的分析表明，那些相对剥夺感低的人，倾向于制度化方式；而那些相对剥夺感高的人，则倾向于非制度化方式（表 4-23）。

那些相对剥夺感较低的人，是那些政治身份较高、权力较多、获取和支配资源也较多的单位成员，他们的既得利益促使他们倾向于采用制度化的方式来维持已获得的资源，不希望被其他人采用非制度化方式予以剥夺。中国的一句俗话用来描述这种现象十分贴切，即“新官上任三把火”，在中国的单位组织中，人们常常看到的现象之一即：一个新的单位领导上任伊始，往往或明或暗地排斥前任的既定规矩，根据自己的需要制定新的规矩，而这些新的规矩又往往和自己与小集团的利益密切相关。

但是，对于那些政治身份较低、权力较小、因而获取和支配资源也同样较少的人来说，不仅单位组织的特性为人们以非制度化方式获取资源提供了可能性，而且采用制度化方式获取资源也提高了成功的难度，至少与非制度化方式相比，其“成本”和难度都可能提高。因此，他们更倾向于采取非制度化的资源获取方式。如果他们一旦获得了较高的权力地位，占有了较多的资源，他们又会变得倾向于制度化的方式。

表 4-23　获取资源的方式与相对剥夺感

	低	较低	中等	较高	高	
制度化方式（n）	544	527	496	499	660	
均值	8.99	9.03	8.55	8.08	7.50	
标准差	3.21	2.95	2.88	2.85	2.71	
95%的均值置信区间						
下限	8.27	8.77	8.30	7.83	7.30	
上限	9.26	9.28	8.81	8.33	7.71	
F 值						29.04
自由度						4
显著度						0.000
非制度化方式（n）	563	531	500	505	644	
均值	11.68	12.32	13.05	14.06	14.37	
标准差	4.11	3.99	4.11	4.61	5.34	
95% 的均值置信区间						
下限	11.34	11.98	12.69	13.66	13.96	
上限	12.02	12.65	13.41	14.46	14.78	
F 值						36.59
自由度						4
显著度						0.000

（五）收入水平与资源获取方式、政治面貌、本人行政级别

单位成员的收入水平是影响人们的不满意度和相对剥夺感的重要指标，从而对人们的依赖行为产生作用。在模型中，将收入变量引入分析，是想进一步确定收入在单位依赖结构中的地位。对数据的分析表明，第一，人们的收入水平和获取资源的制度化方式有显著关系，但和非制度化方式之间不存在显著关系，采取非制度化方式，会使收入的分配按照特殊主义的原则进行，因而成为受众多因素影响的结

果，而制度化结构下，收入是和制度化的地位联系在一起的。第二，人们的政治面貌越“高”，即那些党团员，更有可能获得较高的收入。第三，人们在单位中的行政级别越高，收入越高的可能性就越大(表 4-24)，这至少是因为行政级别本身也是一种制度化的结构。

表 4-24　收入与不同因素的关系

	制度化方式	非制度化方式	政治面貌	本人行政级别
收入	−0.056*	0.011	−0.084*	0.226*
显著度	0.003	0.546	0.000	0.000
样本数（n）	(2827)	(2829)	(3263)	(2116)

* 相关的显著度在 0.01 的水平上。

三

利用模型 4，我们建立一个有关相对剥夺感、满意程度与依赖行为的路径分析模型，基本显示出相对剥夺感和满意程度等与依赖行为的关系。为了比较不同因素对相对剥夺感和满意程度的影响，以模型 4 为基础，分别建立了模型 5 和模型 6。

(一) 模型 5

模型 5-a、5-b 是排除了模型 4 中的收入因素（图 4-5)。

将模型 5-a、5-b 和模型 4-a、4-b 相比较，可看出基本的路径关系和模型结构没有变化。在模型 5 中，由于在最基础的自变量中剔除了收入，仅保留了涉及政治身份的两个变量，与模型 4 相比，对资源大小的解释力保持不变，对不满意度的解释力略有下降，但对相对剥夺感的解释力则有较多下降。一方面，自变量因素的减少有可能影响到模型的解释力；另一方面，政治面貌和行政级别两个变量具有较高的一致性，属于国家政治统治和政治系统的两个主要指标。因而也有可能降低了对相对剥夺感的解释力。在模型 4 和模型

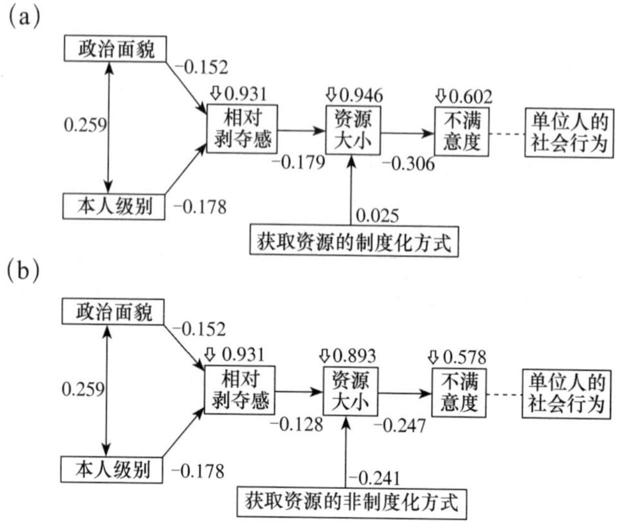

图 4-5

5 之间还存在一个明显的不同是，行政级别与相对剥夺感的 Beta 值，在模型 5 中明显高于模型 4，说明仅就政治身份与相对剥夺感的关系来说，行政级别的影响可能性更大。

（二）模型 6

模型 6-a、6-b 是排除了模型 4-a、4-b 中的政治面貌因素，将一个经济因素和一个政治身份因素作为最基础的两个变量（图 4-6，图 4-7）。

将模型 6 和模型 5 进行比较，二者之间在对相对剥夺感、资源大小和不满意度等不同因变量的解释力上基本上没有差别。但是，在不同自变量之间的关系强度上则表现出一定的差别来。一是在模型 5 中，两个政治身份变量之间关系的 Beta 值，要高于在模型 6 中收入和行政级别之间关系的 Beta 值；二是在模型 6 中行政级别与相对剥夺感之间关系的 Beta 值要强于模型 5。前者表明，收入和行政级别两个变量之间有相对大的差异性，后者表明，正是因为这种差

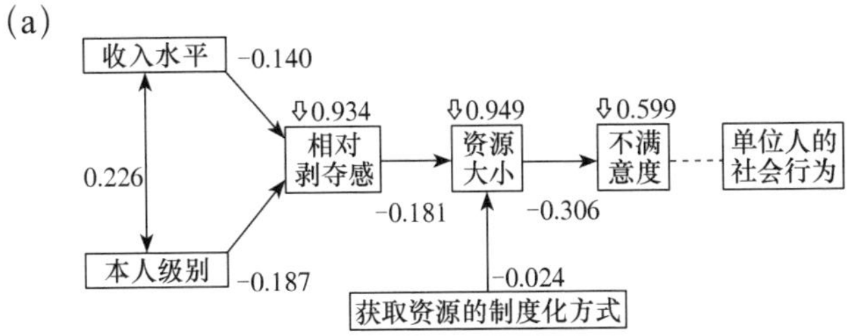

图 4-6

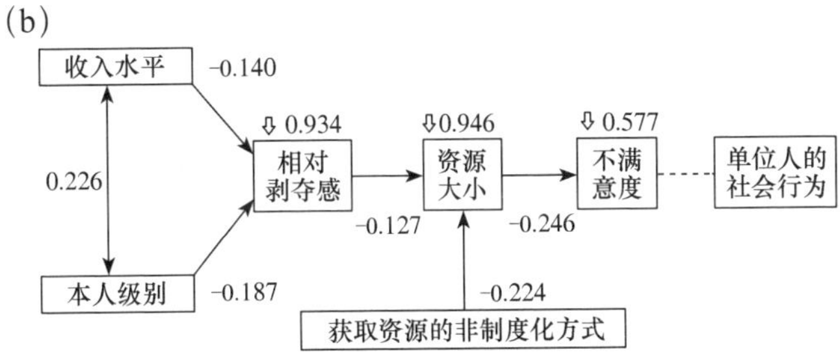

图 4-7

异性，在单位组织中，与收入这样的经济变量相比，行政级别越高，他们的相对剥夺感就可能越低，如果和政治面貌变量相比，这种关系的强度就可能没有这样大。

将模型 6 和模型 4 相比较，类似于模型 5 和模型 4 的比较，只是对相对剥夺感的解释力更低。虽然收入和行政级别是两个差异性较大的变量，但排除了其他重要的政治身份变量，同样将降低模型的解释力。

四

在上述所有的路径分析模型中，几乎没有出现单位成员人口统计学方面的特征，没有分析例如年龄、性别等对依赖、资源、权力、不满意度和相对剥夺感的影响，而是集中在那些个人的社会特征上。

但是，这并不说明在单位组织中这些人口统计学特征没有影响。

（一）年龄和性别的模型

一般来说，在传统的国家社会主义再分配经济中，由于国家向个人进行资源分配时个人自致性的特征，如教育水平等，往往不是主要的标准，因而除了政治上的标准之外，个人的自然特征有可能成为重要的依据，如年龄。同时，正因为社会资源是由国家统一分配的，国家出于意识形态的目标和整个社会的基本制度结构，在面向社会进行资源分配时，国家维持了相当程度上的平均化。[1] 例如在性别之间，按照我们的一般估计，应该不会对人们在单位组织中的资源分配产生影响。为了能够和其他社会进行比较，我们建立了模型 7，将年龄、性别［为 Dummy-Variable（虚拟变量）］等纳入对收入、相对剥夺感、满意度等因素的分析中，以显示这些变量的关系（图 4-8）。并将年龄、性别变量和我们在前面几个模型中呈现的因素进行了简要的相关分析。

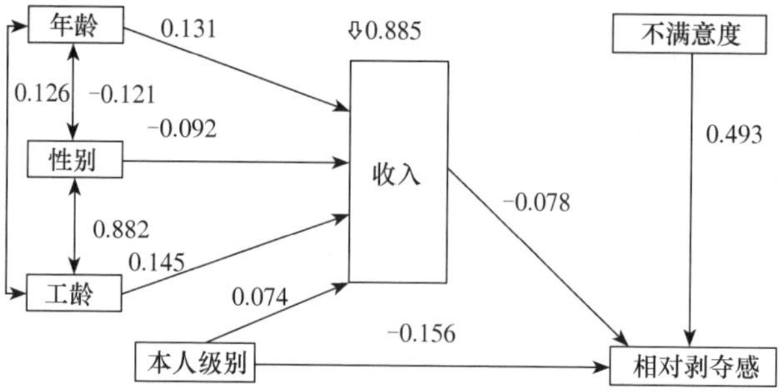

图 4-8　带有年龄、性别等变量的路径分析模型（模型 7）

1　这种平均化并非意味着不存在资源分配的不平等。在再分配者和被分配者之间，在国家划定的不同制度界限之间，在城市和农村之间，不平等的资源分配同样存在。但是，在传统国家社会主义社会中，这种平等和不平等的状况有一个显著的特点，即它们不是按照个人的特征而是按照国家的需要而存在着。例如，在全民所有制和集体所有制之间存在着差别，但在全民所有制内部的不同职业或不同个人之间，表现出明显的平均化倾向。

模型 7 中，各变量之间的 Beta 值及统计显著性值如下（表 4-25）。

表 4-25

X	Y	Beta（显著度）
年龄	收入	0.131（0.005）
性别	收入	−0.092（0.000）
工龄	收入	0.145（0.002）
本人级别	收入	−0.074（0.002）
收入	相对剥夺感	−0.078（0.000）
不满意度	相对剥夺感	0.493（0.000）
本人级别	相对剥夺感	−0.156（0.000）
年龄	性别	−0.121（0.000）
年龄	工龄	0.126（0.000）
年龄	本人级别	0.169（0.000）
性别	工龄	0.882（0.000）
性别	本人级别	−0.456（0.000）
工龄	本人级别	−0.452（0.000）

在模型 7 中可以看到，当以年龄、性别、工龄、本人级别为自变量，以收入为因变量时，可以解释 11.5% 差异；如果以年龄、性别、工龄、本人级别、收入、不满意度为自变量，以相对剥夺感为因变量时，则可以解释 29.8% 的差异。上述解释水平都达到了比较高的程度。

同其他模型一样，人们的工龄越长，其收入同样可能越高，而本人的行政级别越高，其收入自然也就可能越高；人们的收入越高，人们的相对剥夺感就有可能越低，不满意的程度越高，相对剥夺的感觉就会越高，而本人的行政级别越高，其相对剥夺的感觉就可能越低。在收入和不满意度之间没有直接的显著相关关系。

（二）年龄在单位组织中的意义

模型 7 表明，在单位组织中，人们的年龄越大，其收入就可能越高，而在收入和相对剥夺感之间存在着显著的相关关系。但是，在年龄与满意度和相对剥夺感之间不存在直接的显著关系。因此，年龄更多的是作为单位对各种资源（包括收入）进行分配的一个重要依据发挥作用，它对主观态度的影响，将通过单位人对资源占有、收入高低、权力大小等起作用。对年龄与其他一些变量关系的分析证明了这一点。

1. 年龄与资源、权力

模型7表明，年龄同样对人们在单位中的资源占有和权力地位具有重要影响。资源与年龄之间具有显著的关系。年龄越大，其占有的资源就有可能越多。在有关资源在不同年龄段的分析中，其资源的均值差异达到5.73。从表4-26中可以看出，年龄的影响对于那些50岁以上的单位成员来说更为明显，无论资源占有还是权力地位，他们都比其他年龄段的人具有明显优势（均值=57.12）。F检定的结果也表明，在资源与年龄的Anova表格中，F值为10.54，远大于在显著度为0.001状态下的F值5.42。F值的检验，从一个侧面充分肯定了关于年龄越大，人们在单位中获得的资源就可能会越多的研究假设。

表4-26 年龄与资源

	17—25	26—35	36—49	50以上	（岁）
资源（n）	580	905	658	177	
均值	51.39	53.58	53.68	57.12	
标准差	12.98	12.37	12.16	13.14	
95%的均值置信区间					
下限	50.33	52.77	52.75	55.18	
上限	52.45	54.39	54.61	59.07	
F值					10.54
自由度					3
显著度					0.000

而且人们可以发现，除单位福利资源外，其他资源的分配与年龄都有显著关系。在各种不同的资源类型中，与其他类型资源的分配相比较，社会保障与教育资源的分配在不同年龄段中具有更为显著的差异（F＝28.62，显著度＝0.000），其均值差异最大；单位福利资源在不同年龄段的分布，不具有显著差异（F＝1.79，显著度＝0.147），也就是说，单位福利资源在单位中的分配基本上不以年龄作为标准。单位福利资源是按照成员资格进行分配的（表4-27）。文化生活与个人生活资源也只是在显著度为0.01或0.05的条件下才能支持我们的研究假设（F＝4.58，显著度＝0.003）。

表4-27　年龄与单位福利资源

	17—25	26—35	36—49	50以上	（岁）
社会保障与教育资源（n）	689	1059	785	223	
均值	15.74	16.59	16.89	18.30	
标准差	4.07	3.71	3.68	3.37	
95%的均值置信区间					
下限	15.43	16.37	16.63	17.85	
上限	16.04	14.81	17.15	18.74	
F值					28.62
自由度					3
显著度					0.000
政治资源（n）	674	1070	784	212	
均值	10.85	11.35	11.77	12.08	
标准差	3.10	2.82	2.83	3.00	
95%的均值置信区间					
下限	10.61	11.18	11.57	11.67	
上限	11.08	11.52	11.97	12.48	
F值					16.30
自由度					3
显著度					0.000

（续表）

	17—25	26—35	36—49	50 以上	（岁）
单位福利资源（n）	661	1061	776	212	
均值	12.28	12.55	12.05	12.50	
标准差	4.72	4.82	4.46	5.04	
95%的均值置信区间					
下限	11.92	12.26	11.74	11.82	
上限	12.64	12.84	12.36	13.18	
F 值					1.79
自由度					3
显著度					0.147
文化生活与个人社会资源（n）	644	1027	734	199	
均值	12.49	12.82	12.90	13.74	
标准差	4.08	4.24	4.14	4.63	
95%的均值置信区间					
下限	12.18	12.56	12.60	13.10	
上限	12.81	13.08	13.20	14.39	
F 值					4.58
自由度					3
显著度					0.003

年龄和资源之间的这种显著差异关系，又是和年龄与权力之间的关系相一致：年龄越大，人们的权力也就越大（均值＝27.76），不同年龄段之间权力的均值差异也达到 5.61（表 4-28）。而我们在前面的分析中已经指出，人们在单位中的权力地位越高，人们获取更多资源的可能性也就越大。F 检定的结果也表明，在权力与年龄的 Anova 表格中，F 值高达 57.86，远大于在显著度为 0.001 状态下的 F 值 5.42。F 值的检验，从一个侧面充分肯定了关于年龄越大，人们在单位中的权力也就可能越大的研究假设。

表 4-28　权力与年龄

	17—25	26—35	36—49	50 以上	（岁）
权力（n）	679	1037	751	216	
均值	22.15	23.52	25.54	27.76	
标准差	5.54	6.15	7.04	8.79	
95%的均值置信区间					
下限	21.73	23.14	25.04	26.58	
上限	22.57	23.89	26.04	28.94	
F 值					57.86
自由度					3
显著度					0.000

如果考虑不同年龄的人对单位权力的期望的话，人们会发现，不同年龄的人对权力的期望没有显著性的差别，因为权力对人们在单位中的状况有太大的影响（表 4-29）。在这个表中，F 值为 1.73，且不显著（显著度＝0.159），表明这里的虚无假设不能被否定。

表 4-29　权力期望与年龄

	17—25	26—35	36—49	50 以上	（岁）
权力（n）	667	1014	709	214	
均值	32.67	33.32	33.52	33.79	
标准差	8.48	8.08	8.01	8.05	
95%的均值置信区间					
下限	32.02	32.82	32.92	32.71	
上限	33.31	33.82	34.11	34.88	
F 值					1.73
自由度					3
显著度					0.159

2. 年龄与满意度和相对剥夺感

正因为年龄是资源和权力分配的一个指标，因而不同年龄段的单位成员，对单位的不满意程度和相对剥夺感也有所不同。年龄越大的人，对单位的不满意程度和相对剥夺感程度越低；相反，年龄小的人，对单位的不满意程度和相对剥夺感越高（表4-30）。F检定的结果表明，在下面的两个Anova表格中，F值分别为13.94和9.88，两者均远大于在显著度为0.001状态下的F值5.42。F值的检验，也从一个侧面肯定了我们的研究假设。

表4-30 年龄与不满意度和相对剥夺感

	17—25	26—35	36—49	50以上	（岁）
不满意度（n）	682	1057	789	222	
均值	50.51	49.24	47.19	45.68	
标准差	9.49	9.42	9.77	8.89	
95%的均值置信区间					
下限	49.80	48.67	47.51	44.50	
上限	51.22	49.81	48.87	46.85	
F值					13.94
自由度					3
显著度					0.000
相对剥夺感（n）	745	1142	874	261	
均值	28.79	28.40	28.29	27.02	
标准差	4.29	4.55	4.73	4.83	
95%的均值置信区间					
下限	28.49	28.14	27.98	26.43	
上限	29.10	28.67	28.61	27.60	
F值					9.88
自由度					3
显著度					0.000

3. 依赖和年龄

虽然在模型7中没有包括依赖这一变量，但我们对年龄和依赖之间的关系依然有很大的兴趣。在20世纪90年代，中国社会的改革已经进行了 10 多年，年青一代对单位究竟还保持着多大的依赖？对年龄和依赖之间的分析表明，人们对单位组织的依赖在不同年龄段之间没有明显的差别，在这里，F 值为 1.71，显著度为 0.162，表示 F 检定的结果不能否定虚无假设。这一结果同时说明，如果人们对单位组织具有一定的依赖的话，它不取决于年龄，无论年龄大还是年龄小，都有可能对单位组织产生一定的依赖（表 4-31）。

表 4-31　依赖与年龄

	17—25	26—35	36—49	50 以上	（岁）
依赖（n）	650	981	722	197	
均值	67.65	68.44	68.31	66.06	
标准差	15.11	14.60	13.96	14.56	
95%的均值置信区间					
下限	6.48	67.53	67.29	64.01	
上限	68.81	69.36	69.33	68.12	
F 值					1.71
自由度					3
显著度					0.162

不同的依赖方面在不同年龄段中表现有所不同。社会保障与教育依赖以及文化生活与个人生活依赖方面，在不同的年龄组中不存在显著差异。人们在这两方面对单位组织的期望不因年龄而有所不同，那么无论什么年龄的人，都会对单位产生一定的依赖性（表 4-32）。F 检定的结果表明，在下面两个 Anova 表格中，F 值分别为 1.94 和 1.27，显著度为 0.121 和 0.282，既小于在显著度为 0.001 状态下的 F 值 5.42，也小于在显著度为 0.01 和 0.05 状态下的 F 值 3.78 和 2.60，说明无论是在显著度的哪一个层面上，虚无假设都不能被否定。

表 4-32　社会保障与教育以及文化生活与个人生活依赖与年龄

	17—25	26—35	36—49	50 以上	（岁）
社会保障与教育依赖（n）	720	1106	821	228	
均值	20.52	20.84	20.87	20.61	
标准差	3.53	3.21	2.97	3.16	
95%的均值置信区间					
下限	20.27	20.65	20.66	20.20	
上限	20.78	21.23	21.07	21.02	
F 值					1.94
自由度					3
显著度					0.121
文化生活与个人生活依赖（n）	684	1038	771	206	
均值	17.21	17.57	17.57	16.96	
标准差	5.60	5.58	5.29	5.25	
95%的均值置信区间					
下限	16.79	17.23	17.19	16.24	
上限	17.63	17.91	17.94	17.68	
F 值					1.27
自由度					3
显著度					0.282

但是，在政治依赖和单位福利依赖方面，不同年龄组的人之间存在显著差异。年龄较大的人，对单位组织在政治上的依赖性更强，而年纪较轻的人，则对单位组织在政治上的依赖较低。年龄较大的人，对单位福利的依赖也较低，而年龄小的人对单位福利则有较高的依赖，这种差别是因为单位福利对年龄较大的人具有较低的意义，而对在各个方面都不占优势的年轻人来说，就是一个很重要的资源（表 4-33）。F 检定的结果表明，在政治依赖与年龄的 Anova 表格中，F 值为 11.91，显著度为 0.000，远大于在显著度为 0.001 状态下的 F 值 5.42。F 值的检验这一结果，从一个侧面充分肯定了关于年龄越

大，人们对单位政治依赖的程度可能就会越强的研究假设。但是，在单位福利依赖与年龄的 Anova 表格中，F 值为 5.19，小于在显著度为 0.001 状态下的 F 值 5.42，大于在显著度为 0.01 和 0.05 情况下的 F 值 3.78 和 2.60，说明在显著度为 0.001 的情况下，这里的虚无假设不能被否定，而只有在显著度为 0.01 和 0.05 的情况下，我们的研究假设才能被肯定。

表 4-33　政治依赖、单位福利依赖与年龄

	17—25	26—35	36—49	50 以上	（岁）
政治依赖（n）	708	1104	831	225	
均值	9.49	9.73	10.14	10.19	
标准差	2.55	2.39	2.22	2.35	
95%的均值置信区间					
下限	9.30	9.59	9.99	9.88	
上限	9.68	9.87	10.30	10.50	
F 值					11.91
自由度					3
显著度					0.000
单位福利依赖（n）	692	1067	783	219	
均值	20.29	20.20	19.69	18.61	
标准差	6.11	6.16	6.15	6.28	
95%的均值置信区间					
下限	19.83	19.83	19.26	17.77	
上限	20.74	20.57	20.12	19.44	
F 值					5.19
自由度					3
显著度					0.001

4. 年龄与获取资源方式

一个有意思的问题是，不同年龄的人，对获取资源的方式有什么样的看法，他们更倾向于哪种资源获取方式？对这个问题的分析，可以在一定程度上反映20世纪90年代单位中的资源是如何分配的(表4-34)。

表4-34 获取资源方式与年龄

	17—25	26—35	36—49	50以上	(岁)
制度化方式（n）	721	1097	797	222	
均值	8.54	8.29	8.31	8.76	
标准差	3.14	2.88	3.02	3.15	
95%的均值置信区间					
下限	8.31	8.11	8.10	8.34	
上限	8.77	8.46	8.52	9.18	
F值					2.36
自由度					3
显著度					0.069
非制度化方式（n）	722	1102	798	236	
均值	12.35	13.20	13.37	13.94	
标准差	4.21	4.55	4.93	5.00	
95%的均值置信区间					
下限	12.04	12.93	13.02	13.30	
上限	12.65	13.478	13.71	14.58	
F值					10.11
自由度					3
显著度					0.000

比较上述两组数据，在那些倾向于制度化资源获取方式的人中，不同年龄之间不存在显著的差别，“制度化”本身就是一个绝对性的标准。但是，在那些倾向于非制度化方式的人中，依不同的年龄有显著的差别。年龄越大的人，其非制度化的倾向就越强。联想到非制度化方式对资源获得以及对单位成员依赖行为的重要影响，就可以理解，年龄越大，工作时间越长，非制度化的资源获取方式对人们的影响就越大，人们也通过自己的“日常经验”体会到非制度化

方式的意义。F 检定的结果表明，在资源获取的非制度化方式与年龄的 Anova 表格中，F 值为 10.11，显著度为 0.000，远大于在显著度为 0.001 状态下的 F 值 5.42。F 值的检验这一结果，从一个侧面充分肯定了关于年龄越大，人们在单位中就可能越会倾向于用非制度化的行为方式去获取资源的研究假设。但是，在获取资源的制度化方式与年龄的 Anova 表格中，F 值仅为 2.36，既小于在显著度为 0.001 状态下的 F 值 5.42，也小于在显著度为 0.01 和 0.05 情况下的 F 值 3.78 和 2.60，说明无论在哪一种显著度的水平上，这里的虚无假设都不能被否定。

（三）性别在单位组织中的意义

性别问题在现代社会学研究中占有重要意义。在传统国家社会主义社会中，曾经长期被认为在性别问题上的主要倾向是相对平等。（Martin and Parish, 1982）但是，在中国社会逐渐向市场经济过渡后，过去相对的性别平等是否还存在，是一个令人感兴趣的问题。在模型 7 中，我们将性别的变量放进分析模型。模型 7 表明，在收入问题上，男性成员的收入要高于女性成员。但是，这种性别上的收入差别，主要体现在企业单位中，在党政机关、事业单位中，性别和收入之间不存在显著相关关系，这两种单位组织中，个人的其他特征在收入上有更大的影响。

第五章　不同类型单位的差别

在前四章中，我们主要对单位组织的依赖结构以及在这个依赖结构中所涉及的主要因素进行了分析。在上述对单位组织依赖结构的分析中，没有涉及不同类型单位组织在依赖结构上的差别。但是，无论在中国社会中还是在其他社会中，人们置身于其中的“组织”，都会对人们的社会地位和行为方式产生重大影响。因此，在不同类型的单位组织中，其依赖结构以及不同因素的影响作用，也会有很大差别。在本章中，我们将对不同类型单位组织的差别进行可能的分析。

一

在讨论到社会资源在社会中的分配与获得时，实际上属于社会学中社会分层理论的研究范围。从社会分层的视角看，一般认为卡尔·马克思和马克斯·韦伯提供了不同的，但是最基本的理论模式和分析框架，即人们所熟悉的阶级理论和多元社会分层理论。这两个理论模式和分析框架对社会分层的本质、决定要素、形式等分别作出了不同的理论解释，代表了两种在本质上不同的理论取向。它们不仅给后来的社会分层研究以极大影响，而且在某种意义上可以说，今天的理论及相关研究基本上还是在这两个理论的框架内发展。关于马克思和韦伯的理论模式，在社会分层的研究中已成为经典，本无须赘述。

但鉴于我们今天所进行的单位组织分析涉及了单位资源在单位中的分配问题，有必要重新审视这两个基本理论模式。

社会分层的实质，是社会资源在社会中的不均等分配，即不同的社会群体或社会地位不平等地占有那些在社会中有价值的事物，如财富、收入、声望、教育机会等。

马克思主义的阶级理论认为，社会地位的不平等（社会资源分配的不平等）根源于社会的物质生产方式中，其实质是以财产关系为核心的生产关系。在此基础上形成了最基本的社会地位和社会不平等，即阶级地位——有产阶级和无产阶级，阶级不平等——统治阶级和被统治阶级。自原始公社解体以来，人类社会的历史就是阶级斗争的历史。因此，阶级理论被认为是一种“关系”的理论，（赖特，1979）“关系”在这里被定义为以财产关系为核心的生产关系，即在生产过程中基于对生产资料的占有关系而形成的雇佣与被雇佣、统治与被统治、剥削与被剥削的不平等关系。阶级理论主要是解释性和分析性的，它更多的是分析社会不平等产生的根本原因，如生产资料所有制等，其理论分析的基点在于社会成员与社会资源的关系性质，以及在此基础上产生的不同社会阶级之间的关系性质。

一般认为，韦伯关于社会分层的理论属于某种多元分层理论。但这似乎是一个过于简单的判断。韦伯并非一般地讨论社会分层，而是在讨论“共同体内部的权力分配”时，区分了三种权力分配的形式，即阶级（经济）的、等级（身份）的和党派的。应该强调的是，韦伯所讲的权力分配也是一种关系，即统治关系。在韦伯的所谓阶级理论或经济权力分配中，财产占有和毫无财产仍然是一切“阶级状况”的基本范畴。但是，韦伯认为，纯粹的财产占有本身仅仅是真正“阶级”形成的初级阶段。真正导致共同行为和阶级利益的，归根结底是市场状况，人们对市场机会的占有是表现个人命运的共同条件的机制。因此，与市场机会相结合存在的利益，造就了“阶级”，阶级结构因而是多层次的，而不仅是一个两分的结构。（Weber，1980: 177ff）因此，经济权力的不平等表现为对市场机会的不同占有，用今天的概念来说，即是经济资源在不同人们之间的不平等分布。这已经明显不同于马克思的阶级关系理论了。在韦伯看来，权力分配还取决于所谓“等级”。等级不必然与某一种“阶级状况”相联系，而受到某种特定“荣誉”的制约。这种荣誉的实质是一种特殊方式的生活方式，表现在把“社会的”交往限制在排他性的“圈子”内，甚至内部完全封闭。等级作为一种垂直的社会序列，它带来一种被承认的更多的荣誉，以利于享有特权的等级。如果说“阶级”根植于经济制度中，等级就根植于社会的制度中。（Weber，1980: 178）韦伯所描述的这种“等级”如同于我们所熟悉的传统社会中的“身份”。政党的故土原则上在“权力”的领域中，党派的行为旨在获得政治的“权力”，即共同体内部的“统治”权力。这种权力更多的是一种政治统治的权力。（Weber，1980: 28）三种权力分配的形式虽然彼此相连，但各自有其独立性。

如果上述对韦伯理论的理解是正确的话，从中可以得出的结论是：第一，以权力分配为例，经济、等级或身份以及政治权力的分配是相对独立的，它们之间的整合是在一个更大的框架内，即以包括着它们的社会化为前提。第二，尽管韦伯承认财产占有关系的意义，但他更强调的是各种经济资源在人们中的分配结果，是不同的“阶级状况”的分化，在这之中，财产关系只具有初级的意义。后来的多元分层理论将韦伯的理论在很大程度上简化地继承下来：一方面，韦伯关于影响权力地位的因素分析被忽视，权力被简化为政治权力，等级身份被简化为“声望”，影响阶级行动的三个因素（商品市场、劳动力市场和资本主义企业）同样被简化为商品市场；另一方面，因素的多元性得到了强调；同时，社会资源在不同社会群体或社会成员中的分配状况、特别是资源不平等分配的量化特征以及由此所产生的等级差异成为社会不平等的主要特征。这导致多元社会分层理论研究取向上的一个重要特征，即将社会成员的社会差别解释为个人特征方面的差别，（许嘉猷，1986）主要是职业地位和收入上的差别，在职业地位、收入和教育水平等因素之间具有密切的联系。这样，社会分层和社会流动的研究最终形成了两个不同的研究取向：阶级理论更多地以结构性因素（或“关系”因素）来解释社会不平等，而多元分层理论则更多地以个人特征上的不同进行解释，（许嘉猷，1986）即使是经济上的差别，也被解释为对市场机会掌握的概率。

与此相联系的存在于两种理论模式背后的一个实质性问题是，什么样的社会地位是有意义的社会地位，这种社会地位对人们的社会行动和人们之间的社会关系具有重要影响。什么样的社会因素对决定人们的有差异的社会地位，或者说决定了社会资源在社会中的不平等分配，是更为重要的问题。

依照后人对韦伯理论的理解和解释，在社会分层和社会流动研究中，个人的特征受到越来越多的重视。这些研究中都存在着一个基本的理论前提和预设，即从现代化、工业化或产业化的背景下，对社会地位的构成和决定社会地位的因素进行了解释。（D. 吉尔伯特、J. A. 卡尔，1992）有关涉及个人的那些特征，在各种各样的研究中被大量论证和深入分析。其中，特别是布劳－邓肯的地位获得模型，不仅在方法上，而且在理论上成为经典性的分析模型。

20 世纪 60 年代末、70 年代初以来，整个社会科学、包括社会学进入一个对传统理论进行挑战和批判的时代，人们对所谓现代化和资本主义经济及社会结构重新进行反思，将在社会分层研究中长期受到忽视的社会关系（包括生产关系）因素、制度因素和历史因素等宏观变量，纳入分析和研究框架之中。更为重要的是，如果社会结构是社会学研究中的一个基本且主要的主题的话，社会地位结构是社会结构的基础，同时也是社会流动或地位获得的基础。社会地位的决定、构成和意义，对于理解社会结构、社会分层和社会流动都具有更为深刻的意义。人们从重新审视经济社会结构的角度，重新审视了社会地位及其决定因素。在有关的新的社会分层理论中，所谓“新结构主义”是其中的一个重要方向，而且对我们在本章中的分析具有启发意义。

“新结构主义”借鉴了向新古典经济学提出挑战的分割劳动力市场理论。它们的一个共同模式是，拒绝隐含在传统理论中的现代化、产业化预设，尖锐批评传统社会分层和社会流动理论忽视了社会经济结构对社会分层和社会不平等关系的影响。新结构主义虽然包含了许多不同的理论派别，但共同的主题是强调在社会分层和地位获得中那些个人特征之外的“结构性”因素。他们并不否认职业地位、教育、收入在社会分层和社会流动中的意义，实际上仍然是以职业结构或收入结构作为市场经济社会中的主要社会分层结构。但是他们认为，在经济和社会生活中存在着很多分割性的结构因素，这些结构性因素对个人社会经济地位和地位获得具有重要影响，甚至是更为重要的影响。最为新结构主义所强调的结构性因素，主要是分割的劳动力市场，包括分割的经济部门和产业部门，内部劳动力市场，组织特质、产品和服务特征，受分割劳动力市场制约的职业经历及其相关因素等。在一定意义上，新结构主义理论也是一种重新重视“关系”的理论，这种关系在这里可以被定义为基于工作部门和工作组织而形成的关系。[1]

“新结构主义”的视角与对中国社会，特别是当代中国社会的单位体制分析在理论上具有密切的联系。中国社会不仅是一个高度“组织化”的社会，而且是一个高度“单位化”的社会。也就是说，中国社会中的组织，不仅具有一般社会分工性质上的功能性组织的

---

1 李路路，《论社会分层》，载北京《社会学研究》1999 年第 1 期；李春玲，《中国城镇社会流动》，北京：社会科学文献出版社 1997 年版。

特征，而且由于与党的组织和国家行政组织密切结合，因而具有统治和整合社会的政治统治功能的特征。[1]在这个意义上，单位组织在个人社会地位、个人对社会资源的占有和国家对社会资源的分配中，都成为极其重要的决定因素，成为理解中国社会、理解中国社会分层结构和机制不可缺少的“中介环节”。在一定的意义上可以说，如果我们在前面讨论的个人“政治身份”是单位中依赖结构的一个重要因素，那么，人们的“单位身份”也将对单位组织中的权力、资源和依赖产生重要的影响。对于单位组织对中国社会结构、社会分层和社会流动的作用，已有很多研究者进行了分析。例如，边燕杰对单位地位的研究（1994）、华尔德对单位依附和单位层化的研究（1986）等，以及李汉林对当代中国的单位制和传统中国社会的家族制之间的关系的研究（1991，1996），李路路等对单位制度与社会地位的研究等（1992）。这些研究都指出了单位组织对个人社会地位、社会资源获得以及对社会分层体系的重要意义。这些不同的研究者所表达的一个共同观点是，在当代中国社会中，单位组织对人们更为重要的意义在于，根据它们在国家统治体系里的地位以及国家所赋予的资源支配权力的大小，对个人的社会地位和社会资源获得产生影响，例如，单位组织的所有制性质、单位组织的类型（党政机关、事业单位、企业单位）以及单位组织的行政级别。单位组织的上述性质相对于“新结构主义”所强调的“结构性”因素来说，也许具有更大的意义。

单位所有制　单位所有制对于中国社会来说，是一个人们已经极为熟悉的制度性组织变量。仅就制度赋予全民所有制以公有制高级形式、集体所有制为低级形式、私营和个体为补充形式的区别中，就可以看到不同所有制之间的巨大差别。中国社会的改革，已经使

1　路风，《单位：一种特殊的社会组织形式》，载《中国社会科学》1989 年第 1 期。

单位所有制的意义逐渐下降，但它们在国家统治体制和国家资源分配中的差别远未消失，将它们区分开来的制度仍然在很多方面起着作用。在不同所有制之间分析依赖结构的基本假设是，所有制等级越高，其依赖结构的特点应该越明显。

单位类型 单位类型是指单位组织与国家的关系以及不同的功能。党政机关或者说国家行政机构，本身就是国家组织的体现。它们不但是社会资源实际上的占有主体，而且是国家资源的分配者。事业单位是指那些由国家直接管理、代行国家管理功能或发挥国家统治功能但不承担盈利功能的单位组织。它们与国家结构有着更为紧密的关系。在传统国家社会主义社会中，企业组织同样由国家直接管理，但它们在承担统治功能时，还要承担盈利的功能，它们与国家结构的关系不如事业单位那么紧密；改革开放后，企业组织的结构发生了很大变化，主要是集体企业、私营企业、外商投资企业等有了较大发展，同时，国有和集体企业有了一定的经营自主权，因而国有和集体企业更多地处于向市场经济转型的前沿，其环境和行为具有更高程度的市场化，因而与国家机构的关系相对分离。鉴于单位类型的不同，单位组织的依赖性机构应该在行政机关表现得最为强烈，事业单位次之，企业单位更次之。也就是说，依市场化的程度和与国家机构的关系，单位组织的依赖结构有不同的表现。

单位级别 单位级别是传统国家社会主义单位体制的一个重要特征。单位组织作为国家社会主义分配社会资源的一个工具，国家掌握的资源分配至单位组织，就在其中沉淀下来，具有不可流动性。（路风，1989）当国家直接占有社会资源时，为了实现对资源的占有和调动，国家用一系列级别体系来规定一个单位组织可以占有和利用的资源，类似于在一个科层组织的内部一样。在这种情况下，单位组织都被纳入统一的国家行政系列之中。单位组织根据它们在国家权力体系中的地位，据有或支配不等的资源。因此，在单位制度下，单位组织被赋予不同的行政级别，以此为基础享有国家授予的支配社会资源的权力。单位的行政级别从一个角度反映了单位间的社会分层状况。大致相同的个人，在不同行政级别的单位组织中，其资源获取的情况可能会有很大的差别。在一般的情况下，单位的行政级别越高，权力就越大，其占有的可供单位成员分配的各种资源、利益和机会就可能越多。（李路路、王奋宇，1992；李汉林，1993, 1994；Wang Qi, 1996）

需要特别指出的是，这里所谈到的结构性因素虽然在形式上与社会分层理论中新结构主义强调的一致，但实际上在二者之间存在本质的区别。新结构主义所强调的产业特征、产品特质、核心部门和边缘部门、组织特征等，是在市场经济框架下所形成的分割性因素，就其本质来说，属于特定经济整合机制的产物。（孙立平，1996）而我们所强调的结构性因素，其意义和我们在第一章中所讨论的基本统治制度联系在一起。单位的行政级别、单位的类型和所有制性质等，都属于中国国家社会主义的基本统治制度。单位组织不是市场或社会中的一个具有独立性的主体，而是国家行政结构的一个组成部分；个人不是简单的和一个工作组织发生关系，而是通过这种工作单位和国家发生联系。国家的基本统治制度决定了个人同国家的关系和个人的权利，也同时决定了个人与单位组织的关系和个人在单位组织中的地位和权利。这些制度性或结构性的组织特征，对个人的资源获得和满意度均会产生极大作用。

二

对不同级别单位组织的分析表明，单位组织的基本依赖结构在不同级别单位中依然存在，没有根本的变化。但依单位级别的不同，这种依赖结构在一些方面有不同的表现，反映出单位体制的特点。需要说明的是，在传统国家社会主义社会中，单位级别曾经是一个严格的结构性变量。单位自主权的扩大和整个社会环境的市场化，使得原有的单位级别的制度陷入混乱。但是，在国家分配资源的体制下，单位组织的等级位置仍然是决定单位地位的一个重要变量，它和一定的权力与机会联系在一起。

（一）资源与单位级别

人们在单位中所获得和支配的资源，按照单位的不同级别而有显著差异（表 5-1）。单位级别越高，人们获得的资源就越多（均值 = 55.96）。一方面，单位级别越高，意味着越靠近国家资源分配的权力中心，获得国家分配资源的可能性就越大；另一方面，单位级别越高，意味着单位本身具有更大的权力，或者作为国家资源分配的一个中间环节，通过向下继续分配资源而获利，或者利用自身的权力地位获得更多的资源。F 检定的结果表明，在资源与单位级别的 Anova 表格中，F 值为 16.43，显著度为 0.000，远大于在显著度为 0.001 状态下的 F 值 5.42。F 值的检验这一结果，从一个侧面充分肯定了我们的研究假设。

表 5-1　资源与不同级别的单位

	无级别	低级别	中级别	高级别	
资源（n）	364	558	727	490	
均值	51.04	51.66	54.26	55.96	
标准差	13.82	12.11	11.81	12.08	
95%的均值置信区间					
下限	49.61	50.65	53.40	54.89	
上限	52.46	52.67	55.12	57.03	
F 值					16.43
自由度					3
显著度					0.000

不同级别单位在资源占有上的差别，在社会保障与教育资源上表现得相对明显，其资源分布的均值差异超过其他资源的分布（表 5-2）。这些高级别的单位，具有更多的能力保证单位成员的医疗、养老以及住房。很多人在选择工作单位时之所以更希望进入高级别的单位，例如中央、国务院部委或部属的公司，重要的原因之一即是能够很快分到住房。F 检定的结果表明，在社会保障与教育资源、政治资源、单位福利资源与单位级别的 Anova 表格中，F 值分别为 39.54、19.87 和 14.68，显著度均为 0.000，远大于在显著度为 0.001 状态下的 F 值 5.42。F 值的检验这一结果，从一个侧面充分肯定了我们的研究假设。但是，在文化生活与个人生活资源和单位级别的 Anova 表格中，F 值为 3.53，小于在显著度为 0.001 和 0.01 状态下的 F 值 5.42 和 3.78，大于在显著度为 0.05 情况下的 F 值 2.60，说明在显著度为 0.001 和 0.01 的情况下，这里的虚无假设不能被否定，而只有在显著度为 0.05 的情况下，我们的研究假设才能被肯定。

表 5-2　不同资源与不同级别的单位

	无级别	低级别	中级别	高级别	
社会保障与教育资源（n）	419	659	845	561	
均值	15.55	16.05	17.38	17.54	
标准差	4.36	3.69	3.50	3.40	
95%的均值置信区间					
下限	15.13	15.77	17.14	17.26	
上限	15.97	16.33	17.62	17.82	
F 值					39.54
自由度					3
显著度					0.000
政治资源（n）	405	671	836	574	
均值	10.55	11.44	11.60	11.94	
标准差	3.10	2.86	2.85	2.68	

（续表）

	无级别	低级别	中级别	高级别	
95%的均值置信区间					
下限	10.25	11.22	11.40	11.73	
上限	10.85	11.66	11.40	11.73	
F 值					19.87
自由度					3
显著度					0.000
单位福利资源（n）	411	642	838	580	
均值	12.00	11.76	12.27	13.44	
标准差	4.62	4.50	4.61	5.02	
95%的均值置信区间					
下限	11.55	11.41	11.96	13.03	
上限	12.45	12.11	12.58	13.85	
F 值					14.68
自由度					3
显著度					0.000
文化生活与个人生活资源（n）	401	620	791	545	
均值	12.86	12.40	12.84	13.19	
标准差	4.61	4.00	4.05	4.24	
95%的均值置信区间					
下限	12.40	12.08	12.55	12.83	
上限	13.31	12.71	13.12	13.55	
F 值					3.53
自由度					3
显著度					0.14

（二）满意度和相对剥夺感与单位级别

与不同级别单位占有资源的情况相联系，人们对单位的不满意程度也因单位级别不同而有显著的差异（F＝7.52，显著度＝0.000）。级别高的单位，其成员的不满意程度就有可能低，而且高级别单位与中级别单位不满意程度的均值差异超过了其他三类级别单位之间的差异程度（表 5-3）。

表 5-3　不满意度与不同级别的单位组织

	无级别	低级别	中级别	高级别	
不满意程度（n）	408	661	846	575	
均值	49.06	49.94	48.83	47.39	
标准差	10.14	9.76	9.26	8.88	
95%的均值置信区间					
下限	48.08	49.19	48.20	46.67	
上限	50.05	50.68	49.45	48.12	
F 值					7.52
自由度					3
显著度					0.000

仔细分析不同级别单位的不满意程度，可以发现，那些无级别的单位与低级别单位相比较，其不满意度相对还低，尽管高于中等级别和高级别单位（表 5-4）。这种状况反映了中国社会的改革状况。无级别的单位，大多数是体制外或以各种各样形式存在着的组织，如很多股份制单位、民营企业等。它们是经济体制和政治体制改革的产物，虽然不能说它们和传统的单位组织已经取得了平等的地位，但毕竟向市场经济的转型为它们的产生和生存提供了新的可能性，因而它们在一定程度上是改革的得利者。而那些低级别的单位组织，有可能在改革中受到最大的冲击乃至损害。它们过去在单位体制中就处于劣势地位，改革给了它们一定的机会，但体制的束缚对它们来说仍然存在；单位体制的松动，使得它们原来享受的单位体制的好处不断减少，面对市场的压力，又无法像那些有较高级别的单位组织那样利用既存的国家再分配体制，它们只有更多地面对市场。这种双重的压力，导致它们的不满意程度最高。F 检定的结果表明，在对社会的不满意度与单位级别的 Anova 表格中，F 值为 15.38，显著度为 0.000，

远大于在显著度为0.001状态下的F值5.42。F值的检验这一结果，从一个侧面充分肯定了我们关于在高级别单位工作的人较之于在低级别单位工作的人，它们对社会不满意度的程度相对较低的研究假设。但是，在对工作条件的不满意度与单位级别的Anova表格中，F值为4.06，小于在显著度为0.001状态下的F值5.42，大于在显著度为0.01和0.05情况下的F值3.78和2.60，说明在显著度为0.001的情况下，这里的虚无假设不能被否定，而只有在显著度为0.01和0.05的情况下，我们的研究假设才能被肯定；在对机会的不满意度与单位级别的Anova表格中，F值则为3.21，小于在显著度为0.001和0.01状态下的F值5.42和3.78，仅仅大于在显著度为0.05情况下的F值2.60，说明在显著度为0.001和0.01的情况下，这里的虚无假设不能被否定，而只有在显著度为0.05的情况下，我们的研究假设才能被肯定。

表5-4　不同方面的不满意度与不同级别的单位

	无级别	低级别	中级别	高级别	
对机会的不满意度（n）	425	683	881	593	
均值	17.04	17.20	16.85	16.60	
标准差	3.82	3.74	3.57	3.41	
95%的均值置信区间					
下限	16.68	16.92	16.62	16.32	
上限	17.40	17.48	17.09	16.87	
F值					3.21
自由度					3
显著度					0.022
对工作条件的不满意度（n）	459	723	930	641	
均值	12.48	12.88	12.50	12.38	
标准差	3.06	2.84	2.88	2.72	
95%的均值置信区间					
下限	12.20	12.67	12.32	12.17	
上限	12.76	13.09	12.69	12.59	
F值					4.06

（续表）

	无级别	低级别	中级别	高级别	
自由度					3
显著度					0.007
对社会的不满意度（n）	456	712	919	628	
均值	16.84	16.86	16.62	15.70	
标准差	3.67	3.59	3.37	3.30	
95%的均值置信区间					
下限	16.50	16.59	16.40	15.45	
上限	17.17	17.12	16.84	15.96	
F 值					15.38
自由度					3
显著度					0.000

与不满意度相似，人们的相对剥夺感也按照单位级别由高到低而依次加强，尽管其差异的显著性低于不满意度的差异显著性（表 5-5）。同样，那些低级别的单位，其不满意程度甚至高于无级别的单位。F 检定的结果表明，在相对剥夺感与单位级别的 Anova 表格中，F 值为 3.78，显著度为 0.010，小于在显著度为 0.001 状态下的 F 值 5.42，大于在显著度为 0.05 情况下的 F 值 2.60，说明在显著度为 0.001 的情况下，这里的虚无假设不能被否定，而只有在显著度为 0.05 的情况下，我们的研究假设才能被肯定。

表 5-5　相对剥夺感与不同级别的单位

	无级别	低级别	中级别	高级别
相对剥夺感（n）	456	721	909	625
均值	28.33	28.74	28.15	27.95
标准差	4.77	4.52	4.47	4.51
95%的均值置信区间				
下限	27.89	28.41	27.86	27.59
上限	28.77	29.07	28.44	28.30

（续表）

	无级别	低级别	中级别	高级别	
F 值					3.78
自由度					3
显著度					0.010

（三）依赖与单位级别

值得我们注意的是，虽然资源获得、满意度和相对剥夺感依单位级别的不同而表现出显著的差异，但是，人们对单位的依赖性在不同级别的单位组织之间则没有表现出显著的差异（表 5-6）。F 检定的结果也表明，在依赖与单位级别的 Anova 表格中，F 值仅为 2.03，显著度为 0.108，既小于在显著度为 0.001 和 0.01 状态下的 F 值 5.42 和 3.78，也小于在显著度为 0.05 情况下的 F 值 2.60，说明在哪一种显著度的水平上，这里的虚无假设都不能被否定。

表 5-6　依赖与不同级别的单位

	无级别	低级别	中级别	高级别	
依赖（n）	391	613	790	545	
均值	66.75	68.90	67.47	67.63	
标准差	14.89	15.00	13.63	14.77	
95%的均值置信区间					
下限	65.27	67.71	66.52	66.39	
上限	68.23	70.09	68.42	68.87	
F 值					2.03
自由度					3
显著度					0.108

造成这一结果的原因之一是，在中国还没有相对完成向市场经济的转型时，尽管市场化程度已经有了很大发展，单位的自主权有了很大程度的提高，甚至非单位组织有了极大的发展，但单位组织仍然

是人们获得资源的重要渠道，人们的工作和生活还在很大程度上依赖于单位组织。因此，依赖性在不同级别的单位之间没有显著性差异。这一现象在后面对单位类型、单位所有制的分析中还会出现。另外，不同级别单位间依赖无显著差异，主要是由于人们对单位福利方面的依赖所导致的，而在社会保障与教育、政治三个方面，不同级别单位之间则有显著的差异，在文化生活与个人生活方面有微弱的差异（表 5-7）。单位的社会保障和教育以及政治方面，有较强的制度化程度，单位级别在其中显示出较强的作用；而单位福利以及文化生活和个人生活，主要由单位提供，因而对人们的依赖性影响较小。F 检定的结果表明，在社会保障与教育依赖、政治依赖和单位级别的 Anova 表格中，F 值分别为 6.18 和 6.23，显著度均为 0.000，大于在显著度为 0.001 状态下的 F 值 5.42。F 值的检验这一结果，说明我们的研究假设是成立的；但是，在文化生活与个人生活依赖和单位级别的 Anova 表格中，F 值为 2.73，小于在显著度为 0.001 和 0.01 状态下的 F 值 5.42 和 3.78，略大于在显著度为 0.05 情况下的 F 值 2.60，说明在显著度为 0.001 和 0.01 的情况下，这里的虚无假设不能被否定，而只有在显著度为 0.05 的情况下，我们的研究假设才能被肯定；在单位福利依赖与单位级别的 Anova 表格中，F 值则为 0.255，大大小于在显著度为 0.001、0.01 和 0.05 状态下的 F 值 5.42、3.78 和 2.60，说明在上述各种显著度的情况下，这里的虚无假设都不能被否定。

表 5-7　不同方面的依赖与不同级别的单位

	无级别	低级别	中级别	高级别
社会保障与教育依赖（n）	435	677	865	604
均值	20.23	21.08	20.75	20.70
标准差	3.49	3.16	3.08	3.31
95%的均值置信区间				
下限	19.90	20.84	20.55	20.43

（续表）

	无级别	低级别	中级别	高级别	
上限	20.56	21.32	20.96	20.96	
F值					6.18
自由度					3
显著度					0.000
政治依赖（n）	432	684	873	600	
均值	9.39	9.86	9.95	9394	
标准差	2.49	2.51	2.21	2.35	
95%的均值置信区间					
下限	9.15	9.67	9.80	9.75	
上限	9.62	10.05	10.10	10.13	
F值					6.23
自由度					3
显著度					0.000
单位福利依赖（n）	422	666	848	585	
均值	19.99	19.88	19.72	19.95	
标准差	5.99	6.44	5.99	6.26	
95%的均值置信区间					
下限	19.41	19.39	19.31	19.44	
上限	20.56	20.37	20.12	20.46	
F值					0.255
自由度					3
显著度					0.858
文化生活与个人生活依赖（n）	403	649	822	571	
均值	17.30	17.79	17.05	17.05	
标准差	5.43	5.77	5.26	5.43	
95%的均值置信区间					
下限	16.77	17.35	17.05	17.05	
上限	17.83	18.24	17.41	17.50	
F值					2.73
自由度					3
显著度					0.043

（四）权力与单位级别

在不同级别的单位组织中，人们的权力地位也不尽相同。那些在较高级别单位中工作的人，对单位中的资源分配相对有更多的参与权力（均值＝25.06）。但是，在期望参与上，不同级别的单位之间没有显著差别，人们都期望对单位中的各种资源的分配获得某种决定权（表 5-8）。F 检定的结果表明，在权力与单位级别的 Anova 表格中，F 值分别为 8.86，显著度为 0.000，大于在显著度为 0.001 状态下的 F 值 5.42，说明我们的研究假设是成立的；但是，在权力期望与单位级别的 Anova 表格中，F 值仅为 1.74，显著度为 0.157，小于在显著度为 0.001、0.01 和 0.05 状态下的 F 值 5.42、3.78 和 2.60，说明在上述各种显著度的情况下，这里的虚无假设都不能被否定。

表 5-8　权力与不同级别单位

	无级别	低级别	中级别	高级别	
权力（n）	398	650	829	564	
均值	22.94	23.83	24.49	25.06	
标准差	6.07	7.01	6.81	6.81	
95%的均值置信区间					
下限	22.34	23.29	24.06	24.50	
上限	23.53	24.37	24.95	25.62	
F 值					8.86
自由度					3
显著度					0.000
权力期望（n）	395	625	810	544	
均值	32.97	33.93	33.05	33.39	
标准差	7.69	8.46	8.21	7.90	
95%的均值置信区间					
下限	32.21	33.27	32.48	32.73	

（续表）

		无级别	低级别	中级别	高级别	
	上限	33.73	34.60	33.61	34.06	
F 值						1.74
自由度						3
显著度						0.157

（五）资源获取方式与单位级别

在较高级别单位中权力地位也相对较高，有可能是因为在这样的单位中，对于资源的分配有一些相对严格的制度化规则。但是，如果从个人获取资源的行动方式角度去分析在不同级别单位中的表现，在较高级别单位中采取制度化资源获取方式的取向要低于较低级别的单位；在中、低级别单位中采取非制度化资源获取方式的取向高于无级别和高级别单位。非制度化方式在高级别的单位中，受到制度某种程度上的限制，但在那些基层单位中，这种限制的效力下降。无级别的单位则主要受到组织结构、产权和市场的限制（表 5-9）。

表 5-9 获取资源的方式与不同级别的单位

		无级别	低级别	中级别	高级别	
制度化方式（n）		426	669	854	599	
均值		8.88	8.42	8.14	8.27	
标准差		3.34	2.84	2.88	2.85	
95%的均值置信区间						
	下限	8.56	8.21	7.94	8.04	
	上限	9.20	8.64	8.33	8.50	
F 值						6.39
自由度						3
显著度						0.000

（续表）

	无级别	低级别	中级别	高级别	
非制度化方式（n）	433	662	872	608	
均值	12.71	12.98	13.64	12.72	
标准差	4.63	4.42	4.79	4.44	
95%的均值置信区间					
下限	12.27	12.64	13.33	12.37	
上限	13.14	13.31	13.96	13.08	
F 值					6.64
自由度					3
显著度					0.000

三

对不同类型的单位组织所作的进一步分析表明，单位组织的基本依赖结构在不同类型的单位中依然存在，没有根本变化。但是，它们之间同时又表现出一些有意义的差别。这些差别进一步说明了不同类型单位组织的特点以及中国社会转型所带来的变化。

（一）资源与不同类型单位

不同类型单位的人，占有不同的资源。在党政机关单位中工作的人，占有更多的资源，而在企业单位中工作的人，则占有相对最少的资源。资源的这种分布，充分表现出单位组织的基本性质，单位组织占有的资源，是按照它们在国家统治体系中的地位、与国家权力中心的距离而决定的，实际上所形成的是一种差序格局的状况（表 5-10）。F 检定的结果表明，在资源与单位类型的 Anova 表格中，F 值为 3.54，显著度为 0.029，小于在显著度为 0.001 和 0.01 状态下的 F 值 6.91 和 4.60，大于在显著度为 0.05 情况下的 F 值 2.99，说明在显著度为 0.001 和 0.01 的情况下，这里的虚无假设不能被否定，而只有在显著度为 0.05 的情况下，我们的研究假设才能被肯定。

表 5-10 资源与不同类型的单位

	企业单位	事业单位	党政机关	
资源（n）	1335	564	408	
均值	52.93	53.55	54.81	
标准差	13.08	11.51	12.13	
95%的均值置信区间				
下限	52.23	52.60	23.63	
上限	53.64	54.50	55.99	
F 值				3.54
自由度				2
显著度				0.029

资源在不同类型单位中的差异性分布，几乎表现在各个方面，只有文化生活与个人社会资源方面没有表现出显著性差异（F=0.111；显著度=0.895），因为这方面的资源相对于其他资源来说不是非常重要。同时还可以看出，单位福利资源的分布中，事业单位均值最低。对于很多事业单位来说，改革使它们处于一个比较尴尬的境地，它们中多数不属于营利性单位，但它们又必须对本单位成员的福利承担越来越多的责任，这是它们力所不能及的（表 5-11）。F 检定的结果也表明，在社会保障与教育资源、政治资源以及单位福利资源与单位类型的 Anova 表格中，F 值分别为 48.25、34.14 和 17.00，显著度均为 0.000，均大于在显著度为 0.001 状态下的 F 值 6.91，说明我们的研究假设可以成立；但是，在文化生活与个人生活资源与单位类型的 Anova 表格中，F 值仅为 0.111，显著度为 0.895，大大小于在显著度为 0.001、0.01 和 0.05 状态下的 F 值 6.91、4.60 和 2.99，说明在上述各种显著度的水平上，这里的虚无假设都不能被否定。

表 5-11　不同资源与不同类型的单位

	企业单位	事业单位	党政机关	
社会保障与教育资源（n）	1595	666	464	
均值	16.10	17.34	17.94	
标准差	3.91	3.55	3.40	
95%的均值置信区间				
下限	15.91	16.77	17.63	
上限	16.29	17.31	18.25	
F 值				48.25
自由度				2
显著度				0.000
政治资源（n）	1549	670	495	
均值	11.08	11.55	12.30	
标准差	2.92	2.93	2.72	
95%的均值置信区间				
下限	10.94	11.32	12.06	
上限	11.23	11.77	12.54	
F 值				34.14
自由度				2
显著度				0.000
单位福利资源（n）	1552	652	484	
均值	12.81	11.65	11.88	
标准差	4.73	4.58	4.72	
95%的均值置信区间				
下限	12.57	11.29	11.46	
上限	13.04	12.00	12.31	
F 值				17.00
自由度				2
显著度				0.000
文化生活与个人生活资源（n）	1481	646	453	
均值	12.87	12.78	12.86	

（续表）

	企业单位	事业单位	党政机关	
标准差	4.27	3.96	4.36	
95%的均值置信区间				
下限	12.65	12.47	12.45	
上限	13.09	13.08	13.26	
F 值				0.111
自由度				2
显著度				0.895

（二）满意度、相对剥夺感与不同类型单位

由于社会地位和在国家权力体系中的位置不同，企业单位的成员对于单位的不满意程度是最高的（表 5-12）（均值＝49.63）。同时，不满意度的这种排列，与中国社会的改革进程表现出某种同步。众所周知，中国城市经济体制的改革，首先是从企业单位开始的，然后逐渐扩散。但是，即使到了今天，还远没有对事业单位和党政机关产生较大的触动。例如，企业单位有了更多的自主权，但也承担起更多的责任，许多企业由于经营管理问题和其他问题而陷入困境，职工下岗，工资发不出来，退休职工领不到养老金，医疗费无法报销。与企业单位的情况形成鲜明对照的是那些事业单位和党政机关，自主权给了它们以过去所没有的更大权力。一方面，国家继续负担它们的基本费用，在事业单位和党政机关中工作，人们无须为养老金和医疗费发愁；另一方面，它们又可以利用手中的权力从事各种经营活动，它们的工资不仅迅速赶上了企业单位，而且所拥有的其他优势在人们的资源获取中具有越来越重要的意义，如住房、出国、职业保障等。20 世纪七八十年代很多人还以能到国营企业工作为荣，到 20 世纪 90 年代，在国有的企业单位中工作似乎已经成为个人事业不成功或能力低下的一个代名词。

表 5-12　不满意度与不同类型单位组织

	企业单位	事业单位	党政机关	
不满意度（n）	1564	667	493	
均值	49.63	48.77	46.67	
标准差	9.61	8.92	9.83	
95%的均值置信区间				
下限	49.15	48.09	45.80	
上限	50.11	49.45	47.54	
F 值				18.32
自由度				2
显著度				0.000

在我们的调查中所涉及的不满意的各个方面，企业单位都是最高的，党政机关单位都是最低的。其中不满意度差异最小的，是人们对工作条件的不满意程度，差异最大的，是对机会的不满意程度（表 5-13）。人们的不满意已经超出了改革刚刚开始时对实物物质的关注，不同类型的单位其根本性的差别，正是在于机会上的不平等。机会上的差别根植于制度结构中，因而才造成资源和权力上的显著差别。

表 5-13　不满意度与不同类型单位组织

	企业单位	事业单位	党政机关	
对机会的不满意度（n）	1623	694	514	
均值	17.21	16.80	16.33	
标准差	3.67	3.40	3.80	
95%的均值置信区间				
下限	17.03	16.55	16.00	
上限	17.39	17.06	16.66	
F 值				12.24
自由度				2

（续表）

	企业单位	事业单位	党政机关	
显著度				0.000
对工作条件的不满意度（n）	1737	751	542	
均值	12.70	12.59	12.02	
标准差	2.88	2.82	2.95	
95%的均值置信区间				
下限	12.57	12.39	11.77	
上限	12.84	12.80	12.26	
F 值				11.89
自由度				2
显著度				0.000
对社会的不满意度（n）	1712	737	528	
均值	16.80	16.45	15.72	
标准差	3.44	3.39	3.59	
95%的均值置信区间				
下限	16.64	16.20	15.41	
上限	16.96	19.69	16.02	
F 值				20.11
自由度				2
显著度				0.000

因此，与不满意度相一致，企业单位的相对剥夺感最高，而党政机关的相对剥夺感则最低（表 5-14）。企业单位过去所享有的政治地位（虽然在很大程度上是名义上的）和改革开放初期所获得的各种资源，随着事业单位和党政机关的变化以及体制外经济的发展，日益显得黯淡无色。与事业单位和党政机关相比较，同是国家体制，但下岗、失业、丧失劳动保障等厄运更多地落到企业单位头上。对于那些中低级别的企业单位来说，其相对剥夺感将更为强烈。

表 5-14　相对剥夺感与不同类型单位

	企业单位	事业单位	党政机关	
相对剥夺感（n）	1714	732	535	
均值	28.77	28.19	27.12	
标准差	4.63	4.53	4.18	
95%的均值置信区间				
下限	28.55	27.86	26.76	
上限	28.99	28.52	27.47	
F 值				27.74
自由度				2
显著度				0.000

（三）依赖与不同类型单位

从单位类型的角度考察依赖行为与单位类型的关系，不同于以个人为基础的依赖与单位组织的关系。个人对单位组织的依赖行为主要取决于他所拥有的资源和权力，而这种依赖行为在不同单位中的表现，由于单位成员的构成情况差别较大，而显示出极端的复杂性。前面已经指出，依赖行为在不同级别的单位组织中没有显著性差别，而依赖行为在不同类型单位中具有显著差别，而且企业单位的依赖性在三种类型单位中最高（表 5-15）。一个可能的解释是，由于企业单位相对突出的困难状况，尽管它们的资源较少、人们的不满意度较高，但人们身在企业单位，获得其他资源的机会更少，一个工作单位对于他们的意义更为重要。在社会保障和教育依赖方面，不同类型的单位组织之间不存在显著差别。F 检定的结果也表明，在依赖与单位类型的 Anova 表格中，F 值为 5.91，显著度为 0.003，小于在显著度为 0.001 状态下的 F 值 6.91，大于在显著度为 0.01 和 0.05 情况下的 F 值 4.60 和 2.99，说明在显著度为 0.001 的情况下，这里的虚无假设不能被否定，而只有在显著度为 0.01 和 0.05 的情况下，我们的研究假设才能被肯定。

表 5-15　依赖与不同类型的单位

	企业单位	事业单位	党政机关	
依赖（n）	1456	605	467	
均值	68.84	67.18	66.50	
标准差	14.46	14.37	14.60	
95%的均值置信区间				
下限	68.09	66.03	65.17	
上限	69.58	68.33	67.82	
F 值				5.91
自由度				2
显著度				0.003

在对单位组织的社会保障与教育的依赖上，不同类型的单位之间没有显著差别，人们都在很大程度上依赖单位提供社会保障和教育培训，尽管不同单位占有的这类资源不尽相同；在政治依赖方面，自然是党政机关的依赖性要强于其他类型的单位，它占有的这种资源也是最多的；在单位福利依赖和文化生活与个人生活依赖方面，同总体的情况相似，企业单位的依赖性要高于其他两类单位，党政机关在这两方面的依赖性最低（表 5-16）。F 检定的结果表明，在政治依赖、单位福利依赖以及文化生活与个人生活依赖和单位类型的 Anova 表格中，F 值分别为 7.34、22.15 和 10.65，显著度为 0.001、0.000 和 0.000，均大于在显著度为 0.001 状态下的 F 值 6.91，说明我们的研究假设可以被肯定；但是，在社会保障与教育依赖和单位类型的 Anova 表格中，F 值为 0.982，显著度为 0.375，均小于在显著度为 0.001、0.01 和 0.05 状态下的 F 值 6.91、4.60 和 2.99，说明在上述任何一种水平上的显著度的情况下，这里的虚无假设都不能被否定。

表 5-16　不同的依赖方面和不同类型单位

	企业单位	事业单位	党政机关	
社会保障与教育依赖（n）	1632	699	506	
均值	20.71	20.77	20.94	
标准差	3.25	3.14	3.23	
95%的均值置信区间				
下限	20.55	20.53	20.65	
上限	20.86	21.00	21.22	
F 值				0.982
自由度				2
显著度				0.375
政治依赖（n）	1630	696	508	
均值	9.71	9.86	10.18	
标准差	2.43	2037	2.25	
95%的均值置信区间				
下限	9.60	6.68	9.98	
上限	9.83	10.04	10.37	
F 值				7.34
自由度				2
显著度				0.001
单位福利依赖（n）	1576	660	497	
均值	20.58	19.38	18.67	
标准差	5.93	6.28	6.45	
95%的均值置信区间				
下限	20.28	18.90	18.10	
上限	20.87	19.86	19.23	
F 值				22.15
自由度				2
显著度				0.000
文化生活与个人生活依赖（n）	1535	650	488	
均值	17.82	17.00	16.66	
标准差	5.53	5.26	5.46	

（续表）

	企业单位	事业单位	党政机关	
95%的均值置信区间				
下限	17.54	16.60	16.18	
上限	18.09	17.41	17.15	
F 值				10.65
自由度				2
显著度				0.000

（四）权力与不同类型单位

不同类型单位中人们权力的分布，与不同级别单位之间的分布基本相同，党政机关单位的人拥有的权力地位最高（均值=25.93），不同的是，企业单位的人所拥有的权力略多于事业单位。在对权力的期望上，不同类型的单位之间没有显著差别（表 5-17）。F 检定的结果表明，在权力与单位类型的 Anova 表格中，F 值为 22.05，显著度为 0.000，远远大于在显著度为 0.001 状态下的 F 值 6.91，F 检定的这一结果强有力地支持着我们的研究假设；但是，在权力期望与单位类型的 Anova 表格中，F 值仅为 0.246，显著度为 0.782，大大小于在显著度为 0.001、0.01 和 0.05 状态下的 F 值 6.91、4.60 和 2.99，说明在上述任何一种显著度水平的情况下，这里的虚无假设都不能被否定。

表 5-17　权力、权力期望与不同类型单位

	企业单位	事业单位	党政机关
权力（n）	1554	650	456
均值	23.69	23.63	25.93
标准差	6.61	6.24	7.18
95%的均值置信区间			
下限	23.36	23.14	25.27
上限	24.02	24.11	26.59

（续表）

		企业单位	事业单位	党政机关	
F 值					22.05
自由度					2.
显著度					0.000
权力期望（n）		1500	643	437	
均值		33.35	33.29	33.03	
标准差		8.23	7.94	8.41	
95%的均值置信区间					
	下限	32.93	32.67	32.24	
	上限	33.76	33.90	33.83	
F 值					0.246
自由度					2
显著度					0.782

（五）资源获取方式与不同类型单位

制度化的资源获取方式在不同类型的单位中存在显著差异。但是，党政机关单位的制度化方式取向在三种类型单位中最低（均值＝7.96），而企业单位最高（均值＝8.55）。看起来，党政机关中获取资源方式的约束性较低，而企业单位和事业单位由于更多地面对市场，因而对获取资源的方式有着更多的约束性。非制度化的资源获取方式在不同类型的单位中没有显著差别（表 5-18）。F 检定的结果也表明，在资源获取的制度化方式与单位类型的 Anova 表格中，F 值为 7.61，显著度为 0.001，略大于在显著度为 0.001 状态下的 F 值 6.91，说明我们的研究假设可以成立；但是，在资源获取的非制度化方式与单位类型的 Anova 表格中，F 值仅为 0.622，显著度为 0.537，大大小于在显著度为 0.001、0.01 和 0.05 状态下的 F 值 6.91、4.60 和 2.99，说明在上述任何一种显著度水平的情况下，这里的虚无假设都不能被否定。

表 5-18　资源获取方式与不同类型的单位

	企业单位	事业单位	党政机关	
制度化方式（n）	1610	707	489	
均值	8.55	8.31	7.96	
标准差	3.00	3.00	2.86	
95%的均值置信区间				
下限	8.40	8.09	7.71	
上限	8.70	8.53	8.22	
F 值				7.61
自由度				2.
显著度				0.001
非制度化方式（n）	1618	709	496	
均值	13.07	13.26	12.98	
标准差	4.56	4.61	4.82	
95%的均值置信区间				
下限	12.85	12.92	12.55	
上限	13.29	13.60	13.40	
F 值				0.622
自由度				2
显著度				0.537

（六）事业单位的特殊性

一个明显的区别之处在于，那些在基本模型中显著存在的政治身份、权力地位和个人特征对资源获取的影响仍然存在，但政治身份和某些个人特征对收入的影响，在事业单位中不再存在。对事业单位专门的分析表明，政治面貌和工龄、性别等因素对事业单位中的收入都不具有显著影响。事业单位显示出了某种特殊性。

按照国家的管理体制，事业单位大多数属于非营利性的单位组织，它们主要分布在除党政机关、社会团体和社区管理性结构以外的“教育、文化艺术及广播电视业”“卫生、体育和社会福利事业”

以及“农、林、牧、副、渔业”等。[1]这些事业单位一方面直接受到国家有关党政机构的管理，国家向它们提供“行政事业费”作为其资金基础，因而与企业组织相比较，它们与国家机构有着更为密切的关系；另一方面，它们多数是专业性机构，从事专门的技术性工作，因而不仅事业单位本身带有很强的专业技术特征，而且其中的成员也具有较高的教育和专业技术水平。经济体制和国家管理体制的改革，使得事业单位也具有了某种程度的自主权，开始逐渐面对一定程度上的市场化环境。在这种情况下，特殊的行业特征和人员结构有可能削弱例如政治面貌这样的政治身份、工龄或者性别这样的“自然”特征对收入的影响。作为一类单位组织的事业单位，其“资源”分配的基本机制和其他单位组织相比，没有出现本质性的变化。但是，国家控制的放松和生存环境的相对市场化，造成了不同单位在收入上的较大差别，收入在各种单位组织中已经成为单位基本上可以自行分配的“资源”，因而收入在不同单位组织中的分配机制也就有可能出现差别，这种差别取决于单位自身的特点。我们在事业单位中看到的差别是：行政级别等因素仍然是影响收入的重要因素，但政治面貌和属人“自然”拥有的工龄和性别等，已对收入丧失了意义。而政治面貌在党政机关和企业单位中仍是影响收入的重要因素，工龄和性别在企业单位中、工龄在党政机关中仍是影响收入的重要因素。

事业单位另一个特殊性在于，不存在收入和相对剥夺感之间的相关关系，而在党政机关和企业单位中，二者之间则存在显著的相关关系。我们无法直接判断这是由于什么原因造成的，但一个可能性是，在事业单位中，人们的收入在一定程度上取决于他具体的专

1　全国基本单位普查办公室编，《中国第一次基本单位普查简明资料》，北京：中国统计出版社 1998 年版。

业性工作岗位。因而人们的相对剥夺感更多地转移到对那些岗位或位置的争夺上，而收入不过是这些岗位或位置的反映。例如，人们可能对职称的评定有强烈的相对剥夺感，但具有一定职称获得相应收入可能被认为是理所当然的结果。

改革开放之后，国家的管理精英已经在很大程度上实现了人员更替，其中一个突出的表现是大批拥有"文化资本"的人进入国家的管理部门。因此，在党政机关中传统较高的政治身份加上大量具有较高教育水平的人进入，造成了政治面貌与教育水平不再存在显著的相关关系。但是在其他类型的单位组织中，则表现为政治面貌这种政治身份越高，其教育水平有可能越低。

但是，造成这种特殊性的原因之一，在很大程度上并不是因为教育在现代化发展中具有越来越重要的作用，而在相当程度上是社会背景变化导致人们地位结构和地位获得机制变化的结果。与具有世代更替意义的制度化结构变化相关，"学历"逐渐成为一种"地位资本"，一种社会成就，同时也是社会地位的标志。将这种受教育程度称为"文化资本"而不是简单地称为文化水平，正是因为其社会意义的上升具有多方面的含义，除发展的因素外，在很大程度上还是因为在社会的制度性转型过程中，"学历"日益表现出社会结构再生产的功能，因而成为构成权力或影响力的基本因素。[1]与社会背景的变化结合在一起，"教育水平"成为获得一定支配性社会地位的条件。因此，中国早早进入了"学历社会"，特别是在党政机关中。

性别在党政机关中，对人们的收入获得也不具有显著的相关关系。在党政机关和事业单位中，影响收入获得的因素主要是本人级别、工龄等因素。就这一点与企业单位相比，可以算作一个进步。

1　布尔迪厄，《文化资本与社会炼金术》，上海：上海人民出版社 1997 年版。

四

对不同所有制单位分别进行分析，结果表明，在不同所有制的单位中，基本的依赖关系和变量之间的关系大致相同。但是，在不同所有制的单位组织之间也表现出一些有意义的差别。这些差别进一步证明了单位组织的特征。

有关不同所有制单位间差别的数据体现出的一个基本趋势是，单位组织的特征随着所有制的不同而有所降低。严格说起来，那些非国有集体单位已经不再是本来意义上的“单位组织”了。在这些组织中，仍然存在着某种依赖结构，但这种依赖结构已经丧失了国家政治统治和行政控制的特征。在国有和集体单位组织中，由于它们同国家的不同关系，因而在单位体制中表现出不同的地位特点，国有单位在很多方面仍然占有优势，因而更多地保留着单位组织的特点，而集体所有制单位组织则处于某种劣势地位，与国有单位和非国有集体单位相比较，处境“尴尬”。

（一）资源与不同所有制单位

在不同的所有制单位之间，人们的资源占有存在着显著差别（表 5-19）。

表 5-19　资源与不同所有制单位

	非国有集体单位	集体单位	国有单位
资源（n）	217	442	1650
均值	52.38	49.83	54.30
标准差	12.74	13.09	12.25
95%的均值置信区间			
下限	50.68	48.61	53.72

（续表）

	非国有集体单位	集体单位	国有单位	
上限	54.09	51.05	54.90	
F 值				23.08
自由度				2
显著度				0.000

在上述这组数据中，值得我们注意的是，并非非国有集体单位的人获得的资源最少，而是集体单位中获得的资源最少（均值＝49.83），分别考察不同类型资源获得，情况同样如此。之所以出现这种结果，应该与集体所有制单位的特殊地位有关系。

即使在传统国家社会主义社会中，集体所有制单位就属于社会主义公有制的低级形式。无论在单位的社会地位上，还是在国家分配社会资源的体系中，它都处于较低位置。改革开放之后，城镇集体所有制单位同国有单位一样，也获得了一定程度上的经营自主权，但是同样，这种自主权是有限的，它们依然受到“上级主管部门”或政府的各种直接干预，如“人事任免权”的干预。随着向市场经济转型和经济体制的改革，它们逐步陷入一种“尴尬”境地。与国有单位相比较，集体单位往往规模小、设备陈旧、人员素质不高，因而更难适应不断扩展和变化的市场；国家的资源分配和为体制改革所支付的成本，更多地倾向于国有大中型企业，大多数中小型集体单位受到忽视；与非国有集体单位相比，它们更多带有传统体制的特征，更多地受到国家或政府的控制，因而在运行机制上也远未完成向市场机制的转换。上述原因造成了多数集体单位与国有单位和非国有集体单位相比，其资源获取可能更低。

（二）不满意度、相对剥夺感与不同所有制单位

也许是因为中国已经逐步向市场经济过渡，同时由于非国有集

体单位的发展，从单位所有制的角度来看，不满意度在不同所有制之间没有显著差别（表 5-20）。F 检定的结果表明，在不满意度与单位类型的 Anova 表格中，F 值为 2.78，显著度为 0.062，小于在显著度为 0.001、0.01 和 0.05 状态下的 F 值 6.91、4.60 和 2.99，说明在上述任何一种显著度水平的情况下，这里的虚无假设都不能被否定。

表 5-20　不满意度与不同所有制单位

	非国有集体单位	集体单位	国有单位	
不满意度（n）	250	515	1962	
均值	49.13	49.77	48.93	
标准差	9.90	9.45	9.43	
95%的均值置信区间				
下限	46.89	48.93	48.51	
上限	49.36	50.62	49.35	
F 值				2.78
自由度				2
显著度				0.062

但是，在对机会、工作条件和社会的不满意度上，不同所有制单位之间还存在着一定的差别。总的来说，集体所有制单位在上述三项中，其不满意程度都是最高的（均值 = 17.32），这与它们的地位和困境有直接关系；其次是国有单位，它们往日至高无上的地位已经受到越来越严重的威胁，因而也有较高的不满意程度。非国有集体单位的不满意度是最低的（均值 = 16.73），尽管它们还没有完全或真正的合法性地位，但毕竟改革给了它们生存和发展的机会（表 5-21）。F 检定的结果表明，在机会、工作条件和社会的不满意度与单位所有制的 Anova 表格中，F 值分别为 3.29、4.35 和 4.20，显著度也分别为 0.037、0.013 和 0.015，均小于在显著度为 0.001 和 0.01 状态下的 F 值 6.91 和 4.60，大于在显著度为 0.05 情况下的 F 值 2.99，说明在显著度为

0.001 和 0.01 的情况下，这里的虚无假设不能被否定，而只有在显著度为 0.05 的情况下，我们的研究假设才能被肯定。

表 5-21　不满意度的不同方面和不同所有制单位

	非国有集体单位	集体单位	国有单位	
对机会的不满意度（n）	258	538	2034	
均值	16.73	17.32	16.92	
标准差	3.65	3.73	3.60	
95%的均值置信区间				
下限	16.28	17.01	16.77	
上限	17.18	17.64	17.08	
F 值				3.29
自由度				2.
显著度				0.037
对工作条件的不满意度（n）	276	580	2184	
均值	12.15	12.77	12.60	
标准差	2.98	2.88	2.87	
95%的均值置信区间				
下限	11.80	12.53	12.48	
上限	12.50	13.00	13.00	
F 值				4.35
自由度				2
显著度				0.013
对社会的不满意度（n）	277	564	2145	
均值	16.32	16.93	16.51	
标准差	3.64	6.46	3.44	
95%的均值置信区间				
下限	15.89	16.65	16.36	
上限	16.75	17.22	16.65	
F 值				4.20
自由度				2
显著度				0.015

在有关相对剥夺感的数据中，集体所有制单位的相对剥夺感程度也是最高的（均值＝28.90），其次是国有单位，非国有集体单位都是最低的（表5-22），集体所有制单位的成员完全有理由表现出最高的不满意度和最强烈的相对剥夺感，尽管不满意度在不同所有制单位之间的差别显著性并非很高。从差异的显著性上看，相对剥夺感的显著性远远高于不满意度。

表5-22　相对剥夺感与不同所有制单位

	非国有集体单位	集体单位	国有单位	
相对剥夺感（n）	271	563	2148	
均值	27.48	28.90	28.35	
标准差	4.36	4.84	4.51	
95%的均值置信区间				
下限	26.95	28.50	28.16	
上限	28.00	29.30	28.54	
F值				9.04
自由度				2
显著度				0.000

（三）依赖与不同所有制单位

对不同所有制单位的人的依赖性分析表明，在不同所有制单位之间，人们的依赖行为不存在显著的差别。但是，从数据表现出来的一定趋势看，这种趋势与不同组织的所有制性质和中国社会的转型有一定关系（表5-23）。F检定的结果表明，在依赖与单位所有制的Anova表格中，F值仅为0.934，显著度为0.393，远远小于在显著度为0.001、0.01和0.05状态下的F值6.91、4.60和2.99，说明在上述任何显著度水平的情况下，这里的虚无假设都不能被否定。

表 5-23　依赖与不同所有制单位

	非国有集体单位	集体单位	国有单位	
依赖（n）	233	466	1825	
均值	66.73	68.16	68.07	
标准差	15.35	13.82	14.57	
95%的均值置信区间				
下限	64.75	66.90	67.40	
上限	68.71	69.42	68.74	
F 值				0.934
自由度				2
显著度				0.393

从表 5-23 中可以看出，相对来说，在集体单位中人们的依赖性最高，而且国有单位和集体单位的均值与非国有集体单位的均值之间相对有较大的差距。需要说明的是，在“非国有集体单位”的分类中，包括私营、三资企业和联营企业（单位），而那些三资企业和某些联营单位在 20 世纪 90 年代可能向其成员提供了更多的各种资源，甚至超过了国有单位。在社会转型所造成的普遍压力下，这些单位所提供的资源对于人们来说具有更为重要的意义，这些单位也成为人们普遍追求的工作单位。有可能是由于这种因素的影响，造成了在不同所有制单位之间依赖性没有统计上的显著差别。

（四）权力与不同所有制单位

模型 2 曾经告诉我们，在单位中，影响资源获取和分配的一个重要因素是人们在单位中的权力地位，这一权力地位主要指人们对单位中各项事物决策的参与程度。对人们在不同所有制单位中的权力地位的分析表明，它们之间不存在显著差别。一方面，权力地位是影响资源分配的重要因素；另一方面，在不同所有制的单位内，权力结构大致相同（表 5-24）。F 检定的结果也表明，在权力、权力期望与单位所有制的 Anova 表格中，F 值分别为 2.65 和 2.72，显著度为 0.071 和 0.066，均小于在显著度为 0.001、0.01 和 0.05 状态下的 F 值 6.91、4.60 和 2.99，说明在上述任何水平显著度的情况下，这里的虚无假设都不能被否定。

事实上，所有制并不完全是造成人们在单位组织中不同权力地位的主要因素。正如人们越来越多地感觉到的，即使在国有单位中，权力也是掌握在少数人手中，而且越来越向少数人集中。一些权威性的调查表明，在国有单位中，领导层和管理层以及普通职工之间的矛盾几乎已经成为单位组织中的主要矛盾。[1]

表 5-24 权力、权力期望与不同所有制单位

	非国有集体单位	集体单位	国有单位	
权力（n）	228	480	1952	
均值	24.28	23.60	24.05	
标准差	7.20	6.51	6.64	
95%的均值置信区间				
下限	23.89	23.01	23.76	
上限	25.76	24.18	24.35	
F 值				2.65
自由度				2
显著度				0.071
权力期望（n）	229	470	1889	
均值	34.01	32.57	33.35	
标准差	7.78	8.68	8.11	
95%的均值置信区间				
下限	33.00	31.79	32.99	
上限	35.02	33.36	33.72	
F 值				2.72
自由度				2
显著度				0.066

1 中华全国总工会，《走向社会主义市场经济的中国工人阶级—— 1992 年全国工人阶级队伍状况调查文献资料集》，北京：中国工人出版社 1993 年版。

（五）资源获取方式与不同所有制单位

获取资源的方式，在不同所有制单位中有着显著的差异。但是，特别有意义的结果是，制度化方式的取向在国有单位中是最低的，而非制度化方式的取向在国有单位中最高，其均值排列顺序依次为非国有集体单位、集体所有制单位、国有单位（表 5-25）。F 检定的结果也表明，在资源获取的制度化方式与单位所有制的 Anova 表格中，F 值为 23.66，大大高于在显著度为 0.001 状态下的 F 值 6.91，说明我们的研究假设可以被肯定；在获取资源的非制度化方式与单位所有制的 Anova 表格中，F 值为 4.09，显著度为 0.017，小于在显著度为 0.001 和

表 5-25　资源获取方式与不同所有制单位

	非国有集体单位	集体单位	国有单位	
制度化方式（n）	265	496	2047	
均值	9.03	9.05	8.17	
标准差	3.38	3.05	2.91	
95%的均值置信区间				
下限	8.63	8.78	8.05	
上限	9.44	9.32	8.30	
F 值				23.66
自由度				2.
显著度				0.000
非制度化方式（n）	262	495	2069	
均值	12.32	13.16	13.18	
标准差	4.75	4.63	4.58	
95%的均值置信区间				
下限	11.74	12.76	12.98	
上限	12.90	13.57	13.38	
F 值				4.09
自由度				2
显著度				0.017

0.01 状态下的 F 值 6.91 和 4.60，大于在显著度为 0.05 情况下的 F 值 2.99，说明在显著度为 0.001 和 0.01 的情况下，这里的虚无假设不能被否定，而只有在显著度为 0.05 的情况下，我们的研究假设才能被肯定。

实践也同时证明，在那些非国有集体单位中，由于产权相对明晰、市场化程度相对较高，因而以制度化方式作为获取资源方式的倾向较为明显。与我们在前面讨论资源获取方式在单位组织中的意义一致：单位组织的基本性质和特征，决定了各种非制度化方式的盛行。一个看起来是非常制度化的组织，实际上人们的行动带有强烈的非制度化特征。

（六）集体所有制单位的特殊性

由于集体所有制单位的特殊地位，一些在国有单位中具有显著作用的个人特征在集体所有制单位中丧失了意义，例如，政治身份（政治面貌、行政级别）在某些方面的作用。在集体所有制单位中，政治身份同国有单位中一样，是影响资源获得的显著因素，但不同的是，政治面貌、行政级别与收入之间丧失了显著的相关关系。由于集体所有制单位在国家统治体系里的地位，其政治统治和行政性管理的性质有所降低，在改革开放后的中国，其面对的经济环境更加市场化，因而政治身份的作用也有所降低。

关于单位的组织特征变量，我们同样应该对中国社会已经发生的变化给予充分的重视。本书作者之一在 1988 年进行的有关社会分层的调查中，发现单位变量特别是单位的行政级别等变量对个人社会地位和社会资源的占有具有重要影响。[1] 但是，本书作者在以后的

1　李路路、王奋宇，《当代中国现代化进程中的社会结构及其变革》，杭州：浙江人民出版社 1992 年版。

论文以及在本书第一章的分析中，曾经多次指出，随着中国社会向市场经济体制的转型，以及单位组织自主性的增长，原有的单位体制逐渐开始松动。国家尽管在根本上还保持着对单位组织的控制权力，但单位组织所占有的资源来源逐渐开始多元化，也就是说，除了来自国家通过各种方式“分配”以外，市场已经成为重要的来源之一。在再分配经济和市场经济同时存在的“混合经济”中，社会资源配置的机制也将是混合的，至少是二重的。那些在国家行政体系中处于较高位置的单位组织，依然可以凭借这种地位较多地获取所需的资源，以至于与其他获取资源的方式相比，这种方式是比较成本最低的。某些单位组织还可以利用国家行政权力，为自己“制造”它们甚至在再分配经济时代都无法获取的资源。但是，人们绝不应该忽略的是，与仅存在单一再分配经济资源配置机制相比，市场机制参与到社会资源分配中来具有重大意义，其他资源分配机制的出现并在社会中发挥作用，意味着再分配经济的资源分配机制在社会资源分配中的意义有所下降，意味着在过去无所不在的国家权力之外，开辟了新的获取资源的渠道。

在传统国家社会主义社会中，那些在国家行政等级体制中处于较低地位的单位组织，或其他非单位组织，同时在社会资源的分配中也处于较低位置，而且它们无法自己改变这种状况。市场机制在社会资源分配中发挥作用，为这些组织提供了新的资源获得渠道。这种变化的意义不仅在于使得单位体制开始松动，而且使得单位地位的模式和个人社会地位的获得模式都发生了极大变化。

第六章　单位组织与单位制度

在第二章到第五章中，我们以大量数据为基础，对单位内的基本关系以及各种因素在单位组织中的作用进行了分析。现在，我们有必要在数据分析的基础上，对中国城市社会里单位组织中的社会关系作一总体分析。

一

单位组织是在国家社会主义体制中，国家占有大量社会资源的情况下，所形成的一种特殊的社会组织。这样的社会组织对于个人来说，不是一个单纯的工作场所，也不是一个单纯的收入来源，而是一种特殊的社会组织，这种社会组织通常具有三种社会功能，即政治统治功能、社会资源分配功能以及专业化功能，在国家社会主义社会中构成国家统治的基本结构或工具。

单位组织，特别是其中占绝大多数的企业和事业单位组织，都具有特定的专业化或社会分工的功能，即它们存在的理由之一，是为了实现一定的社会生产、流通、文化、研究和教育的目标。在这一点上，它们和其他社会中的大多数社会组织一样，没有区别。如果说在传统国家社会主义社会中，多数单位组织的这一特征往往为其他特征所遮盖的话，那么在中国社会开始改革开放并向市场经济逐渐转轨之后，已经越来越突出地显露出来。整个社会的市场化程度以及单位组织自主权的提高，使得它们与国家的关系逐渐从过去完全行政式依赖和控制转向有限度的依赖和控制，经济环境的市场化因素更多地逐渐渗入各种单位组织之中。正是因为看到了单位组织的这种变化，很多人认为单位组织在中国城市社会中已经不复存在。但是，这一结论对于中国社会中所发生的变迁过于乐观了。

在传统国家社会主义社会中，单位组织不仅是一个专业化的功能性组织。当国家占有大部分社会资源时，单位组织同时还是国家分配社会资源的工具，或者如有的研究者所说的那样，是再分配经济下分配资源的工具。（李猛等，1996）国家对资源的占有并不是国家占有资源的最终目标。国家将按照与市场机制不同的机制，利用国家高度集中的行政组织以及直接附属于这些行政组织的各种单位组织，在整个社会中对资源进行配置，从而实现国家发展的目标。因此，单位组织在作为一个专业化功能组织的同时，还是一个国家分配社会资源的组织形式。国家按照行政式的控制和分配机制，将自己所掌握的资源和社会剩余集中起来，分配至各种各样的单位组织，并通过这些单位组织将资源分配到个人。这就是说，作为个人在单位组织中所获得的资源，在本质上是国家通过单位组织分配的结果，因而个人所获得的资源在本质上取决于国家和单位组织，而不是市场的环境和机制作用的结果。

更为重要的是，当国家占有大部分社会资源并通过单位组织进行分配直至分配到个人时，国家此时将韦伯所说的两种最基本的权力——国家行政权力和财富权力紧密结合起来，从而在整个社会中占据了绝对的统治地位，拥有了几乎是绝对的社会权力。单位组织不仅是国家分配资源的基本形式，而且同时也获得了国家统治结构的基本性质。即是说，单位组织的存在依赖于国家的资源分配，而个人的存在依赖国家和单位组织对资源的分配。这种基本关系，在中国的城市社会中产生了一种独特的依赖结构：单位组织依赖于国家，个人依赖于单位组织。

通过这种单向的依赖结构，国家将整个社会有效地控制起来，从而实现对社会的统治。单位组织作为国家统治机器的一个直接组成部分，代表国家（有时直接以国家的名义出现）占有社会资源，承担起国家的责任，并拥有国家赋予的权力，掌握着资源分配的基本手段。单位组织既掌握着社会资源，同时又是以国家的名义或者代表国家掌握着这些社会资源，因而可以有效地对社会和个人行使统治。在中国社会向市场经济的过渡过程中，单位组织自主权和市场化的发展，使得单位组织的这一根本性质变得有些模糊起来，好像单位组织已经成为一个相对独立的社会组织，对自己的行为有着充分的决定权，但这只不过是在一定限度内的变化。社会资源的基本分布情况没有根本改变，由此而形成的基本社会关系就不会有根本改变。

不能否认的是，随着中国经济体制和政治体制改革以及中国经济的不断发展，传统国家社会主义社会中那种资源分配体制和统治体制已经逐步有所变化，所谓“自由活动空间”和“自由流动资源”开始出现并很快发展起来，一些新的组织性要素已经产生并获得了存在合法性。毫无疑义，这意味着，中国城市社区中过去那种单位对国家和上级组织的依赖、个人对单位组织的依赖发生了动摇，国家已无法再像以前那样，借助于这种依赖性结构实现对社会的控制和统治了。

但是，国家在财产权和资源占有权方面，依然保持着强大的力量和势能，至少在“市场成为资源配置主要手段”方面，变革仍然是有限的。

一个基本的事实——国家的资源占有权和财产权，决定了国家依然保持着对单位组织的干预或控制。国家通过单位组织所实现的统治，其基本的统治手段是保持对单位组织的资源占有权、人事任免权，以及通过单位组织分配那些至关重要的社会资源。对这些“组织”来说，它们对其资源或财产的基本权利是国家给予的，它们只是受国家的委托，按照国家意志对这些资源和财产进行管理。国家和政府对资源和财产的权利，使得它们有充分的权力调动和支配国有集体单位的资源和财产。而当国家和政府来行使这种调动和支配资源的权力时，它必然是和行政权力、命令权力结合在一起的。单位组织所具有的权力不是来自它们自身，而是由自己所属的政府部门或上级主管部门的授权形成。因此，单位组织的自主权是一种具有极大“弹性”且无法明确或精确界定的权力。换句话说，它取决于所有者的权力，在这一点上，和其他所有制的所有者权力在性质和表现上没有本质的不同，只不过这个所有者是特殊的，它是国家，因而同时也是整个社会法律和强制力量的最终保障。

由于单位组织生存的基本制度基础没有根本改变，因而单位组织依然保持着很强的政治特征和统治工具特征。这也许是人们至今仍能强烈感觉到的中国单位组织和一般社会组织的根本性差别之一。

对于生活在单位组织中的个人来说，个人可以有不进入单位组织的权利，从而有不接受国家直接控制的可能性。但是，个人的这种“自由”被局限在相对狭小的空间里。对于整个社会来说，国家在财富上的垄断地位或者统治性地位，常常可以使他们借助于在财富市场上的垄断地位，来施加统治的影响，对那些需要满足某些利益的人施加统治，虽然在形式上那些人的服从仅仅是出于自己的利益需要，并且具有“自由的”行动的权利和可能性。中国单位体制的特殊性在于，这些市场上的垄断者同时即是国家或是国家的“组织化”机构，它同时具有国家所特有的命令权力或“权威”。

对于个人来说，他们的“自由行动”往往会受到整个社会结构所施加的外在强制性力量的影响。虽然存在着一定程度的市场化或一定的体制外结构，但居于垄断地位的单位组织和国家，即使不是居于充分的垄断地位，仍然对相当多数的人来说，是一种“迫不得已”的“自由”选择，他们只能选择国家所有的单位组织。这种特定的“依仗利益”的统治和以一定的个人“自由行动”为特征的特征，可以很顺利地逐步转为国家的权威统治，并且可能在很大程度上与原有的行政权力、官僚机构对“下级”统治的权威体制相一致，基本的统治结构没有根本改变。因此，对于相当多的个人来说，他们的利益满足或实现，是“自由地”依赖于单位组织，因为他们只能“自由地”选择单位组织。如果说人们对自己工作单位的依赖在各种社会中都不同程度地存在着，那么，在中国的城市社会中，对于工作单位的依赖，不仅在于依赖的范围和程度远远高于其他的社会，而且更在于，这种对单位组织的依赖同时即是对国家的依赖。单位组织是国家进行统治的组织化结构或手段。

民营、私营、三资企业等组织在整体上的狭小，使得社会的机会结构实际处于一种非常不平衡的状态下。只有小部分人，他们或者具有特殊的机遇，或者占有特殊的资源，才有可能利用新的机会和渠道，改变自己的社会地位，甚至取得相当程度的独立地位。由于单位组织在市场上的垄断地位，更多的人在“市场”上遇到它们的概率要远远大于遇到非单位组织的概率。国家借助于对资源的占有和单位组织分配资源的功能，保留了单位组织以至国家对单位成员从工作到生活各个方面进行“干预”的权力和可能性。

国家的统治通过控制其隶属的单位组织，就能实现对个人的统治，这种统治实现的机制即是单位成员对单位组织的依赖性。在任何依赖的情景中，人们只有通过服从作为代价才能换取资源、利益或机会。在国家和单位组织的关系上如此，在单位组织对单位成员的关系上，同样如此。在改革开放之后，当单位组织依然作为国家进行统治的工具或手段而存在时，相对于国家的行政性命令权力来说，更多得到强调的机制是个人对单位组织的“资源或利益依赖”。

国家借助于这种依赖关系，通过相应的手段控制在单位组织中的资源分配，从而控制了个人对单位组织的依赖行为，在此基础上维持国家对社会的统治关系。

二

使单位成员对单位产生依赖的机制，是他们从单位组织中能够交换到所需的资源。这种单方面的依赖，由于资源供给渠道的有限性，以及所造成的个人社会独立性地位的软弱，而在单位组织中显得极为突出。

资源获得与依赖之间的交换关系，构成了单位成员与单位组织之间基本的关系。个人对单位组织的依赖性，将主要受他们在单位组织中占有的资源、对单位组织的满意程度以及相对剥夺感的影响。基本假设是：单位成员在单位中所获得的资源，以及单位成员对单位的满意度，成为影响其依赖性行为的基本决定因素。人们在单位组织中获取和被分配的资源越多，人们对单位组织的依赖性就越大；人们对单位组织越满意，或者人们在单位组织中的相对剥夺感越高，人们对单位组织的依赖性就越高。

个人因资源而产生的依赖，还受个人对资源提供者的满意度的影响。一般来说，人的动机和行动所具有的主观意义，会对人们相互作用的各种形式产生影响。在交换性的行为中，人们对交易物的满意程度或者喜欢程度，也将对交换行为产生影响。这种交换经常是和理性选择的利益比较和理性选择的利益约束联系在一起的。（Weber，1980: 21ff）在作为一种资源交换行为的社会互动中，人们常常期待着一种报偿，尽管这种报偿一般可能是在未来实现，而且实现的方式无法在目前精确地定义。（布劳，1964: 93）满意程度有可能改变不同资源对交换者的相对价值。

在资源和依赖的关系中，单位所提供的社会保障和教育培训对于一个处于转型期的社会中的个人来说，是相当重要的资源，一方面关系到人们的基本生活质量和生存，另一方面关系到个人适应社会转型以及获得所需资源的能力。因此，人们都将有赖于单位组织满足对此类资源的需求。

单位所提供的福利资源和个人生活及文化生活资源，其多少对单位成员的依赖行为有较大的影响：那些在这些资源方面获取较多的单位成员，对单位的依赖性就较强，获取较少的单位成员，其依赖性就较弱。人们对政治资源的依赖性是最低的，人们并不希望，也不需要在这方面依然保持对单位的依赖，或者说受到单位组织的控制。

个人对单位的依赖，主要直接取决于对单位资源的获取和支配，而收入的影响则是间接的。单位对个人来说，绝不仅仅是一个工作场所或者是获得收入的“工作”，而是具有更多的意义。人们进入一个单位组织中，除期望获取收入外，仍然期望获得其他各种所需的资源，如住房等。其次，改革以来所造成的单位组织之间的分化，使得单位组织中的资源分配具有极强的边界性，如在本单位的工龄等限制性条件。收入只是显现的“资源”，而其他资源常常是“隐蔽”的。如果人们对单位组织的依赖仅仅是收入的依赖，单位组织中的依赖关系也就丧失了独特性。没有这种特殊的个人对单位资源的依赖，国家社会主义的统治形式将会发生重大的变化。

单位成员会因自己获取和支配的资源较少而产生不满意感和相对剥夺感，但这种不满意感和相对剥夺感不一定导致对单位依赖性的降低，反而有可能使得这些单位成员对单位组织产生更强烈的依赖，因为他们会认为自己在这一单位组织中还没有获得他们应该获得的资源，而这些资源并非他们在其他单位组织中或者社会上就可以轻易获得的。尽管他们对单位有某种相对剥夺感，但同那些在单位中获取和支配资源较多的单位成员一样，都对单位保持着一定的依赖性。

资源获取和支配多少与相对剥夺感之间没有显著相关关系，但人们在单位中的满意度和相对剥夺感之间则有显著的相关关系。也就是说，人们的相对剥夺感主要直接受满意程度的影响，而不是直接受资源获取和支配多少的影响。满意度通过相对剥夺感影响到人们的依赖性行为。不满意的程度越高，其相对剥夺感就可能越强。相对剥夺感是满意程度的比较结果。人们的不满意度，主要是通过相对剥夺感表现出来。就其对行为的影响来说，相对剥夺感是更直接的因素。

人们对单位的满意度与人们在单位中的资源占有情况有密切的直接相关关系。资源占有越少，人们对单位的不满意度就会越高。资源占有与满意度之间具有显著性的相关关系。

在这个依赖结构中，存在着一个基本的交换关系，即资源和依赖性之间的交换关系。单位人之所以对单位组织保持着依赖性关系，是因为在单位组织中人们可以通过这种依赖获取和占有单位组织提供的各种资源，人们甚至没有因为较强烈的相对剥夺感而摆脱对单位组织的依赖关系。毫无疑问，随着中国社会向市场经济的转型和资源分配的市场化和社会化，人们对单位组织的依赖与传统国家社会主义时期相比，已经有了很大的松动，但是这种松动还远没有达到人们可以自由选择的程度。当人们所需要的社会资源在很大程度上还通过单位组织来进行分配的时候，人们为了获取这些资源，只有以自己对单位组织的服从来交换所需要的那些资源。

这种在中国城市单位体制中资源和依赖之间的交换关系具有特殊性，即第一，交换的全面性，不仅仅收入，单位组织可能提供的资源的全面性，决定了人们交换关系的全面性，由此也决定了依赖关系的全面性，同时也意味着约束的全面性和较少的替代可能性；

第二，交换的强制性，在资源分配市场化程度不高且单位组织之间提供的可分配的资源又存在很大差异的情况下，国家和单位组织所掌握的资源和资源垄断地位，能够强制性地迫使人们依赖并和它们交换资源；第三，最为独特的，是这种交换的政治性，单位组织在本质上是国家政权占有资源的一种“组织形式”，国家政权的统治机构深深地扎根于单位组织之中，国家依然可以通过单位组织贯彻自己的统治意志。因此，单位成员对单位组织的依赖或服从，不仅仅是对一个有优势地位的资源占有者的依赖和服从，同时还是对国家政权的依赖和服从，任何在单位组织中生活的人，都经常会遇到这些有形或无形的国家意志。单位组织的制度和结构特征、决策和行为方式、单位组织内的资源分配等，都因此不同于那些非单位组织。个人和单位组织之间的交换关系转变为对国家的服从。

依赖的形式经常是相同的，但依赖的结构和实质会因制度背景的不同而有本质的不同。

三

如果说人们在单位组织中所获得和支配的资源越多，人们就越有可能依赖单位组织的话，那么，人们在单位组织中的资源获得与支配，主要受到两个因素的直接影响，即人们在单位组织中的权力地位和人们在单位组织中获取资源的方式。

人们在单位组织中的权力越大，人们获取和支配更多资源的可能性就越大。权力和资源之间具有显著的直接相关关系。这应该是一个显而易见的结果。

但是，制度化的资源获取方式与人们的资源获取多少之间没有显著的关系，而非制度化的资源获取方式，则与获取资源的多少具有显著的关系，人们越是多采取非制度化的资源获取方式，就越有可能获得和支配更多的资源。

非制度化的资源获取方式在资源获取中的显著意义，是由单位组织的基本性质决定的。单位组织所拥有的各种资源，从根本上属于国家（政府）所有并最终受到国家的控制。这一性质决定了，单位组织中的资源在权利上不属于任何个人或自然人所有。虽然国家和单位组织制定了一系列规则来规范单位中的资源分配和运作，但是，单位组织的性质导致了如下的可能性：第一，国家（政府）对单位组织的所有和控制在操作化的层面上，正如许多研究已经指出的，常常处于权利主体“虚置”的状态；第二，单位体制中的规范，不仅仅来自组织效益的目标，甚至常常主要不是来自组织效益的目标，而且包括很多政治、社会等国家的目标在内，而依据这些目标所形成的规范又常常很难操作；第三，单位组织中的资源处置权力，主要掌握在单位组织中处于权力地位的人手中，谁占据了这种地位，谁就实际上具有了代表国家支配整个单位中资源分配的权力；第四，中国社会向市场经济的转变，使得单位组织获得了一定程度上的自主权，国家对单位组织中的资源分配控制已经逐步放松，单位组织中资源分配主要在单位内部进行，因而将取决于人们在其中的权力地位，以及单位成员之间的相互关系；第五，上述四个特点决定了，在缺乏明确约束的情况下，获取资源的制度化方式和非制度化方式在成本收益上的比较，会驱使人们更多地选择非制度化的方式。与制度化方式相比较，非制度化方式以特殊性“关系”为主要特征，替代性较低，可能比较稳定，同时无须更多的人力资本的投资，不受严格的监督与考核。因此，如果两种资源获取方式同时存在的话，随着时间的推移，选择的天平也会逐渐倾向于非制度化的方式。

不同的资源获取方式会导致权力和资源之间关系的变化。在单位组织中，权力地位是影响资源大小的重要因素，但单位组织中制度化的权力结构，与非正式结构或者社会关系网络并存在组织中。社会关系网络对于获取组织资源的作用，取决于组织结构、制度环境、组织外部关系等多种因素的影响。

单位成员的政治面貌、行政级别以及工龄，对他们在单位组织中获取资源都具有显著作用，但是，人们的教育水平，则对资源获得没有显著作用。政治身份在资源获得中的重要作用，与单位组织的政治统治性质相一致，而这种政治统治功能会在一定程度上排斥教育在地位获得过程中的意义。

在中国的单位组织中，权力的意义超出了组织结构中的一个“位置”这样的概念。人们在单位组织中的权力地位，不仅是组织行动的需要，而且具有较强的政治涵义和意识形态的意义。单位成员本人的行政级别越高，人们获得较高权力地位的可能性就越大；如果单位人是中共党员的话，就比其他人更有可能获得较高的权力地位；单位人的工龄越长，获得更多权力的可能性就越大；但是，单位人的教育水平高低则与人们的权力大小没有显著关系。

单位中政治身份与权力地位的关系，充分体现了单位组织的政治统治功能。在单位体制中，人据有的地位，包括实际支配和处置资源的权力和获取资源的权利，都和人们在国家统治体系中的位置相联系。中共党员的身份，构成了取得这种地位的基本前提，实际支配和处置国家资源的权力，与直接体现权力的行政级别有着更为紧密的联系。而教育水平再一次显示出对权力获得不具有显著作用，则是对单位组织特征的一个极好旁注。因此，更进一步的分析表明，中共党员获得较高行政级别的可能性要大于非党员的单位成员；而那些行政级别越高的人，其教育水平越低的可能性就越大；那些非党员的单位成员的教育水平要高于具有党员身份的人。

单位组织中的上述关系，从国家和个人行动两个方面揭示了单位组织中的依赖性结构。首先，人们在单位组织中的权力地位，是由国家赋予的，当国家来选择由什么人管理和实际处置国家资源时，对国家的“忠诚”和其他政治标准将占主导地位。其次，当国家已经很难再对单位组织中的资源分配给予或维持原有的那种制度化方式时，而在单位组织边界内的资源分配的制度化方式还需要一个“制度化过程”时，在单位体制的“科层制”受到破坏、单位组织中又不存在真正市场的情况下，各种非制度化的方式，特别是那些关系网络的形式，就成为人们获取资源、维持利益的基本选择。

四

人们对单位组织的满意程度和相对剥夺感等主观因素，对人们的依赖行为有重要影响。在一定意义上可以说，满意度和相对剥夺感是一种潜在的行为可能性，就像蕴藏着巨大能量的火山一样。一旦爆发出来，有可能引发更为激烈的行动。

人们在单位组织中的收入对人们的相对剥夺感具有显著的影响：人们在单位中的收入越低，其相对剥夺感的感觉就会越强。随着中国向市场社会的转型，收入差距将对人们的行为产生越来越大的影响。

政治身份“较高”的单位成员，其权力地位和资源占有都高于其他人，因而他们的相对剥夺感自然要低于其他人。那些相对剥夺感高的人仍然对单位组织保持较高的依赖性，在这里找到了部分的说明，即他们一般是那些政治身份比较低的人，在任何单位组织中，他们都可能无法获得较高的权力地位和较多的单位资源，因而他们只能依然依赖自己的单位。寻求资源替代的可能性对他们来说同样较低。如果他们离开自己所在的单位，有可能丧失更多的既得利益。

那些相对剥夺感较低的人，是那些政治身份较高、权力较多、获取和支配资源也较多的单位成员，他们的既得利益促使他们倾向于采用制度化的方式来维持已获得的资源，不希望被其他人采用非制度化方式予以剥夺。但是，对于那些政治身份较低、权力较小、因而获取和支配资源也同样较少的人来说，不仅单位组织的特性为人们以非制度化方式获取资源提供了可能性，而且采用制度化方式获取资源也提高了成功的难度，至少与非制度化方式相比，其“成本”和难度都可能提高。因此，他们更倾向于采取非制度化的资源获取方式。如果他们一旦获得了较高的权力地位，占有了较多的资源，他们又会变得倾向于制度化的方式。

五

一般来说，在传统的国家社会主义再分配经济中，由于国家向个人进行资源分配时，个人自致性的特征，如教育水平等，往往不是主要的标准，因而除了政治上的标准之外，个人的自然特征有可能成为重要的依据，如年龄。同时，正因为社会资源是由国家统一分配的，国家出于意识形态的目标和整个社会的基本制度结构，在面向个人进行资源分配时，维持了相当程度上的平均化。

在单位组织中，人们的年龄越大，其收入就可能越高，其占有的资源就有可能越多，权力也就越大。但是，在年龄与满意度和相对剥夺感之间不存在直接的显著关系。因此，年龄更多是作为单位对各种资源（包括收入）进行分配的一个重要依据发挥作用，它对主观态度的影响，将通过单位人对资源占有、收入高低、权力大小等起作用。

六

中国社会不仅是一个高度“组织化”的社会，而且是一个高度

"单位化"的社会。在这个意义上，单位组织在个人社会地位、个人对社会资源的占有和国家对社会资源的分配中，都成为极其重要的决定因素，成为理解中国社会、理解中国社会分层结构和机制不可缺少的"中介环节"。在一定的意义上可以说，人们的"单位身份"将对个人社会地位、社会资源获得以及对社会分层体系具有重要意义。在单位体制下，国家主要是根据单位所有制、单位类型和单位级别将大量的单位组织区分开来，以确定这些单位组织在国家统治体系和资源分配体系中的位置。

对不同级别单位组织的分析表明，单位组织的基本依赖结构在不同级别单位中依然存在，没有根本的变化。但是，不同的单位组织，在资源占有上存在着显著的差异。在级别较高、党政机关以及全民所有制的单位工作的人，占有更多的资源，而在企业、级别较低以及集体所有制单位中工作的人，则占有相对较少的资源。

资源在不同单位组织之间的分布，充分表现出单位组织的基本性质。不同单位组织占有的资源，是按照它们在国家统治体系中的地位、与国家权力中心的距离而决定的。

在传统国家社会主义社会中，单位级别曾经是一个严格的结构性变量。单位自主权的扩大和整个社会环境的市场化，使得原有的单位级别的制度陷入混乱。但是，在国家分配资源的体制下，单位组织的等级位置仍然是决定单位地位的一个重要变量，它和一定的权力与机会联系在一起。单位级别越高，人们获得的资源就越多。一方面，单位级别越高，意味着越靠近国家资源分配的权力中心，获得国家分配资源的可能性就越大；另一方面，单位级别越高，意味着单位本身具有更大的权力，或者作为国家资源分配的一个中间环节，通过向下继续分配资源而获利，或者利用自身的权力地位获得更多的资源。

集体所有制单位在资源占有上处于明显的劣势地位。即使在传统国家社会主义社会中，无论在单位的社会地位上，还是在国家分配社会资源的体系中，集体所有制单位都属于社会主义公有制的低级形式。改革开放之后，城镇集体所有制单位同国有单位一样，获得了一定程度上的经营自主权，但是同样，这种自主权是有限的，它们依然受到“上级主管部门”或政府的各种直接干预，随着向市场经济转型和经济体制的改革，它们逐步陷入一种“尴尬”境地：与国有单位相比较，集体单位往往规模小、设备陈旧、人员素质不高，因而更难适应不断扩展和变化的市场；国家的资源分配和为体制改革所支付的成本，更多地倾向于国有大中型企业，大多数中小型集体单位受到忽视；与非国有集体单位相比，它们又更多地带有传统体制的特征，更多地受到国家或政府的控制，因而在运行机制上也远未完成向市场机制的转换。

与不同单位占有不同资源的情况相联系，人们对单位的不满意程度也因单位级别、单位类型和单位所有制不同而有显著的差异。级别高的单位以及党政机关和事业单位的成员，对单位组织的不满意程度较低，但集体所有制单位的成员其不满意程度高于其他所有制单位。

特别应该指出的是，企业单位的成员对于单位的不满意程度最高。由于企业单位在国家再分配经济体制中的权力和社会地位最低，而且中国城市经济体制的改革，首先从企业单位开始，因此，企业单位更多地陷入困境。与企业单位的情况形成鲜明对照的是那些事业单位和党政机关，自主权给了它们以过去所没有的更大权力。企业单位由过去所享有的政治地位（虽然在很大程度上是名义上的）和改革开放初期所获得的各种资源，随着事业单位和党政机关的变化以及体制外经济的发展，日益显得黯淡无色。与事业单位和党政机关相比较，同是国家体制，但下岗、失业、丧失劳动保障等厄运更多地落到企业单位头上。

不同的资源获取方式在不同所有制单位中有显著的差别。制度化的资源获取方式依次按照非国有集体单位、集体所有制单位、国有单位而逐渐减弱，表明了单位特征依所有制的变化而显露出来。

关于单位的组织特征变量，我们同样应该对中国社会已经发生的变化给予充分的重视。随着中国社会向市场经济体制的转型，以及单位组织自主性的增长，国家尽管在根本上还保持着对单位组织的控制权力，但单位组织所占有的资源来源逐渐开始多元化。在再分配经济和市场经济同时存在的“混合经济”中，社会资源配置的机制也将是混合的。那些在国家政治统治体系中处于较高位置的单位组织，依然可以凭借这种地位较多地获取所需的资源，某些单位组织还可以利用国家行政权力，为自己“制造”它们甚至在再分配经济时代都无法获取的资源。但是，人们绝不应该忽略的是，与仅存在单一再分配经济资源配置机制相比，市场机制参与到社会资源分配中来具有重大意义，其他资源分配机制的出现并在社会中发挥作用，意味着再分配经济的资源分配机制在社会资源分配中的意义有所下降，在过去无所不在的国家权力之外，新的获取资源的渠道开始发展，那些在国家行政等级体制中处于较低地位的单位组织，或其他非单位组织，有可能利用市场机制获得所需要的资源。这种变化的意义不仅在于使得单位体制开始松动，而且使得单位地位的构成模式和个人社会地位的获得模式都发生了极大变化。

七

理解单位组织中的基本关系、理解各种社会因素在单位组织中的作用、理解社会成员在单位组织中的行为特点，都必须将单位组织置于整个社会的制度环境中。组织本身就是一种制度。

单位组织中的依赖结构，是单位组织依赖国家、个人依赖单位组织的一个部分。在整个社会按照国家社会主义的原则组织起来的时候，单位组织就成为国家进行统治和分配资源的结构和工具。造成整个社会依赖结构的基本原因是国家控制了几乎全部社会资源，同时，整个社会朝向赶超性的现代化努力。中国社会的“市场过渡”使得这两个基础发生了变化，但社会所掌握的资源还远未到保证社会相对独立的程度，而朝向现代化的努力比以往任何时候都更为迫切。因此，国家的权力在整个社会中依然具有强大的地位。在国家所控制的资源范围内，国家统治和控制社会的方式已经有所变化，但根本的机制没有改变；在国家所直接控制的社会资源之外，一个新的社会正在生长，但它们的“自由活动空间”和所掌握的“自由流动资源”相对于国家来说，都还相对弱小，尽管它们已经摆脱了国家的直接控制，但它们仍然在一定程度上依赖于国家（政府），至少在国家或政府的庇护下它们有可能获得更有利的生存和发展条件。

在这种社会资源和社会权力分配的体制背景下，单位组织仍然是国家机器的一个组成部分。不仅因为它的资源、权力和地位取决于国家，更重要的是它是国家存在的基础，即它们构成了国家统治的基础。

因此，在单位组织中，单位成员面对的不是一个单纯的单位组织，而是单位组织以及单位组织背后所站立着的国家。虽然国家和单位组织不再直接以行政命令的方式去统治个人，但国家在资源和权力上的垄断地位，迫使每一个人都将面对它的权力，即使是那些所谓“体制外”的社会组织。正是通过那些各种各样的单位组织，以及国家对资源和权力的垄断地位，国家保证了在巨大的社会转型时期，对城市社会及其社会成员的统治与控制，并保证了那些在单位特征之外的社会组织也对国家和政府具有一定的依赖性。

尽管“向市场过渡”使得单位组织在形式上和一定程度在实质上具备了与其他社会中的社会组织相同的特征，但单位组织的这种根本性质，决定了单位组织中的各种关系和结构不同于其他社会中的社会组织。单位组织的性质来源于它所生存的制度环境。单位成员某种程度上的流动自由、单位组织某些社会功能的减少、非单位组织的发展，都没有从根本上改变国家和单位组织存在的基础，因而也没有从根本上改变单位组织中的关系与单位组织的行为。由于单位体制权力控制重心的下倾，单位组织原子化的趋势越来越明显，单位组织的界限和人员某种程度上的自由流动同时在发展。

当然，我们不会否认，即使在传统国家社会主义那时的单位体制中，在国家和单位组织之间、单位组织和个人之间，都存在着双方的互动。在结构和行动之间永恒地存在着“辩证”的关系。向市场经济的过渡或转型，使得这种互动中过去绝对处于下风的单位组织和个人，其相对地位开始有所提高，因而过去完全单向的依赖关系具有了某种双向的色彩，或者有了某种双向依赖的可能性。但在这种互动关系中优势的一方仍然属于国家和单位组织。

第七章　数据与量表

在这本书里，我们一共制作了 6 个大类的量表和 15 个子量表，用以建立相应的数学模型以及试图说明本书的主题，即中国单位社会中的权力、资源和交换。我们以为，要说明中国单位社会中权力和资源的交换，同时也要说清楚其交换的一个重要对象：依赖。要弄清楚这个交换的社会过程，也必须要说明制度化与非制度化的行为方式对这种交换过程的影响，同时说清楚这种交换所产生的社会后果以及相应的社会心理预期。在一定的程度上，由这种交换所产生的社会后果以及相应的社会心理预期，可以集中地表现为人们对这种交换在政治经济以及社会等诸方面的满意程度，表现为人们是否和在多大的程度上通过这种交换会产生一种相对剥夺的感觉。在这一章里，我们主要是就量表制作的理论思路和技术过程作出解释。在本书中出现的量表和子量表如下（表 7-1）：

表 7-1　量表与了量表一览表

量表	子量表
资源	社会保障和培训资源
	政治资源
	单位福利资源
	个人生活与文化生活资源
依赖	社会保障和培训依赖
	政治依赖
	单位福利依赖
	个人生活与文化生活依赖

（续表）

量表	子量表
满意度	对工作机会的满意度 对工作条件的满意度 对工作社会环境的满意度
相对剥夺感	
权力	权力 对权力的期望
资源获取方式	制度化方式 非制度化方式

（一）资源

吉登斯将资源定义为“capabilities of making things happen”（Giddens，1981: 170）。有些人也将资源理解为某种物质性的或非物质性的财产。例如霍曼斯认为，社会互动和社会行为基本上可以被理解为物质性或非物质性财产的交换。（Homans，1958: 597ff）韦伯将社会互动相应地定义为“交换伙伴之间的利益妥协，通过这种利益妥协，财产和机会被作为相互的报酬而给予”。（Weber，1980: 36）科尔曼则对资源作了更宽泛的理解，资源被认为是那些能满足人们需要和利益的物品、非物品（如信息）以及事件（如选举）。（Coleman，1990）在本文中，我们基本上采取的是科尔曼对资源的定义，即资源是那些可使得人们满足必要且重要的经济、政治、社会以及与此相关的各种需要的东西，在“资源”的概念中，不仅包括非物质性的东西，而且包括韦伯所指出的“机会”，即人们满足自己需求的能力（可能性），以及人们通常所说的“声望”或“荣誉”。韦伯在讨论到一个共同体内部的权力分配时，将身份地位群体和政治组织作为最基本的权力形式，即最基本的资源形式。（Weber，1980）

需要专门说明的是，在我们所使用的“资源”概念中，收入没有被包括在其中，而是作为一个单独的分析变量。在一般的理解中，收入肯定属于一个单位成员从单位中所获资源的重要组成部分，特别是在改革开放以来收入分化的情况下，更是如此。因此，收入应该成为决定单位成员依赖行为的基本因素。在这个意义上，对于其他的社会，包括那些市场经济的社会来说，收入都是决定人们在单位中的社会行为，例如是否对单位依赖的最重要因素之一。但是，这里实际上存在着一个非常重要的前提，即在其他社会，特别是在市场经济的社会中，收入几乎是工作单位给予单位成员唯一的资源，雇员在单位中付出自己的劳动，单位以收入形式付给雇员报酬，一个很简单的交换过程。但是在中国城市的单位社会中，如我们在前面分析过的那样，单位和单位成员的关系却不是这样简单。人们对单位资源的占有和因此而产生的依赖，绝不仅仅局限于收入，有时收入甚至不是最重要的，而是单位所能提供的其他资源，例如住房和某些重要的机会（出国、晋升等）。单位对于个人来说，不仅是一个工作和获得收入的“场所”，对于国家来说，也不仅是一个创造财富和税收的社会单位。这也许是“工作单位”在中国社会和其他社会、包括其他集权主义社会中的最大区别。国家正是通过单位向个人分配各种各样的所需资源，将个人在很大程度上控制起来，从而实现统治的目的。为了将这种区别明显地凸显出来，更是为了探究单位成员对单位的依赖关系以及决定这种依赖关系的特定因素，我们将收入和资源作为两个独立变量区分开来，分别考察它们对个人依赖性行为的影响。资源在我们的研究中，其操作化的形式是人们在单位中已经获得的各种东西。在调查问卷中，我们设计了下列的一个问题：“在下列项目中，您认为单位目前实际在何种程度上对您负责？”我们列举了 23 类项目，分别让受访者判断在这些项目中单位对其是完全负责、大部分负责、小部分负责或者是完全不负责。这 23

项分别是：

1．退休养老	2．医疗卫生	3．因公伤残
4．文化补习	5．技术培训	6．调解纠纷
7．子女上学	8．子女就业	9．住房
10．文体活动	11．政治思想状况	12．计划生育
13．党团组织生活	14．离婚	15．婚姻恋爱
16．工作正常调动	17．休假旅游	18．子女入托
19．食堂	20．澡堂	21．小卖部
22．理发室	23．上下班交通	

通过这 23 项与人们需要和利益直接相关的项目，可以对单位成员在单位中的资源获得或者占有状况作出一个基本评判。下面的七个表格，详细地记述了资源量表以及相关的四个子量表的数学统计过程。表 7-2 是用主成分（Principal Components）分析方法对上述的 23 个变量进行的因素分析。通过因子旋转（Rotated Factor Loading），23 个变量分解为了四个子量表，即单位福利资源量表、政治资源量表、社会保障和培训资源量表以及个人生活与文化生活资源量表。单位福利资源主要包括由单位组织向其成员提供的一些福利项目，如托儿所、食堂、理发室、上下班交通等；所谓政治资源主要是指党团组织生活、政治思想状况、计划生育以及工作调动等；社会保障和培训资源主要包括退休养老、医疗卫生、工作伤害补偿和治疗、住房、文化补习、技术培训等；个人生活与文化生活资源主要是指调解纠纷、子女上学、子女就业、文体活动、结婚与离婚、休假旅游等。表中，各个子量表中的变量紧密相关，其最低值为 0.40 以上，特征值（Eigenvalue）分别为 7.77，2.09，1.57 和 1.29，而且解释了 55.31%的差异。表 7-3 是一个 23 个变量的相关系数的矩阵，表示了这 23 个变量之间在何种程度上的相关关系。表 7-4 到表 7-7 是进一步对所作的四个子量表进行阿尔法（Alpha）

检验。主要是为了检验在去掉子量表中一些变量以后，量表中的均值，Variance 以及 Alpha 在多大的程度上仍然处于一种稳定的状态。子量表中 Alpha 和标准 Alpha 最高的是单位福利资源量表，分别为 0.8432 和 0.8445，其他的依次为个人生活与文化生活资源量表（0.8080 和 0.8117），社会保障和培训资源量表（0.7952 和 0.8052），政治资源量表（0.7014 和 0.7048）。最后一个表格主要是对资源量表的集中趋势，离散趋势以及资源量表值的分布状况的描述（表 7-8）。表中，对集中趋势的分析主要是观察均值、众数和中位数；对离散趋势的分析主要是观察标准差、最小值（Minimum）、最大值（Maximum）和间距（Range）；对资源量表值分布状况的分析主要是从偏斜度（Skewness）和峰态（Kurtosis）的角度来观察其量表的值在多大的程度上处于一种正态分布的状态。从下面的图形表可以看到，当其量表的 Skewness 和 Kurtosis 分别处于 0.583 和 0.531 的时候，这个量表就会处于一种较好的正态分布的状态。通过 Alpha 的检验和计算，资源量表的 Alpha 值和标准 Alpha 值分别为 0.9078 和 0.9087（图 7-1）。

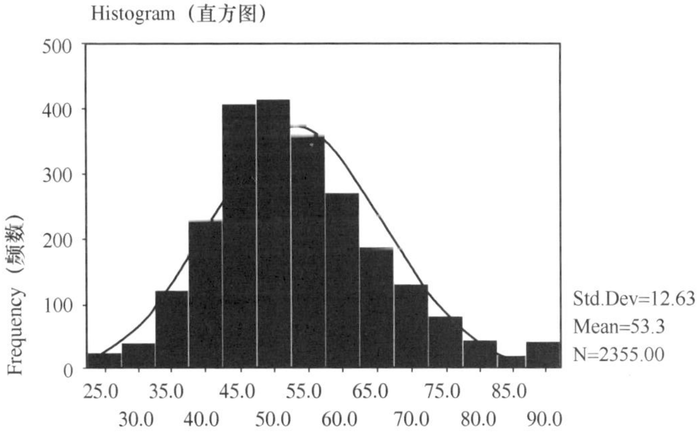

图 7-1　资源量表的正态分布状况

表 7-2　用主成分分析方法对资源量表的因素分析

	Rotated Factor Loading			
	1（社会保障和培训资源）	2（政治资源）	3（单位福利资源）	4（个人生活与文化生活资源）
Item（题项）1	0.769			
Item 2	0.715			
Item 3	0.674			
Item 4	0.575			
Item 5	0.573			
Item 6	0.550			
Item 7		0.717		
Item 8		0.712		
Item 9		0.633		
Item10		0.414		
Item11			0.803	
Item12			0.799	
Item13			0.727	
Item14			0.692	
Item15			0.608	
Item16			0.604	
Item17				0.798
Item18				0.742
Item19				0.613
Item20				0.537
Item21				0.497
Item22				0.457
Item23				0.448
Eigenvalue	7.773	2.089	1.571	1.291
Variance Explained（方差解释）(%)	33.79	9.08	6.83	5.61

Item1 医疗卫生　Item2 因公伤残　Item3 退休养老
Item4 技术培训　Item5 文化补习　Item6 住房
Item7 计划生育　Item8 党团组织生活　Item9 政治思想状况
Item10 工作正常调动　Item11 小卖部　Item12 理发室
Item13 食堂　Item14 澡堂　Item15 子女入托
Item16 上下班交通　Item17 婚姻恋爱　Item18 离婚
Item19 调解纠纷　Item20 子女上学　Item21 子女就业
Item22 休假旅游　Itcm23 文体活动

表 7-3　关于 23 个变量的相关系数矩阵

	1	2	3	4	5	6	7	8	9	10	11	12	13	14	15	16	17	18	19	20	21	22	23
Item 1	1.00																						
Item 2	0.499	1.00																					
Item 3	0.440	0.536	1.00																				
Item4	0.470	0.535	0.513	1.00																			
Item 5	0.482	0.492	0.488	0.718	1.00																		
Item 6	0.376	0.363	0.367	0.412	0.485	1.00																	
Item 7	0.345	0.330	0.302	0.296	0.285	0.249	1.00																
Item 8	0.544	0.388	0.325	0.437	0.412	0.347	0.438	1.00															
Item 9	0.507	0.322	0.338	0.417	0.403	0.359	0.384	0.705	1.00														
Item10	0.378	0.354	0.349	0.339	0.356	0.296	0.437	0.422	0.373	1.00													
Item11	0.308	0.186	0.201	0.238	0.22[illegible]	0.177	0.433	0.309	0.298	0.277	1.00												
Item12	0.322	0.224	0.187	0.304	0.286	0.200	0.401	0.396	0.381	0.339	0.648	1.00											
Item13	0.402	0.356	0.279	0.314	0.300	0.280	0.343	0.356	0.310	0.449	0.275	0.343	1.00										
Item14	0.264	0.158	0.264	0.137	0.176	0.204	0.233	0.215	0.231	0.248	0.154	0.142	0.224	1.00									
Item15	0.288	0.242	0.275	0.221	0.265	0.241	0.252	0.322	0.282	0.337	0.146	0.177	0.289	0.604	1.00								
Item16	0.225	0.179	0.240	0.150	0.147	0.200	0.228	0.199	0.195	0.239	0.126	0.087	0.199	0.521	0.566	1.00							
Item17	0.325	0.280	0.297	0.315	0.320	0.252	0.429	0.450	0.392	0.398	0.221	0.315	0.359	0.298	0.411	0.300	1.00						
Item18	0.325	0.301	0.313	0.278	0.300	0.246	0.461	0.382	0.346	0.378	0.213	0.251	0.318	0.294	0.387	0.347	0.681	1.00					
Item19	0.322	0.298	0.266	0.274	0.284	0.261	0.279	0.376	0.379	0.365	0.111	0.176	0.320	0.295	0.376	0.323	0.368	0.380	1.00				
Item20	0.256	0.224	0.290	0.205	0.227	0.217	0.356	0.260	0.273	0.460	0.237	0.269	0.296	0.303	0.301	0.276	0.355	0.374	0.322	1.00			
Item21	0.185	0.136	0.216	0.057	0.087	0.138	0.202	0.091	0.093	0.146	0.178	0.093	0.070	0.285	0.203	0.211	0.135	0.171	0.128	0.366	1.00		
Item22	0.252	0.176	0.294	0.184	0.207	0.195	0.277	0.173	0.179	0.321	0.241	0.180	0.227	0.309	0.300	0.299	0.312	0.348	0.272	0.587	0.390	1.00	
Item23	0.300	0.240	0.251	0.215	0.208	0.242	0.326	0.243	0.239	0.337	0.303	0.322	0.424	0.300	0.263	0.266	0.300	0.305	0.269	0.381	0.214	0.345	1.00

表 7-4 社会保障和培训资源量表的 Alpha 检验

	Scale 均值 if Item Deleted	Scale Variance if Item Deleted	Corrected Item-Total Correlation	Squared Multiple Correlation	Alpha if Item Deleted
Item 1	13.3403	1.9955	0.5241	0.4130	0.7695
Item 2	13.5682	1.8918	0.6378	0.4991	0.7485
Item 3	13.2054	11.1525	0.5543	0.3930	0.7643
Item 4	14.5134	1.3265	0.5771	0.4997	0.7569
Item 5	14.2054	1.1353	0.5871	0.5051	0.7544
Item 6	14.1853	1.0966	0.4708	0.2268	0.7909

Reliability Coefficients　　6 items

Alpha＝0.7952　　Standardized item alpha＝0.8052

Item1 医疗卫生　Item2 因公伤残　Item3 退休养老　Item4 技术培训
Item5 文化补习　Item6 住房

表 7-5 政治资源量表的 Alpha 检验

	Scale 均值 if Item Deleted	Scale Variance if Item Deleted	Corrected Item-Total Correlation	Squared Multiple Correlation	Alpha if Item Deleted
Item 7	8.7817	5.0113	0.6001	0.3964	0.5669
Item 8	8.0054	5.9104	0.4128	0.1992	0.6800
Item 9	8.4158	4.8065	0.5977	0.4030	0.5637
Item10	9.0058	5.5329	0.3603	0.1435	0.7218

Reliability Coefficients　　4 items

Alpha＝0.7014　　Standardized item alpha＝0.7048

Item7 计划生育　Item8 党团组织生活　Item9 政治思想状况　Item10 工作正常调动

表 7-6 单位福利资源量表的 Alpha 检验

	Scale 均值 if Item Deleted	Scale Variance if Item Deleted	Corrected Item-Total Correlation	Squared Multiple Correlation	Alpha if Item Deleted
Item11	1.3015	16.5480	0.5761	0.3377	0.8261
Item12	1.0255	15.5156	0.6463	0.4369	0.8126
Item13	9.9013	15.5025	0.6109	0.3876	0.8206
Item14	1.6169	15.7767	0.7035	0.5792	0.8024
Item15	1.6286	15.6900	0.7076	0.5819	0.8013
Item16	1.2505	17.0126	0.5022	0.2716	0.8399

Reliability Coefficients　　6 items

Alpha＝0.8432　　Standardized item alpha＝0.8445

Item11 小卖部　Item12 理发室　Item13 食堂　Item14 澡堂
Item15 子女入托　Item16 上下班交通

表 7-7　个人生活与文化生活资源量表的 Alpha 检验

	Scale 均值 if Item Deleted	Scale Variance if Item Deleted	Corrected Item-Total Correlation	Squared Multiple Correlation	Alpha if Item Deleted
Item17	1.6386	13.3919	0.5705	0.3430	0.7780
Item18	11.1436	13.1605	0.6175	0.5488	0.7697
Item19	11.1837	13.5164	0.5692	0.5122	0.7785
Item20	1.7402	13.7997	0.5282	0.3183	0.7855
Item21	11.1159	13.6546	0.4985	0.4426	0.7908
Item22	11.3602	13.8054	0.5759	0.4636	0.7785
Item23	1.8451	13.3155	0.4661	0.2539	0.7996

Reliability Coefficients　　7 items

Alpha＝0.8080　　Standardized item alpha＝0.8117

Item17 婚姻恋爱　Item18 离婚　Item19 调解纠纷　Item20 子女上学

Item21 子女就业　Item22 休假旅游　Item23 文体活动

说明：表 7-4 至表 7-7 中，Scale 均值 if Item Deleted 为项已删除的刻度均值，Scale Variance if Item Deleted 为项已删除的刻度方差，Corrected Item-Total Correlation 为校正的项总体相关性，Squared Multiple Correlation 为多元相关平方，Alpha if Item Deleted 为项已删除的阿尔法系数，Reliability Coefficients 为信度系数，Standardized item alpha 为标准化阿尔法系数。

表 7-8　对资源量表的一般统计概要　　n＝2355

对资源量表集中趋势的检验		
	均值	53.34
	众数	46.00
	中位数	52.00
对资源量表离散趋势的检验		
	标准差	12.63
	最小值	23.00
	最大值	92.00
	间距	69.00
对资源量表值分布状况的检验		
	偏斜度	0.583
	峰态	0.531
对资源量表的 Alpha 检验		
	Alpha	0.9078
	标准 Alpha	0.9087

（二）依赖

我们知道，在任何社会互动的情境之中，人与人之间、人与组织之间以及阶层与阶层之间，都可能在资源、机会等诸方面有优势与劣势的不同情境的区分。占优势地位的组织、阶层或群体因此而具有着影响、决定和控制占劣势地位的组织、阶层或群体的能力和机会，也总是企图以此来扩展自己的权利、利益和影响力；那些处于劣势地位的组织、阶层或群体，为了获取自身发展所需要的资源和机会，而不得不仰赖于那些垄断性地占有这些短缺资源的组织、阶层或群体。在这样一种社会过程中，依赖性互动的社会情境就会自然而然地发生。[1]

按照我们的理解，依赖主要是指一种特定的社会情境，在这种社会情境之中，人们的社会行为由于需要获取特定的资源以及实现特定的期望而不得不受制于某一个特定的社会群体或个人。换句话说，当人们为了满足特定的需求，实现特定的社会、经济和政治的目标而别无选择地仰赖于某一个社会集团或他人行为取向的时候，依赖的情境就会情不自禁地产生出来。事实上，在判断一个人或一个社会群体或阶层的行为是否处于一种依赖的社会情境之中的一个主要的依据是，人们在实现其目标、满足不同层次需求的过程中，在多大的程度上无可奈何地受制于某一个特定的社会群体或个人的行为取向，或者说在多大的程度上能够摆脱这种社会行为过程中的制约。

按照社会学的定义，依赖也可以分为功能依赖和结构依赖。功能依赖主要是指在一个社会组织中，人们的行为受制于专业化的分工与合作，以期提高其社会组织整体效益的社会过程。结构依赖则是指在宏观的范围上，描述一个社会或社会系统在其满足社会经济政治和

---

1 G.Simmel, *Soziologie*: *Untersuchungen ueber die Formen der Vergesellschaftung*. Berlin, 1968. pp. 101–185.

文化需要的过程中，不得不仰赖外部的强力或外部社会系统的资源供给，其结构性的调整也不得不受制于外部社会系统的压力。[1] 无论怎样对依赖进行社会学的定义和分类，我们认为至少有两点需要强调：

第一，人们在行为的过程中不可能实现完全的自由和独立。人们行为上的自由度主要是指他们在实现目标和满足需求的行为过程中能够有能力同时依赖多个不同的行为主体，在多元依赖的过程中，最大限度地保持着自身行为的独立性。

第二，与之相联系，在严格的意义上的行为依赖所强调的是资源供给的垄断性所造成的那种行为者不得不受制于某个群体或个人的行为过程和取向。这种依赖的行为特征是一元化而不是多元化，是垄断性而不是多样性。理解了这一点，我们就能够理解，行为的自由度和独立性所追求的实际上只是行为过程中依赖的多元化而不是行为的完全自治和独立。事实上，什么时候人们在满足需求和实现目标的过程中不再仰赖于或者说不再受制于某一个社会群体与个人的行为取向的时候，行为上依赖的情境就会逐渐地消失，人们因之也就会逐渐地强烈感受到自身行为过程中的独立性和自由度。

为了测量人们在单位中的依赖状况，我们在调查问卷中设计了以下问题，即“在下列项目中，您认为单位将来应该在何种程度上对您负责？”我们列举了 23 类项目，分别让受访者判断在这些项目中单位对其是完全负责、大部分负责、小部分负责或者是完全不负责。这 23 项分别是：

1．退休养老　　2．医疗卫生　　3．因公伤残

4．文化补习　　5．技术培训　　6．调解纠纷

1　H. Hartmann, Funktionale Autoritaet. Stuttgart, 1964; B. Day, *Dependency: Personal and Social Relations*. Ashgate Press, 1992. A. G. Frank, *Kapitalismus und Unterentwicklung in Lateinamerika*. Frankfurt am Main, 1969.

7．子女上学	8．子女就业	9．住房
10．文体活动	11．政治思想状况	12．计划生育
13．党团组织生活	14．离婚	15．婚姻恋爱
16．工作正常调动	17．休假旅游	18．子女入托
19．食堂	20．澡堂	21．小卖部
22．理发室	23．上下班交通	

我们认为，单位人对单位的依赖性行为可以通过单位成员对单位的期望表现出来，即单位成员在多大程度上期望单位对他们在各项资源的获得上负有责任。那些在各项资源获得上期望单位更多地负有责任的单位成员，意味着他们将自己的资源获得在更大的程度上交付给单位，他们因而在更大程度上依赖于单位，通过单位获得他们期望获得的各种资源。对单位资源有更高的期望在一定程度上表明了，人们在其他地方很难或者无法获得自己所需的资源。事实上，人们对单位所能提供的上述各项社会政治经济以及文化资源与服务的期望越高，那么，他们的单位对其行为的影响力就会越大，与之相适应，他们对其自身单位的依赖也就会呈现出一种较强的趋势。因此，我们的预期是，通过这 23 项与人们需要和利益直接相关的项目，期望能够对单位成员在获取资源过程中的依赖状况作出一个基本评判。下面的七个表格，详细地记述了依赖量表以及相关的四个子量表的数学统计过程。表 7-9 是用主成分分析方法对上述的 23 个变量进行的因素分析。与资源量表相对应，通过因子旋转，23 个变量分解为四个子量表，即单位福利依赖量表、个人生活与文化生活依赖量表、社会保障和培训依赖量表以及政治依赖量表。单位福利依赖主要是为了测量人们在多大的程度上依赖于其单位组织所提供的一些福利项目，如托儿所、食堂、理发室、上下班交通等；个人生活与文化生活依赖则是指人们在多大的程度上依赖于单位所提供的这方面的资源，比如调解纠纷、子女上学、子女就

业、文体活动、结婚与离婚、休假旅游等。社会保障和培训依赖是想说明人们在多大的程度上依赖于单位所提供的包括退休养老、医疗卫生、工作伤害补偿和治疗、住房、文化补习、技术培训等在内的社会资源。所谓政治依赖则主要是指人们在多大的程度上依赖于单位中的政治资源，比如党团组织生活、政治思想状况、计划生育以及工作调动等。表中，各个子量表中的变量紧密相关，其最低值为 0.42 以上，Eigenvalue 分别为 9.74，2.07，1.61 和 1.05，而且解释了 64.24%的差异。表 7-10 是一个 23 个变量的相关系数的矩阵，表示了这 23 个变量之间在何种程度上的相关关系。表 7-11 到表 7-14 是进一步对所作的四个子量表进行 Alpha 检验。主要是为了检验在去掉子量表中一些变量以后，量表中的均值、Variance 以及 Alpha 在多大的程度上仍然处于一种稳定的状态。和资源量表中的子量表基本相同，依赖子量表中 Alpha 和标准 Alpha 最高的是单位福利依赖量表，分别为 0.9094 和 0.9091，其他的依次为个人生活与文化生活依赖量表（0.8693 和 0.8701），社会保障和培训依赖量表（0.8204 和 0.8323），政治依赖量表（0.8109 和 0.8105）。最后一个表格即表 7-15 主要是对依赖量表的集中趋势，离散趋势以及资源量表值的分布状况的描述。表中，对集中趋势的分析主要是观察均值、众数和中位数；对离散趋势的分析主要是观察标准差、Minimum、Maximum 和 Range；对依赖量表值分布状况的分析主要是从 Skewness 和 Kurtosis 的角度来观察其量表的值在多大的程度上处于一种正态分布的状态。在依赖量表中，其量表的 Skewness 和 Kurtosis 值分别为 −0.254 和 −0.203，表示出无论从对称性还是从值的分布高度来看，依赖这个量表的值的分布都有所偏左，处于一种略为偏左的正态分布状态。最后，通过 Alpha 的检验和计算，依赖量表的 Alpha 值和标准 Alpha 值分别为 0.9368 和 0.9361。

表 7-9 用主成分分析方法对依赖量表的因素分析

	Rotated Factor Loading			
	1（单位福利依赖）	2（个人生活与文化生活依赖）	3（社会保障和培训依赖）	4（政治依赖）
Item24	0.816			
Item25	0.812			
Item26	0.805			
Item27	0.797			
Item28	0.711			
Item29	0.596			
Item30	0.515			
Item31		0.796		
Item32		0.790		
Item33		0.685		
Item34		0.661		
Item35		0.617		
Item36		0.438		
Item37		0.424		
Item38			0.841	
Item39			0.808	
Item40			0.708	
Item41			0.637	
Item42			0.474	
Item43			0.453	
Item44				0.823
Item45				0.751
Item46				0.748
Eigenvalue	9.744	2.070	1.614	1.049
Variance Explained (%)	42.37	9.00	7.02	5.85

Item24 理发室　Item25 食堂　Item26 小卖部
Item27 澡堂　Item28 上下班交通　Item29 子女入托
Item30 休假旅游　Item31 婚姻恋爱　Item32 离婚
Item33 子女就业　Item34 子女上学　Item35 调解纠纷
Item36 文体活动　Item37 工作正常调动　Item38 医疗卫生
Item39 退休养老　Item40 因公伤残　Item41 住房
Item42 技术培训　Item43 文化补习　Item44 党团组织生活
Item45 计划生育　Item46 政治思想状况

表 7-10　23 个变量的相关系数矩阵

	24	25	26	27	28	29	30	31	32	33	34	35	36	37	38	39	40	41	42	43	44	45	46
Item24	1.00																						
Item25	0.650	1.00																					
Item26	0.848	0.644	1.00																				
Item27	0.662	0.754	0.648	1.00																			
Item28	0.629	0.604	0.586	0.551	1.00																		
Item29	0.549	0.609	0.554	0.569	0.551	1.00																	
Item30	0.492	0.514	0.497	0.483	0.503	0.569	1.00																
Item31	0.416	0.321	0.427	0.322	0.334	0.396	0.397	1.00															
Item32	0.392	0.317	0.396	0.307	0.330	0.382	0.382	0.828	1.00														
Item33	0.488	0.409	0.494	0.400	0.405	0.583	0.451	0.451	0.436	1.00													
Item34	0.498	0.461	0.512	0.435	0.444	0.655	0.497	0.435	0.433	0.801	1.00												
Item35	0.467	0.427	0.482	0.444	0.393	0.473	0.443	0.457	0.492	0.600	0.605	1.00											
Item36	0.516	0.495	0.492	0.496	0.431	0.518	0.514	0.410	0.406	0.540	0.548	0.537	1.00										
Item37	0.368	0.405	0.358	0.355	0.381	0.423	0.506	0.414	0.419	0.390	0.392	0.416	0.405	1.00									
Item38	0.265	0.297	0.251	0.290	0.294	0.335	0.328	0.177	0.168	0.364	0.381	0.326	0.318	0.259	1.00								
Item39	0.223	0.260	0.202	0.272	0.252	0.289	0.277	0.146	0.165	0.322	0.320	0.290	0.275	0.237	0.767	1.00							
Item40	0.183	0.240	0.159	0.252	0.241	0.227	0.247	0.068	0.088	0.177	0.197	0.231	0.232	0.212	0.536	0.541	1.00						
Item41	0.354	0.381	0.337	0.377	0.356	0.434	0.379	0.160	0.178	0.442	0.448	0.339	0.378	0.301	0.528	0.454	0.383	1.00					
Item42	0.409	0.421	0.402	0.426	0.383	0.433	0.438	0.254	0.255	0.410	0.476	0.482	0.491	0.368	0.387	0.305	0.365	0.459	1.00				
Item43	0.443	0.406	0.458	0.415	0.383	0.453	0.450	0.315	0.303	0.503	0.543	0.542	0.513	0.335	0.409	0.320	0.287	0.421	0.711	1.00			
Item44	0.275	0.316	0.248	0.326	0.283	0.302	0.320	0.246	0.305	0.254	0.255	0.340	0.433	0.362	0.242	0.266	0.241	0.281	0.351	0.308	1.00		
Item45	0.247	0.300	0.231	0.317	0.279	0.298	0.270	0.245	0.281	0.247	0.253	0.317	0.384	0.321	0.245	0.283	0.272	0.285	0.293	0.271	0.559	1.00	
Item46	0.354	0.377	0.326	0.366	0.315	0.368	0.361	0.350	0.373	0.386	0.357	0.466	0.570	0.400	0.272	0.292	0.238	0.293	0.386	0.385	0.664	0.527	1.00

表 7-11　单位福利依赖量表的 Alpha 检验

	Scale 均值 if Item Deleted	Scale Variance if Item Deleted	Corrected Item-Total Correlation	Squared Multiple Correlation	Alpha if Item Deleted
Item24	17.3253	26.7596	0.8004	0.7586	0.8874
Item25	16.8881	28.2461	0.7791	0.6506	0.8905
Item26	17.4169	26.8211	0.7864	0.7416	0.8891
Item27	16.8749	28.3263	0.7527	0.6241	0.8931
Item28	16.9403	29.1449	0.6795	0.4744	0.9008
Item29	17.0522	29.1697	0.6791	0.4852	0.9008
Item30	17.1355	29.7009	0.6144	0.4074	0.9075

Reliability Coefficients　7 items

Alpha＝0.9094　Standardized item alpha＝0.9091

Item24 理发室　Item25 食堂　Item26 小卖部　Item27 澡堂
Item28 上下班交通　Item29 子女入托　Item30 休假旅游

表 7-12　个人生活与文化生活依赖量表的 Alpha 检验

	Scale 均值 if Item Deleted	Scale Variance if Item Deleted	Corrected Item-Total Correlation	Squared Multiple Correlation	Alpha if Item Deleted
Item31	15.5867	22.2104	0.6554	0.6910	0.8491
Item32	15.4653	22.1750	0.6548	0.6956	0.8492
Item33	14.8222	21.7203	0.7047	0.6748	0.8422
Item34	14.7505	21.9502	0.7086	0.6790	0.8419
Item35	14.7070	22.5094	0.6785	0.4824	0.8464
Item36	14.5903	23.2169	0.6067	0.3926	0.8556
Item37	14.5929	23.2572	0.5120	0.2684	0.8692

Reliability Coefficients　7 items

Alpha＝0.8693　Standardized item alpha＝0.8701

Item31 婚姻恋爱　Item32 离婚　Item33 子女就业　Item34 子女上学
Item35 调解纠纷　Item36 文体活动　Item37 工作正常调动

表 7-13　社会保障和培训依赖量表的 Alpha 检验

	Scale 均值 if Item Deleted	Scale Variance if Item Deleted	Corrected Item-Total Correlation	Squared Multiple Correlation	Alpha if Item Deleted
Item38	17.1775	7.5009	0.6795	0.6437	0.7745
Item39	17.0773	7.8453	0.6001	0.6092	0.7907
Item40	16.9279	8.6392	0.5361	0.3645	0.8077

（续表）

	Scale 均值 if Item Deleted	Scale Variance if Item Deleted	Corrected Item-Total Correlation	Squared Multiple Correlation	Alpha if Item Deleted
Item41	17.3204	7.1137	0.5809	0.3490	0.7946
Item42	17.4887	7.0992	0.6187	0.5446	0.7848
Item43	17.7411	6.7636	0.5869	0.5261	0.7973
Reliability Coefficients	6 items				
Alpha＝0.8204	Standardized item alpha＝0.8323				

Item38 医疗卫生　Item39 退休养老　Item40 因公伤残　Item41 住房
Item42 技术培训　Item43 文化补习

表 7-14　政治依赖量表的 Alpha 检验

	Scale 均值 if Item Deleted	Scale Variance if Item Deleted	Corrected Item-Total Correlation	Squared Multiple Correlation	Alpha if Item Deleted
Item44	6.5647	2.6558	0.7064	0.5082	0.6922
Item45	6.4029	2.9833	0.6002	0.3624	0.8003
Item46	6.6970	2.6935	0.6774	0.4791	0.7230
Reliability Coefficients	3 items				
Alpha＝0.8109	Standardized item alpha＝0.8105				

Item44 党团组织生活　Item45 计划生育　Item46 政治思想状况

表 7-15　对依赖量表的一般统计概要　n＝2584

对依赖量表集中趋势的检验		
	均值	67.99
	众数	92.00
	中位数	68.00
对依赖量表离散趋势的检验		
	标准差　14.53	
	Minimum	23.00
	Maximum	92.00
	Range	69.00
对依赖量表值分布状况的检验		
	Skewness	−0.254
	Kurtosis	−0.203
对依赖量表的 Alpha 检验		
	Alpha	0.9368
	Standardized Alpha	0.9361

（三）满意度

在严格的意义上，满意度是一个社会心理学的概念，它测量的主要是人们社会心理上的一种感受。当人们在工作与行为上的付出与劳动（Effort）能够得到他认为应该得到的回报、补偿和奖励（Reward）的时候，人们就会自然而然地在心理上产生一种相对公平和满足的感觉。两者之间的差距越小，或者说，人们得到的比他们所付出的越多，人们对这种报酬的满意程度就会越高。[1] 这里需要强调的至少有三点：

第一，满意度强调的是一种在投入－产出行为过程中自我的一种不断的权衡和比较，以及由此在心理上所产生的一种相对平衡和公平的自我感受。满意度同时也是一种在投入－产出的交换过程中趋于追求利益最大化的理性行为感受。事实上，人们在投入后所获取的利益回报越大，那么，他们在心理上的成功与满足、平衡与公平的感觉就会变得越强烈。在这里，满意度所强调的是比较和交换。这样的一种感受，可以用下列公式表示出来：

$$\frac{\text{实际所得到的}}{\text{期望所得到的}} = \text{满意度的高低}$$

在这个公式中，分子越大，分母越小，商则相应的会越大。同理，人们实际得到的比他们所期望得到的越多，人们自身的满意度就会越高；反之，人们期望值越高，而实际所能得到的越少，那么，人们的怨恨越深，牢骚越多，相应的，其满意度就会变得越低。

第二，在分析满意度的过程中，必须重视和考虑的相应的重要概念和因素是期望以及期望实现的程度。在实际的社会行为过程中，

1 J. Siegrist, Adverse Health Effects of High-Effort/Low-Reward Conditions. *Journal of Occupational Health Psychology* 1996, Vol.1.pp. 27–41; A.B.Weinert, *Lehrbuch der Organisationspsychologie*. Muenchen 1981; H.Bosetyky, P. Heinrich, *Mensch und Organisation*. Muenchen 1989; P.Mayring, *Psychologie des Glücks*. Koeln 1993.

人们满意度的高低往往取决于他们期望实现的程度。从下面的表格（表 7-16）我们可以看出，期望实现的程度越高，人们的满意度也就相应地变得越高；反过来，当人们的期望值高于其期望实现的程度的时候，人们就会感到失望，其满意度也就相应变得越低。

表 7-16

期望	期望实现的程度	满意度
高	高	高
低	高	高
高	低	低
低	低	不高不低（趋中）

第三，满意度所表示出来的那种平衡与公平的感觉，似乎并不在意于回报的高低，更多则是在乎这种回报与奖赏是否公平或者与自己的付出是否等值。这种公平或等值的判断，以及人们实际上对某种事物或事件作出满意不满意的评价时，有可能受到个人社会地位、环境、参照群体等各种外在因素的影响。

我们认为，个人对单位的满意程度同时也是影响依赖性行为的重要变量。满意度同资源一样，也是一个综合性指标。人们对自己以及自己所处的社会、经济和政治环境满意程度的评价与感受是可以直接通过测量个人对自己在单位中的工作、本单位在社会上的地位、与单位领导和同事的关系、单位的劳保福利情况、工作收入、工作条件、晋升机会、住房情况、学习培训机会、工作稳定性等各项指标得到的。根据这种判断，我们在问卷中设计了以下问题，即“您是否对自己的下列状况感到满意？”我们列举了 15 类项目，分别让受访者判断在下列的哪些项目中自己感到很满意、比较满意、一般、不太满意或者是很不满意。这 15 类项目分别是：

1．对自己的具体工作　　2．对本单位在社会上的地位

3．对自己的职业的体面程度　　4．与单位同事的关系

5．与单位领导的关系
6．单位的劳保福利状况
7．单位的工作收入
8．单位的工作条件
9．自己才能的发挥
10．单位中的晋升机会
11．住房状况
12．工作调动
13．学习培训机会
14．工作轻松自由
15．工作稳定性

我们的期望是，上述的15类项目能够基本囊括人们在中国单位社会中的基本社会、经济和政治等各方面的需求。通过观察人们这些需求实现的程度进而能够了解人们在多大的程度上能够自我感受公平和满足。事实上，人们在上述的项目需求实现的程度越高，那么，人们所感受的满意的程度也会越高。下面的六个表格，详细地记述了满意度量表以及相关的三个子量表的数学统计过程。表7-17是用主成分分析方法对上述的15个变量进行的因素分析。通过因子旋转，15个变量分解为三个子量表，即对各种机会的满意度量表、对工作条件的满意度量表和对工作的社会环境的满意度量表。对各种机会的满意度量表主要是测量人们在多大的程度上可以抓住单位所提供的各种机会和满足人们在这一方面的需要；对工作条件的满意度量表主要是测量人们在多大的程度上能够感受到在付出劳动和得到报偿之后所应具有的那种公平和满足的感觉；对工作的社会环境的满意度量表则是测量人们对单位所形成的那种人文生态以及社会上对其工作及其单位的一种主观评价的满意程度。表中，各个子量表中的变量紧密相关，其最低值为0.48以上，Eigenvalue分别为6.63、1.27和1.06，而且解释了59.76%的差异。表7-18是一个15个变量的相关系数的矩阵，表示了这15个变量之间在何种程度上的相关关系。表7-19到表7-21是进一步对所作的三个子量表进行Alpha检验。主要是为了检验在去掉子量表中一些变量以后，量表中的均值、Variance以及Alpha在多大的程度仍然处于一种稳定的状态。结果显示，在满意度的各个子量表中，对各种机会的满意度量表、对工作条件的满意度量表的 Alpha 和标准 Alpha 值相近，分别为 0.8128 和 0.8181（对各种机会的满意度）；0.8101 和 0.8080（对工作条件的满意度）。对工作的社会环境的满意度子量表的 Alpha 和标准 Alpha 值则为 0.7747 和 0.7772。最后一个表格即表 7-22 主要是对满意度量表的集中趋势、离散趋势以及满意度量表值的分布状况的描述。表中，对集中趋势的分析主要是观察均值、众数和中位数；对离散趋势的分析主要是观察标准差、Minimum、Maximum 和 Range；对满意度量表值分布状况的分析主要是从 Skewness 和 Kurtosis 的角度来观察其量表的值在多大的程度上处于一种正态分布的状态。在满意度量表中，其量表的 Skewness 和 Kurtosis 值分别为 0.094 和 0.973，表示出满意度量表值的对称性处于一种良好的正态分布状态，而其值的分布高度则偏高。下面的这个正态分布图形表直观地反映出了满意度量表值的正态分布状况。最后，通过 Alpha 的检验和计算，满意度量表的 Alpha 值和标准 Alpha 值分别为 0.9076 和 0.9081（图 7-2）。

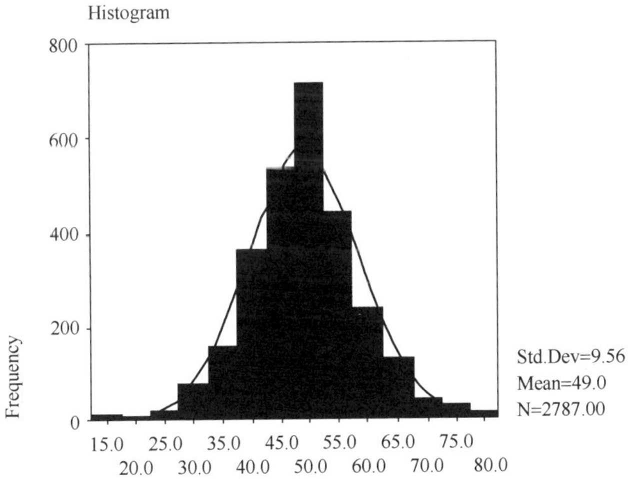

图 7-2　满意度量表的正态分布状况

表 7-17　用主成分分析方法对满意度量表的因素分析

	Rotated Factor Loading		
	1（对工作机会的满意度）	2（对工作条件的满意度）	3（对工作社会环境的满意度）
Item47	0.759		
Item48	0.750		
Item49	0.643		
Item50	0.618		
Item51	0.502		
Item52		0.785	
Item53		0.723	
Item54		0.671	
Item55		0.586	
Item56			0.843
Item57			0.763
Item58			0.749
Item59			0.591
Item60			0.493
Item61			0.481
Eigenvalue	6.634	1.267	1.063
Variance Explained (%)	44.23	8.45	7.09

Item47 学习培训机会　　Item48 工作调动
Item49 住房状况　　Item50 单位中的晋升机会
Item51 自己才能的发挥　　Item52 单位的工作收入
Item53 单位的劳保福利状况　　Item54 单位的工作条件
Item55 对自己职业的体面程度　　Item56 与单位同事的关系
Item57 对本单位在社会上的地位　　Item58 与单位领导的关系
Item59 工作轻松自由　　Item60 对自己的具体工作
Item61 工作稳定性

表 7-18　关于 15 个变量的相关系数矩阵

	47	48	49	50	51	52	53	54	55	56	57	58	59	60	61
Item47	1.00														
Item48	0.542	1.00													
Item49	0.413	0.466	1.00												
Item50	0.477	0.545	0.403	1.00											
Item51	0.420	0.493	0.325	0.612	1.00										
Item52	0.404	0.446	0.399	0.476	0.451	1.00									

（续表）

	47	48	49	50	51	52	53	54	55	56	57	58	59	60	61
Item53	0.412	0.420	0.345	0.463	0.428	0.689	1.00								
Item54	0.403	0.425	0.371	0.441	0.486	0.614	0.541	1.00							
Item55	0.291	0.354	0.268	0.388	0.422	0.391	0.370	0.461	1.00						
Item56	0.178	0.240	0.119	0.256	0.295	0.210	0.248	0.279	0.337	1.00					
Item57	0.315	0.371	0.287	0.363	0.385	0.527	0.491	0.483	0.572	0.284	1.00				
Item58	0.330	0.396	0.235	0.444	0.424	0.343	0.404	0.361	0.374	0.582	0.347	1.00			
Item59	0.413	0.414	0.307	0.338	0.308	0.331	0.290	0.410	0.355	0.209	0.293	0.263	1.00		
Item60	0.344	0.417	0.291	0.411	0.527	0.374	0.340	0.419	0.543	0.307	0.470	0.424	0.360	1.00	
Item61	0.377	0.473	0.252	0.421	0.430	0.359	0.377	0.426	0.406	0.337	0.373	0.388	0.477	0.421	1.00

表 7-19　对各种机会满意度量表的 Alpha 检验

	Scale 均值 if Item Deleted	Scale Variance if Item Deleted	Corrected Item-Total Correlation	Squared Multiple Correlation	Alpha if Item Deleted
Item47	13.4402	8.8920	0.5998	0.3735	0.7768
Item48	13.6363	8.7570	0.6738	0.4573	0.7553
Item49	13.3326	8.7745	0.5050	0.2715	0.8119
Item50	13.6060	8.8071	0.6618	0.4874	0.7588
Item51	13.8663	9.3180	0.5936	0.4277	0.7794

Reliability Coefficients　　5 items

Alpha＝0.8128　　Standardized item alpha＝0.8181

Item47 学习培训机会　　Item48 工作调动　　Item49 住房状况

Item50 单位中的晋升机会　　Item51 自己才能的发挥

表 7-20　对工作条件满意度量表的 Alpha 检验

	Scale 均值 if Item Deleted	Scale Variance if Item Deleted	Corrected Item-Total Correlation	Squared Multiple Correlation	Alpha if Item Deleted
Item52	9.1576	4.6336	0.7121	0.5608	0.7192
Item53	9.3257	4.7667	0.6638	0.5058	0.7437
Item54	9.4878	4.8868	0.6685	0.4535	0.7419
Item55	9.7542	5.7046	0.4730	0.2411	0.8286

Reliability Coefficients　　4 items

Alpha＝0.8101　　Standardized item alpha＝0.8080

Item52 单位的工作收入　　Item53 单位的劳保福利状况

Item54 单位的工作条件　　Item55 自己职业的体面程度

表 7-21　对工作的社会环境满意度量表的 Alpha 检验

	Scale 均值 if Item Deleted	Scale Variance if Item Deleted	Corrected Item-Total Correlation	Squared Multiple Correlation	Alpha if Item Deleted
Item56	14.2250	9.5941	0.4763	0.3616	0.7529
Item57	13.6753	8.6021	0.4962	0.2696	0.7485
Item58	13.9026	8.9620	0.5603	0.4252	0.7327
Item59	13.3973	8.9396	0.4587	0.2644	0.7573
Item60	13.8754	8.3800	0.5712	0.3442	0.7276
Item61	13.7237	8.3786	0.5757	0.3530	0.7264

Reliability Coefficients　6 items

Alpha＝0.7747　Standardized item alpha＝0.7772

Item56 与单位同事的关系　Item57 对本单位在社会上的地位　Item58 与单位领导的关系
Item59 工作轻松自由　Item60 对自己的具体工作　Item61 工作稳定性

表 7-22　对满意度量表的一般统计概要　n＝2787

对满意度量表集中趋势的检验		
	均值	48.96
	众数	48.00
	中位数	48.00
对满意度量表离散趋势的检验		
	标准差　9.56	
	Minimum	16.00
	Maximum	80.00
	Range	64.00
对满意度量表值分布状况的检验		
	Skewness	0.094
	Kurtosis	0.973
对满意度量表的 Alpha 检验		
	Alpha	0.9076
	Standardized Alpha	0.9081

（四）相对剥夺感

和满意度相似，相对剥夺感测量的也是人们行为过程中的一种主观感受。相对剥夺感主要是指人们从期望得到的和实际得到的差距中所产生出来的或所感受到的，特别是与相应的参照群体的比较过程中所产生出来的一种负面的主观感受，一种不满和愤慨的情绪。[1] 在我们理解相对剥夺感这个概念的过程中，起码有以下四点需要强调：

第一，相对剥夺感总是在期望以及期望的实现的不断比较过程中产生出来的。当人们的行为期望值总是不断地高于实际实现值的时候，人们就会感到失望和失落。在这里，人们的期望值总是一种他们认为自己能够得到或者说应该得到的东西。当人们认为能够或应该得到的东西而在实际上却没有得到的时候，他们就很容易自然而然地感到在实际行为过程中受到剥夺。

第二，相对剥夺感同时也是人们在其行为的过程中，不断地与其相应的参照群体（Reference Group）相比较的结果。参照群体主要是指被特定的社会集团和个人自觉或不自觉地把这些群体的价值观念和行为规范作为自己的行为取向的那些社会群体。人们总是在与他们自己所认同的群体与个人的比较过程中，不断修正自己的行为。同样如此，也正是在这样的一个过程中，人们来感受相对被剥夺程度的高低。在这里，相对剥夺感的特殊之点在于：它更多地在意自己所得到的回报和奖赏在和自己的参照群体的比较过程中，是否处于一种等值或公平的状态。人们在拿自己的付出和回报与其相应的参照群体的比较过程中越感到平衡与公平，那么，其相对剥夺感的程度就会越低。反过来，如果人们在拿自己的付出和回报与其相应的参照群体的比较过程中越感到不

1 W. G. Runciman, *Relative Deprivation and Social Justice*. London, 1972; T.R.Gurr, *Why Men Rebel*. Princeton University Press. 1971; K. D. Opp, *The Rationality of Political Protest*. Westview Press. 1989, pp. 132–179.

公平和愤恨，那么，不仅满意度的程度会变得越低，而且，也会不可避免地产生出一种被相对剥夺的感觉。因此，人们的被剥夺感是相对的。当人们实际上对某种事物或事件作出满意或不满意的评价时，都有可能受到个人社会地位、环境、参照群体等各种外在因素的影响，因而是相对的。[1]

第三，相对剥夺感作为一种负面的感受（negative feeling），反映的是人们的失望和失落，表达的是一种愤慨和不满的情绪。不满意度和相对剥夺感强调的重点或概念的指向不同，但是都是在期望值与实际实现值产生差距的情况下出现的，因此，二者之间存在着紧密的联系。下面的表格，比较形象地说明了期望、期望的实现、相对剥夺感以及满意度这四个变量之间的关系。从表 7-23 中可以看出，在下面的四种情况下，只有当人们具有高期望值和低期望实际实现值的时候，人们的那种被相对剥夺的感觉才会变得强烈起来。

表 7-23

期望	期望实现的程度	相对剥夺感	满意度
高	高	低	高
低	高	低	高
高	低	高	低
低	低	低	不高不低（趋中）

第四，相对剥夺感产生的一个重要的条件就是不切实际地大幅度提高人们的期望值，作出许多没有实现或不可能实现的允诺。这样所造成的结果必然会使人们的期望值和实际实现值的差距不断拉

---

1 H. H. Kelly, Two Functions of Reference Groups. In: G. H. Swanson ed. al., *Readings in Social Psychology*. New York 1952, pp. 401–414. S. M. Eisenstadt, Studies in Reference Group Behavior. In: *Human Relations*, VII, 1954, p.213; R. K. Merton and A. S. Rossi, Contributions to the Theory of Reference Group Behavior. In: R. K. Merton, *Social Theory and Social Structure*, The Free Press, 1968, pp. 279–334.

大，使人们经常地陷入失望与失落、不满和愤慨的情绪之中。在这样的一种情况下，人们的相对剥夺感也就会不可避免地产生出来。

总之，我们认为，相对剥夺感主要是指人们从期望得到的和实际得到的差距中以及与其相应的参照群体的比较过程中所产生出来的一种负面的主观感受。为了测量这种负面的主观感受，我们在调查问卷中设计了相应的三个问题。我们设计的第一个问题是："在下列问题上，你觉得你与单位内同事相比怎样？"为此我们列了三个项目，即你目前的经济收入、你目前的社会地位和你目前的政治地位，分别让受访者判断自己的状况是很高、偏高、差不多、偏低还是很低。在我们设计的第二个问题中，我们同样列出了上述的三个项目，让受访者与社会上的其他人来进行比较，同样让他们判断自己的状况是很高、偏高、差不多、偏低还是很低。我们设计的第三个问题是："如果人的地位可以分为五等，您认为您在单位中和在社会上分别属于哪一等？"我们分别让受访者判断自己在单位中和社会上属于上等、中上等、中等、中下等或下等。我们的预期是，上述的这些不同问题能够从不同角度来反映和测量人们被相对剥夺的感受。事实上，通过验证性因素分析（Confirmatory Factor Analysis）也证实了我们的预期。下面的四个表格，详细地记述了相对剥夺感量表的数学统计过程。表 7-24 是用主成分分析方法对上述的 8 个变量进行的因素分析。其因素分析的结果表示，这 8 个变量自然而然地归聚到了一起，其变量的最小值为 0.63，Eigenvalue 为 4.242，且解释了 53.03% 的差异，从而证实了我们问卷设计的初衷和预期。表 7-25 是一个 8 个变量的相关系数的矩阵，表示了这 8 个变量之间在何种程度上的相关关系。表 7-26 是进一步对所作的相对剥夺感量表进行的 Alpha 检验。主要是为了检验在去掉量表中一些变量以后，量表中的均值，Variance 以及 Alpha 在多大的程度上仍然处于一种稳定的状态。结果显示，在相对剥夺感量表中，在去掉一些变量以后，其 Alpha 值仍然维持在 0.84

以上，表示出一种很好的稳定状态；相对剥夺感量表的 Alpha 和标准 Alpha 值相近，分别为 0.8694 和 0.8708。表 7-27 主要是对相对剥夺感量表的集中趋势、离散趋势以及满意度量表值的分布状况的描述。表中，对集中趋势的分析主要是观察均值、众数和中位数；对离散趋势的分析主要是观察标准差、Minimum、Maximum 和 Range；对相对剥夺感量表值分布状况的分析主要是从 Skewness 和 Kurtosis 的角度来观察其量表的值在多大的程度上处于一种正态分布的状态。在相对剥夺感量表中，其量表的 Skewness 和 Kurtosis 值分别为 0.477 和 0.242，表示出相对剥夺感量表值的对称性和分布高度均处于一种较好的正态分布状态。

表 7-24　用主成分分析方法对相对剥夺感量表的因素分析

	Factor Loading 相对剥夺感
Item62	0.659
Item63	0.811
Item64	0.766
Item65	0.631
Item66	0.828
Item67	0.802
Item68	0.651
Item69	0.642
Eigenvalue	4.242
Variance Explained (%)	53.03

Item62 与单位内同事相比的经济收入　Item63 与单位内同事相比的社会地位
Item64 与单位内同事相比的政治地位　Item65 与社会上其他人相比的经济收入
Item66 与社会上其他人相比的社会地位　Item67 与社会上其他人相比的政治地位
Item68 相比过程中在单位里的地位　Item69 相比过程中在社会上的地位

表 7-25　关于 8 个变量的相关系数矩阵

	62	63	64	65	66	67	68	69
Item62	1.00							
Item63	0.541	1.00						
Item64	0.428	0.714	1.00					
Item65	0.554	0.376	0.287	1.00				
Item66	0.398	0.623	0.517	0.515	1.00			
Item67	0.323	0.546	0.678	0.402	0.761	1.00		
Item68	0.377	0.456	0.422	0.277	0.392	0.400	1.00	
Item69	0.287	0.372	0.303	0.353	0.516	0.440	0.545	1.00

表 7-26　对相对剥夺感量表的 Alpha 检验

	Scale 均值 if Item Deleted	Scale Variance if Item Deleted	Corrected Item-Total Correlation	Squared Multiple Correlation	Alpha if Item Deleted
Item62	24.7663	16.9522	0.5590	0.4614	0.8601
Item63	24.8977	16.1586	0.7179	0.6584	0.8439
Item64	24.8666	16.1215	0.6537	0.6642	0.8501
Item65	24.4488	16.8864	0.5283	0.4279	0.8636
Item66	24.8114	15.7574	0.7428	0.7100	0.8404
Item67	24.8346	15.7712	0.7033	0.7109	0.8444
Item68	24.9604	16.5128	0.5558	0.3991	0.8611
Item69	24.8604	16.4714	0.5454	4160	0.8626
Reliability Coefficients		8 items			
Alpha＝0.8694		Standardized item alpha＝0.8708			

Item62 与单位内同事相比的经济收入　Item63 与单位内同事相比的社会地位
Item64 与单位内同事相比的政治地位　Item65 与社会上其他人相比的经济收入
Item66 与社会上其他人相比的社会地位　Item67 与社会上其他人相比的政治地位
Item68 相比过程中在单位里的地位　Item69 相比过程中在社会上的地位

表 7-27　对相对剥夺感量表的一般统计概要　n＝3059

对相对剥夺感量表集中趋势的检验			
	均值		28.35
	众数		24.00
	中位数		28.00
对相对剥夺感量表离散趋势的检验			
	标准差	4.58	
	Minimum		8.00
	Maximum		40.00

（续表）

	Range	32.00
对相对剥夺感量表值分布状况的检验		
	Skewness	0.477
	Kurtosis	0.242

（五）权力

按照韦伯的理解，“权力意味着在一种社会关系之中，人们在具有反抗的情况下，仍然能够贯彻自己意志的任何一种机会，而不管这种机会是建立在什么样的基础之上。”[1] 我们以为，在这个著名的定义中，韦伯主要强调了以下五点。第一，韦伯强调的是把权力看作一种能够顽强地贯彻自己意志的能力。这种能力能够顽强地面对各种反抗来贯彻自己的意志。第二，在韦伯看来，权力的其中一个重要条件是强迫和强制，权力不允许反抗来妨碍权力执行者意志的贯彻。权力要求人们强制性地服从，不管愿意与否。第三，在韦伯的定义中，他反复强调的是贯彻自己意志的能力，而不管这种能力是否被他人所认可或承认。换句话说，在韦伯定义中的这种贯彻自己意志的能力是不以他人的社会承认为前提条件的。第四，同样，韦伯所定义的权力也不以合法性与制度化作为前提。这就是说，在这里重要的只是是否具有那种能够将自己的意志强加于他人的能力。“弱肉强食”“成则为王败则寇”，恐怕可以算作在中国的成语中对权力的最直率的描述。按照帕森斯的话来表示，“权力只存在于那些善于用非制度化的奖惩方式对他人行为有效地施加影响的集团或个人之中。”[2] 正是因为权力不以制度化与合法性为基础，所以它具有很大的不稳定性。下属以制度化与

1 Macht bedeutet jede Chance, innerhalb einer sozialen Beziehungden eigenen Willen auch gegen Widerstreben durchzusetzen, gleichviel worauf diese Chance beruht. “Max Weber, *Wirtschaft und Gesellschaft*. Tübingen”, 1980, p.28.

2 T. Parsons, *Beitruege zur soziologischen Theorien*, Neuwied 1964, p. 143

合法性为由起来造反，将时时给当权者的权力以巨大的威胁。第五，韦伯有意识地没有定义权力的基础。人们可以以身体的强壮为基础而获得权力，也可以以拥有的机会、资源和声望作为基础来获取权力。重要的是，不管是在什么基础上建立起来的权力，总是能够有效地控制、影响和左右人们的行为，贯彻自己的意志。

根据韦伯的定义以及我们这本书中研究的需要，我们在这里把权力主要理解为在占有、分配单位中的各种机会和资源的过程中，能够顺利地贯彻自己意志的能力。一般而论，中国单位中的这种权力主要以上级任命和垄断性占有和分配机会与资源为特征。根据我们对中国单位中的权力的理解以及本书研究的需要，为了制作中国单位中的权力量表，我们在调查问卷中设计了下列的两个问题。第一个问题是："对单位内部以下各项事务，您的参与程度如何？"我们列举了9类项目，分别让受访者判断在这些项目的决定的过程中，自己是有决定权还是有或者没有发言权。第二个问题是："对单位内部以下各项事务，您期望如何参与？"我们同样列举了与第一个问题相同的9类项目，分别让受访者判断在这些项目的决定的过程中，自己期望是有决定权还是有发言权，或者是不管不问。这9类项目分别是：

1．单位发展的重大决策　　2．管理上的合理化建议

3．单位规章制度的建立　　4．各种福利奖金的分配

5．单位内的干部选举　　6．工会工作

7．分房子　　8．涨工资

9．提职称

我们的设想是，单位中的权力可以比较明确地通过我们设计的第一个问题反映出来，即人们在多大的程度上对上述的9类项目具有或者是没有决定权或发言权。人们在上述的项目中具有的决定权越多，其在单位中的权力就会越大；反之，人们在上述的项目中能够具有的决定权越少，或者只有或没有发言权，那么，人们在单位

中的权力就会越小。我们同时设想，单位中人们对权力的期望能够通过我们设计的第二个问题反映出来，即在上述的9类项目中，人们在多大的程度上期望着参与和决策。人们对这些项目希望参与的程度越深，希望决策的面越广，那么，人们对权力的期望就越高。事实上，我们尔后进行的验证性因素分析完全证实了我们的假设。下面的表7-28是用主成分分析方法对上述的18个变量进行的因素分析。通过因子旋转，18个变量自动分解为两个子量表。完全按照我们的预期，因素分析所选择的权力子量表恰恰是我们在第一个问题中所设计的变量，而对权力的期望子量表中因素分析所选择的也都是我们在第二个问题中所设计的变量。表中，两个子量表中的变量紧密相关，其最低值为0.49以上，Eigenvalue分别为7.313和3.716，而且解释了61.28%的差异。表7-29是一个18个变量的相关系数的矩阵，表示了这18个变量之间在何种程度上的相关关系。表7-30和表7-31是进一步对所作的两个子量表进行Alpha检验。主要是为了检验在去掉子量表中一些变量以后，量表中的均值、Variance以及Alpha在多大的程度上仍然处于一种稳定的状态。从表中我们可以看到，权力子量表中Alpha和标准Alpha分别为0.8936和0.8949，对权力的期望子量表的Alpha和标准Alpha则分别为0.9380和0.9383。表7-32和表7-33主要是对权力子量表和对权力的期望子量表的集中趋势，离散趋势以及两个子量表值的分布状况的描述。表中，对集中趋势的分析主要是观察均值、众数和中位数；对离散趋势的分析主要是观察标准差、Minimum、Maximum和Range；对子量表值分布状况的分析主要是从Skewness和Kurtosis的角度来观察其量表的值在多大的程度上处于一种正态分布的状态。在权力子量表中，其量表的Skewness和Kurtosis值分别为1.304和1.823，表示出无论从对称性还是从值的分布高度来看，权力这个量表的值的正态分布状况较差；在对权力期望的子量表中，其量表的

Skewness 和 Kurtosis 值分别为 0.145 和 0.659，表示出无论从对称性还是从值的分布高度来看，该量表的值的正态分布状况较好。

表 7-28 用主成分分析方法对权力量表的因素分析

	Rotated Factor Loading	
	1（权力）	2（对权力的期望）
Item69	0.853	
Item70	0.840	
Item71	0.836	
Item72	0.781	
Item73	0.682	
Item74	0.675	
Item75	0.626	
Item76	0.614	
Item77	0.485	
Item78		0.865
Item79		0.855
Item80		0.827
Item81		0.821
Item82		0.790
Item83		0.767
Item84		0.765
Item85		0.758
Item86		0.719
Eigenvalue	7.313	3.716
Variance Explained (%)	40.63	20.65

目前参与情况

Item69 分房子　　Item70 涨工资
Item71 提职称　　Item72 工会工作
Item73 单位发展的重大决策　　Item74 各种福利奖金的分配
Item75 单位内干部的选举　　Item76 单位规章制度的建立
Item77 管理上的合理化建议

期望参与情况

Item78 各种福利奖金的分配　　Item79 单位规章制度的建立
Item80 管理上的合理化建议　　Item81 单位发展的重大决策
Item82 分房子　　Item83 涨工资
Item84 单位内干部的选举　　Item85 提职称
Item86 工会工作

表 7-29　关于 18 个变量的相关系数矩阵

	69	70	71	72	73	74	75	76	77	78	79	80	81	82	83	84	85	86
Item69	1.00																	
Item70	0.789	1.00																
Item71	0.799	0.798	1.00															
Item72	0.672	0.628	0.610	1.00														
Item73	0.435	0.429	0.431	0.400	1.00													
Item74	0.431	0.449	0.408	0.399	0.629	1.00												
Item75	0.381	0.381	0.391	0.410	0.546	0.613	1.00											
Item76	0.357	0.336	0.326	0.369	0.641	0.609	0.529	1.00										
Item77	0.232	0.225	0.223	0.325	0.543	0.478	0.458	0.603	1.00									
Item78	-0.106	-0.092	-0.097	-0.066	0.241	0.312	0.304	0.258	0.259	1.00								
Item79	-0.030	-0.004	-0.040	0.001	0.279	0.287	0.280	0.351	0.323	0.749	1.00							
Item80	-0.070	-0.067	-0.070	-0.053	0.295	0.283	0.286	0.310	0.401	0.735	0.738	1.00						
Item81	0.080	0.092	0.080	0.090	0.338	0.278	0.266	0.305	0.352	0.678	0.743	0.728	1.00					
Item82	0.241	0.211	0.211	0.196	0.210	0.187	0.205	0.183	0.183	0.590	0.554	0.499	0.552	1.00				
Item83	0.271	0.264	0.304	0.230	0.209	0.198	0.221	0.173	0.171	0.568	0.530	0.472	0.550	0.819	1.00			
Item84	0.268	0.243	0.266	0.271	0.233	0.213	0.282	0.203	0.193	0.589	0.572	0.516	0.596	0.679	0.666	1.00		
Item85	0.266	0.258	0.316	0.211	0.238	0.201	0.224	0.179	0.172	0.556	0.520	0.478	0.545	0.786	0.829	0.670	1.00	
Item86	0.315	0.281	0.270	0.376	0.234	0.202	0.225	0.217	0.223	0.507	0.545	0.478	0.571	0.671	0.656	0.747	0.636	1.00

表 7-30 权力量表的 Alpha 检验

	Scale 均值 if Item Deleted	Scale Variance if Item Deleted	Corrected Item-Total Correlation	Squared Multiple Correlation	Alpha if Item Deleted
Item69	21.4068	35.1789	0.7045	0.7214	0.8776
Item70	21.4377	35.3234	0.7004	0.7196	0.8779
Item71	21.4142	35.2140	0.6858	0.7228	0.8791
Item72	21.1341	35.1794	0.6480	0.5106	0.8825
Item73	21.5568	36.1844	0.6923	0.5643	0.8790
Item74	21.5965	36.4709	0.6839	0.5614	0.8798
Item75	21.5524	36.9893	0.6269	0.4680	0.8839
Item76	21.3701	36.0457	0.6350	0.5613	0.8832
Item77	21.0371	37.0284	0.5195	0.4390	0.8928

Reliability Coefficients 9 items

Alpha＝0.8936 Standardized item alpha＝0.8949

目前参与情况

Item69 分房子 Item70 涨工资 Item71 提职称

Item72 工会工作 Item73 单位发展的重大决策 Item74 各种福利奖金的分配

Item75 单位内干部的选举 Item76 单位规章制度的建立 Item77 管理上的合理化建议

表 7-31 对权力的期望量表的 Alpha 检验

	Scale 均值 if Item Deleted	Scale Variance if Item Deleted	Corrected Item-Total Correlation	Squared Multiple Correlation	Alpha if Item Deleted
Item78	29.7083	52.5939	0.7643	0.6671	0.9310
Item79	29.6697	53.0837	0.7737	0.7221	0.9303
Item80	29.6409	53.6975	0.7204	0.6925	0.9335
Item81	29.5939	53.6585	0.7668	0.6546	0.9307
Item82	29.4523	53.3308	0.7930	0.7459	0.9292
Item83	29.4136	53.7584	0.7833	0.7762	0.9298
Item84	29.5167	53.4472	0.7715	0.6587	0.9304
Item85	29.4864	53.5504	0.7724	0.7441	0.9304
Item86	29.5121	54.2492	0.7379	0.6330	0.9323

Reliability Coefficients 9 items

Alpha＝0.9380 Standardized item alpha＝0.9383

期望参与情况

Item78 各种福利奖金的分配 Item79 单位规章制度的建立 Item80 管理上的合理化建议

Item81 单位发展的重大决策 Item82 分房子 Item83 涨工资

Item84 单位内干部的选举 Item85 提职称 Item86 工会工作

表 7-32 对权力量表的一般统计概要 n＝2721

对权力量表集中趋势的检验		
	均值	24.06
	众数	18.00
	中位数	22.00
对权力量表离散趋势的检验		
	标准差 6.70	
	Minimum	18.00
	Maximum	54.00
	Range	36.00
对权力量表值分布状况的检验		
	Skewness	1.304
	Kurtosis	1.823

表 7-33 对权力期望量表的一般统计概要 n＝2640

对权力期望量表集中趋势的检验		
	均值	33.25
	众数	36.00
	中位数	36.00
对权力期望量表离散趋势的检验		
	标准差 8.20	
	Minimum	18.00
	Maximum	54.00
	Range	36.00
对权力期望量表值分布状况的检验		
	Skewness	0.145
	Kurtosis	0.659

（六）资源获取方式量表

在我们看来，人们在中国的单位社会中的行为和行为互动总是会遵循着一定的规则，并且在实际的行为过程中也同时会游离于这些规则之间。人们在获取单位中的资源的时候也是这样，其实际的行为过程所遵循也是两种不同的行为方式，虽有别，但有联系。人们的行为对其所遵循的强度往往视其行为过程中的宏观与微观环境而定。一种为制度化方式，主要是指人们的行为过程所依照的是被其行为的社会环境、社会制度以及相应的意识形态所认可、所倡导以及所公开承认的价值观念和行为规范。另一种为非制度化的行为方式，主要是指人们的行为过程所依照的是被其行为的社会环境、社会制度以及相应的意识形态不公开认可、倡导以及所公开承认的，而且被人们实际的社会行为所实践的那些价值观念和行为规范。这些价值观念和行为规范更多的是一种次文化，一种历史经验的积淀。在严格的意义上，非制度化的行为方式是一种偏差行为，因为它不符合主体的意识形态和社会制度所倡导和承认的那些价值观念和行为规范。但是，由于它是一种历史经验的沉淀，是在市民社会中长期形成的一种市民文化，同时也是由于它和主体的价值观念和行为规范虽有区别和偏差，但可被容忍，且两者之间不会发生质的或剧烈的冲突，充其量是一种温柔的偏差和越轨。所以，这样的一种非制度化的行为方式可以被默认和允许，从而使其有了一种特殊的、可以游离于主导的价值观念和行为规范之间的社会空间。

我们认为，人们对某些价值观念、行为规范以及行为方式发自内心地承认和反对，在一定的程度上是能够也是可以反映出人们的行为取向的。正是基于这样的一种判断，我们在问卷中设计了这样的一个问题，即“您认为您单位里，一个人要想得到提升和重用，以下各项的重要程度如何？”我们列举了 9 类项目，分别让受访者判断在下列项目选择过程中，自己感到哪些项目的选择很重要、比较重要、一般、不太重要或者是不重要。这 9 类项目分别是：

1．跟本单位领导关系好　　2．与单位的上级领导关系好
3．专业能力强　　4．群众关系好
5．任劳任怨　　6．家庭背景好
7．学历高　　8．资历老、经验丰富
9．在单位中有一批有影响和有权势的朋友为他说话

我们的设想是，上述的这些问题，能够在一定的程度上集中反映人们对单位中特定行为方式的认可或反对，进而反映出人们对特定行为方式的取向。我们的判断是，如果人们把跟本单位领导关系好、与

单位的上级领导关系好、在单位中有一批有影响和有权势的朋友为他说话以及家庭背景好看得很重，并认定这些是一个人在单位中得以提升和重用的重要条件，那么，这些人在他们的行为及行为互动过程中具有很大的可能性会倾向于或者认可乃至选择那些非制度化的行为方式；反之，如果人们把任劳任怨、专业能力强 、群众关系好、资历老、经验丰富和学历高等看得很重，并认定这些是一个人在单位中得以提升和重用的重要条件，那么，这些人在他们的行为及行为互动过程中具有很大的可能性会倾向于或者认可乃至选择那些制度化的行为方式。因此，我们的预期是，上述的这些不同问题能够从不同角度来反映和测量人们对不同行为方式的取向。事实上，通过验证性因素分析也证实了我们的预期。下面的六个表格，详细地记述了资源获取方式量表的数学统计过程。

表 7-34 是用主成分分析方法对上述的 9 个变量进行的因素分析。通过因子旋转，这 9 个变量分解为两个子量表，即资源获取的制度化方式量表和资源获取的非制度化方式量表。在这里，资源获取的制度化方式主要是测量人们在多大的程度上认同于属于社会主体的行为方式和价值观念；而资源获取的非制度化方式则是测量人们在多大的程度上认同于属于非社会主体的行为方式和价值观念。表中，各个子量表中的变量紧密相关，制度化方式量表中变量的最低值为 0.75，非制度化方式量表中变量的最低值为 0.66；Eigenvalue 分别为 3.204（制度化方式）和 2.050（非制度化方式），而且解释了 58.37% 的差异。表 7-35 是一个 9 个变量的相关系数的矩阵，表示了这 9 个变量之间在何种程度上的相关关系。表 7-36 和表 7-37 是进一步对所作的两个子量表进行的 Alpha 检验。主要是为了检验在去掉量表中一些变量以后，量表中的均值、Variance 以及 Alpha 在多大的程度仍然处于一种稳定的状态。结果显示，制度化方式量表的 Alpha 值和标准 Alpha 值略高于非制度化方式量表的 Alpha 值和标准 Alpha

值，分别为 0.8438 和 0.8442 与 0.6599 和 0.6840。最后的两个表格（表 7-38，表 7-39）主要是对资源获取的制度化方式量表和资源获取的非制度化方式量表的集中趋势、离散趋势以及两个量表值的分布状况的描述。表中，对集中趋势的分析主要是观察均值、众数和中位数；对离散趋势的分析主要是观察标准差、Minimum、Maximum 和 Range；对两个量表值分布状况的分析主要是从 Skewness 和 Kurtosis 的角度来观察其量表的值在多大的程度上处于一种正态分布的状态。在制度化方式量表中，其量表的 Skewness 和 Kurtosis 值分别为 0.289 和 −0.324，在非制度化方式量表中，其量表的 Skewness 和 Kurtosis 值分别为 0.799 和 0.814。表示出其量表值的对称性和分布高度均处于一种较好的正态分布状态。

表 7-34　用主成分分析方法对资源获取方式量表的因素分析

	Rotated Factor Loading	
	1（制度化方式）	2（非制度化方式）
Item87	0.808	
Item88	0.805	
Item89	0.793	
Item90	0.754	
Item91	0.752	
Item92		0.740
Item93		0.728
Item94		0.715
Item95		0.663
Eigenvalue	3.204	2.050
Variance Explained (%)	35.60	22.77

资源获取的制度化方式

Item87 任劳任怨　Item88 专业能力强　Item89 群众关系好
Item90 资历老、经验丰富　Item91 学历高

资源获取的非制度化方式

Item92 跟本单位领导关系好　Item93 与单位的上级领导关系好
Item94 在单位中有一批有影响和有权势的朋友为他说话　Item95 家庭背景好

表 7-35　9 个变量的相关系数矩阵

	87	88	89	90	91	92	93	94	95
Item87	1.00								
Item88	0.600	1.00							
Item89	0.649	0.606	1.00						
Item90	0.480	0.483	0.437	1.00					
Item91	0.449	0.524	0.424	0.557	1.00				
Item92	-0.272	-0.253	-0.117	-0.154	-0.104	1.00			
Item93	-0.121	-0.149	-0.047	-0.050	-0.020	0.505	1.00		
Item94	-0.053	-0.086	0.040	0.115	0.082	0.363	0.312	1.00	
Item95	0.011	-0.102	0.052	0.095	0.139	0.278	0.284	0.352	1.00

表 7-36　资源获取制度化方式量表的 Alpha 检验

	Scale 均值 if Item Deleted	Scale Variance if Item Deleted	Corrected Item-Total Correlation	Squared Multiple Correlation	Alpha if Item Deleted
Item87	1.0304	13.1046	0.6861	0.5092	0.8029
Item88	1.9315	14.1786	0.6968	0.4958	0.7999
Item89	1.4474	13.9568	0.6718	0.5026	0.8059
Item90	1.4070	14.8807	0.6019	0.3977	0.8245
Item91	1.5667	15.0440	0.5999	0.4065	0.8250

Reliability Coefficients　　5 items

Alpha＝0.8438　　Standardized item alpha＝0.8442

资源获取的制度化方式

Item87 任劳任怨　　Item88 专业能力强　　Item89 群众关系好

Item90 资历老、经验丰富　　Item91 学历高

表 7-37　资源获取非制度化方式量表的 Alpha 检验

	Scale 均值 if Item Deleted	Scale Variance if Item Deleted	Corrected Item-Total Correlation	Squared Multiple Correlation	Alpha if Item Deleted
Item92	6.9084	6.4705	0.5075	0.3107	0.5781
Item93	6.3639	5.7091	0.4637	0.2890	0.5776
Item94	6.2281	5.4739	0.4557	0.2135	0.5819

（续表）

	Scale 均值 if Item Deleted	Scale Variance if Item Deleted	Corrected Item-Total Correlation	Squared Multiple Correlation	Alpha if Item Deleted
Item95	5.6925	4.9869	0.4012	0.1661	0.6409

Reliability Coefficients　　4 items

Alpha＝0.6599　　Standardized item alpha＝0.6840

资源获取的非制度化方式

Item92 跟本单位领导关系好　　Item93 与单位的上级领导关系好

Item94 在单位中有一批有影响和有权势的朋友为他说话　　Item95 家庭背景好

表 7-38　对资源获取的制度化方式量表的一般统计概要　　n＝2892

对资源获取的制度化方式量表集中趋势的检验		
	均值	13.10
	众数	11.00
	中位数	13.00
对资源获取的制度化方式量表离散趋势的检验		
	标准差　4.63	
	Minimum	5.00
	Maximum	25.00
	Range	20.00
对资源获取的制度化方式量表值分布状况的检验		
	Skewness	0.289
	Kurtosis	-0.324

表 7-39　对资源获取的非制度化方式量表的一般统计概要　　n＝2872

对资源获取的非制度化方式量表集中趋势的检验		
	均值	8.40
	众数	8.00
	中位数	8.00
对资源获取的非制度化方式量表离散趋势的检验		
	标准差　3.01	
	Minimum	4.00
	Maximum	20.00
	Range	16.00
对资源获取的非制度化方式量表值分布状况的检验		
	Skewness	0.799
	Kurtosis	0.814

附录

附件1　关于问卷调查的抽样

一

我们关于中国单位现象研究的问卷调查，是在多年研究积累的基础上，经过比较充分的准备，于1993年年初开始实施，于1993年下半年完成。在这份调查问卷中，除去一部分必要的自变量以外，主要包括以下六个部分的内容。首先是社会流动，即通过对人们流动意愿的分析，探讨中国的单位在多大的程度上并且是怎样影响和制约着人们职业与单位的选择与调动。其次是单位内部的权力结构，即通过对单位内不同类型的成员对单位中各种社会资源分配过程中所处的地位的观察，研究单位内部的权力结构状况。第三是单位参与，即通过观察单位各种不同类型的成员在多大的程度上关心和参加单位中各种社会资源分配的行为来思考单位成员的参与状况。第四是单位中的社会网络，即分析单位成员在单位内外的社会交往，单位内部的正式和非正式群体对单位成员行为的影响。第五是单位中的功能多元化状况，探讨单位成员在多大的程度上仍然依赖于自身的单位。最后是单位成员的满意度（satisfaction），即通过单位成员对自身单位状况的自我感觉与评价来观察他们在多大程度上整合于自身的单位。我们力图通过调查问卷中以上六个部分的内容，能够比较全面地从社会学的角度反映出中国单位现象的客观存在。

根据研究的目的和内容以及经济、有效的原则，我们在这次的问卷调查中，主要采用了多阶段分层整群随机抽样方法抽取“样本城市”“样本单位”和“样本个体”。

在样本城市的抽样过程中，考虑到科研经费的限制，我们首先确定了我们调查的样本城市数量为 10 个。然后，主要采用了整群分层与简单随机的抽样方法，在全国 517 个城市中，抽取了 10 个样本城市。整群分层在这里主要是指按照城市人口规模的大小把 517 个城市进行分类，并以此作为抽取这次调查的样本城市的标准。根据研究工作的需要和中国的实际情况，我们把中国城市的人口规模分别按以下七个标准分层分类，即 500 万人口以上的城市、300 万人口以上的城市、200 万人口以上的城市、150 万人口以上的城市、100 万人口以上的城市、50 万人口以上的城市以及 50 万人口以下的城市。简单随机，则是在整群分层的基础上，依据简单随机的方法在 517 个城市中抽取 10 个样本城市。具体抽样结果如下：

城市规模	样本城市	
500 万人口以上	北京	
300 万人口以上	沈阳	武汉
200 万人口以上	广州	
150 万人口以上	成都	
100 万人口以上	兰州	石家庄
50 万人口以上	洛阳	苏州
50 万人口以下	保定	

资料来源：《中国城市统计年鉴（1991)》，北京：中国统计出版社 1991 年版，第 15 页。

由于中国单位在事实上总是具有行政级别和不同的所有制类型，同时又总是隶属于或概括为行政单位、事业单位和企业单位这三种不同的单位类型，所以，我们在抽样过程中把这三种单位的主要社会特征作为抽取样本单位的主要标准。根据 4000 份问卷的样本量，我们确定了分别在 10 个城市中抽取 100 个单位，即每个城市抽取 10

个样本单位（样本单位分布表格附后）。具体在每个样本城市中抽取的样本单位，则主要根据简单随机抽样的原则进行。

最终的抽样单元是不同类型单位组织中的单位成员。具体方法是，调查员到样本单位以后，根据单位成员的花名册，确定一个随机数，然后按简单随机的方式抽取样本个体。根据设想，我们在每个城市所选择的 10 个样本单位中抽取了 400 份样本个体。

按照社会学研究的惯例，为了说明样本指标代表性的大小以及样本指标（sample）与总体指标（population）相差的一般范围，我们进行了样本误差的检验。

首先，我们分析了样本的标准误差（standard error of sample），我们在拟订抽样方案时确定样本的可信系数为 95%（confident interval）。在检验时，我们主要依据下列公式：

$$s.e.(p)=\surd\ p\ (1-p)/n$$

这里，n 为样本量，s. e. 为样本的标准误差，p 为把握程度的百分比。在可信系数为 95%的情况下，则按下列公式进行检验：

$$p\pm 1.96 * s.e.(p)$$

其次，我们还从样本量的大小上检验了样本误差。我们在拟订抽样方案时确定样本的可信系数为 95%，样本允许误差为 ±0.02（accurate of sample）。根据以下公式，我们得到：

$$n=Z^2 PQ/e^2=1.96^2\ (0.50)(0.50)/(0.02)^2=2401$$

这就是说，为了达到样本的可信系数为 95%，在样本允许误差为 ±0.02 的情况下，所需的样本量为 2401 份。很显然，我们所确定的 4000 份样本量符合我们这次调查研究的需要。

另外一种检验样本误差的方法是在尽可能的情况下，找出一些主要的指标，然后在样本指标与总体指标之间进行比较，从实际上直观地检验样本与总体的差别。

根据我们这次调查的需要以及现有的统计资料，我们主要从性别、就业人口年龄、所有制结构、文化程度及婚姻状况五个方面进行了比较，结果显示，调查样本与总体误差不大。

1990 年全国城市在业人口年龄分布状况与样本的比较

年龄	样本（%）	总体（%）
17 岁—25 岁	24.8	23.1
26 岁—35 岁	37.6	33.5
36 岁—49 岁	29.1	31.8
50 岁以上	8.5	11.6

总体资料来源：国务院人口普查办公室、国家统计局人口统计司编，《中国 1990 年人口普查资料》（第二分册），北京：中国统计出版社 1993 年版，第 490—492 页。

1990 年全国城市在业人口性别分布状况与样本的比较

性别	样本（%）	总体（%）
男	51.7	51.5
女	48.3	48.5

总体资料来源：同上书，第 6 页。

1990 年全国城市在业人口文化程度分布状况与样本的比较

文化程度	样本（%）	总体（%）
小学	21.3	33.5
初中	27.6	37.4
高中	34.4	22.1
大专	15.3	3.9
本科	1.5	3.1

总体资料来源：同上书，第 52—63 页。

1990 年全国城市在业人口婚姻状况与样本的比较

婚姻状况	样体	总体（%）
未婚	24.7	25.2
已婚	73.9	69.0
丧偶	0.5	5.0
离婚	1.0	0.8

总体资料来源：国务院人口普查办公室、国家统计局人口统计司编，《中国 1990 年人口普查资料》（第三分册），北京：中国统计出版社 1993 年版，第 26—49 页。以上表格中各项原始数据由于保留了小数点后三位，加总时因为四舍五入的原因，有些不等于 100%。

1991 年全国城市在业人口所有制结构状况与样本的比较

所有制形式	样本（%）	总体（%）
全民所有制	71.5	72.9
集体所有制	25.0	25.1
其他所有制	3.5	2.0

总体资料来源：国家统计局城调总队编，《中国城市统计年鉴（1992）》，北京：中国统计出版社 1992 年版，第 661 页。

二

本次调查总体单位样本分布及各个城市单位样本的分布如下。

总体单位样本分布：

		部级	局级	处级	科级	副科级以下（含无级别）	合计
行政单位		1	6	8	3	0	18
事业单位		0	7	9	4	0	20
企业单位	全民	2	5	0	0	0	7
	全民或集体	0	0	13	22	0	35
	集体，“三资”或私营	0	0	0	0	20	20
总计		3	18	30	29	20	100

北京：

		部级	局级	处级	科级	副科级以下（含无级别）	合计
行政单位		1	1	1			3
事业单位			1	1			2
企业单位	全民		1				1
	全民或集体				2		2
	集体，“三资”或私营					2	2
总计		1	3	2	2	2	10

沈阳：

<table>
<tr><th colspan="2"></th><th>部级</th><th>局级</th><th>处级</th><th>科级</th><th>副科级以下（含无级别）</th><th>合计</th></tr>
<tr><td colspan="2">行政单位</td><td></td><td>1</td><td>1</td><td></td><td></td><td>2</td></tr>
<tr><td colspan="2">事业单位</td><td></td><td>1</td><td>1</td><td></td><td></td><td>2</td></tr>
<tr><td rowspan="3">企业单位</td><td>全民</td><td>1</td><td>1</td><td></td><td></td><td></td><td>2</td></tr>
<tr><td>全民或集体</td><td></td><td></td><td>1</td><td>1</td><td></td><td>2</td></tr>
<tr><td>集体，“三资”或私营</td><td></td><td></td><td></td><td></td><td>2</td><td>2</td></tr>
<tr><td colspan="2">总计</td><td>1</td><td>3</td><td>3</td><td>1</td><td>2</td><td>10</td></tr>
</table>

石家庄：

<table>
<tr><th colspan="2"></th><th>部级</th><th>局级</th><th>处级</th><th>科级</th><th>副科级以下（含无级别）</th><th>合计</th></tr>
<tr><td colspan="2">行政单位</td><td></td><td>1</td><td>1</td><td></td><td></td><td>2</td></tr>
<tr><td colspan="2">事业单位</td><td></td><td>1</td><td>1</td><td>1</td><td></td><td>3</td></tr>
<tr><td rowspan="3">企业单位</td><td>全民</td><td></td><td></td><td></td><td></td><td></td><td></td></tr>
<tr><td>全民或集体</td><td></td><td></td><td>1</td><td>2</td><td></td><td>3</td></tr>
<tr><td>集体，“三资”或私营</td><td></td><td></td><td></td><td></td><td>2</td><td>2</td></tr>
<tr><td colspan="2">总计</td><td></td><td>2</td><td>3</td><td>3</td><td>2</td><td>10</td></tr>
</table>

保定：

<table>
<tr><th colspan="2"></th><th>部级</th><th>局级</th><th>处级</th><th>科级</th><th>副科级以下（含无级别）</th><th>合计</th></tr>
<tr><td colspan="2">行政单位</td><td></td><td></td><td>1</td><td>1</td><td></td><td>2</td></tr>
<tr><td colspan="2">事业单位</td><td></td><td></td><td>1</td><td>1</td><td></td><td>2</td></tr>
<tr><td rowspan="3">企业单位</td><td>全民</td><td></td><td></td><td></td><td></td><td></td><td></td></tr>
<tr><td>全民或集体</td><td></td><td></td><td>1</td><td>3</td><td></td><td>4</td></tr>
<tr><td>集体，“三资”或私营</td><td></td><td></td><td></td><td></td><td>2</td><td>2</td></tr>
<tr><td colspan="2">总计</td><td></td><td></td><td>3</td><td>5</td><td>2</td><td>10</td></tr>
</table>

兰州：

<table>
<tr><th colspan="2"></th><th>部级</th><th>局级</th><th>处级</th><th>科级</th><th>副科级以下（含无级别）</th><th>合计</th></tr>
<tr><td colspan="2">行政单位</td><td></td><td>1</td><td>1</td><td></td><td></td><td>2</td></tr>
<tr><td colspan="2">事业单位</td><td></td><td>1</td><td>1</td><td></td><td></td><td>2</td></tr>
<tr><td rowspan="3">企业单位</td><td>全民</td><td></td><td>1</td><td></td><td></td><td></td><td>1</td></tr>
<tr><td>全民或集体</td><td></td><td></td><td>1</td><td>2</td><td></td><td>3</td></tr>
<tr><td>集体，“三资”或私营</td><td></td><td></td><td></td><td></td><td>2</td><td>2</td></tr>
<tr><td colspan="2">总计</td><td></td><td>3</td><td>3</td><td>2</td><td>2</td><td>10</td></tr>
</table>

武汉：

		部级	局级	处级	科级	副科级以下（含无级别）	合计
行政单位			1				1
事业单位			1				1
企业单位	全民	1					1
	全民或集体			2	3		5
	集体，“三资”或私营					2	2
总计		1	2	2	3	2	10

广州：

		部级	局级	处级	科级	副科级以下（含无级别）	合计
行政单位			1	1			2
事业单位			1	1			2
企业单位	全民						
	全民或集体			2	2		4
	集体，“三资”或私营					2	2
总计			2	4	2	2	10

成都：

		部级	局级	处级	科级	副科级以下（含无级别）	合计
行政单位				1			1
事业单位			1	1			2
企业单位	全民		1				1
	全民或集体			2	2		4
	集体，“三资”或私营					2	2
总计			2	4	2	2	10

苏州：

		部级	局级	处级	科级	副科级以下（含无级别）	合计
行政单位					1		1
事业单位				1	1		2
企业单位	全民						
	全民或集体			2	3		5
	集体，“三资”或私营					2	2
总计				3	5	2	10

洛阳：

		部级	局级	处级	科级	副科级以下（含无级别）	合计
行政单位				1	1		2
事业单位				1	1		2
企业单位	全民		1				1
	全民或集体			1	2		3
	集体，“三资”或私营					2	2
总计			1	3	4	2	10

三

调查问卷中部分基本变量的频数分布如下。

Q1　性别

Value Label	Value	Frequency	Percent	Valid Percent	Cum Percent
男	0	1719	51.6	51.7	51.7
女	1	1604	48.1	48.3	100.0
	2	11	0.3	MISSING	
	TOTAL	3334	100.0	100.0	
Valid Cases	3323	Missing Cases	11		

Q2　年龄

Value Label	Value	Frequency	Percent	Valid Percent	Cum Percent
17—25	1	814	24.4	24.8	24.8
26—35	2	1236	37.1	37.6	62.4
36—49	3	955	28.6	29.1	91.5
50 以上	4	280	8.4	8.5	100.0
	0	49	1.5	MISSING	
	TOTAL	3334	100.0	100.0	
Valid Cases	3285	Missing Cases	49		

Q3 婚姻状况

Value Label	Value	Frequency	Percent	Valid Percent	Cum Percent
未婚	1	801	24.0	24.7	24.7
已婚	2	2401	72.0	73.9	98.6
丧偶	3	15	.4	.5	99.0
离婚	4	31	.9	1.0	100.0
	0	86	2.6	MISSING	
	TOTAL	3334	100.0	100.0	

Valid Cases 3248 Missing Cases 86

Q4 单位内收入

Value Label	Value	Frequency	Percent	Valid Percent	Cum Percent
1000 元以下	1	437	13.1	13.1	13.1
1001—2400 元	2	886	26.6	26.6	39.7
2401—3600 元	3	1231	36.9	36.9	76.6
3601—6000 元	4	663	19.9	19.9	96.5
6001 元以上	5	117	3.5	3.5	100.0
	TOTAL	3334	100.0	100.0	

Valid Cases 3334 Missing Cases 0

Q5 单位外收入

Value Label	Value	Frequency	Percent	Valid Percent	Cum Percent
500 元以下	1	3234	97.0	97.0	97.0
501—1000 元	2	51	1.5	1.5	98.5
1001—2000 元	3	18	.5	.5	99.1
2001—4000 元	4	14	.4	.4	99.5
4000 元以上	5	17	.5	.5	100.0
	TOTAL	3334	100.0	100.0	

Valid Cases 3334 Missing Cases 0

Q6 政治面貌

Value Label	Value	Frequency	Percent	Valid Percent	Cum Percent
党员	1	1040	31.2	31.9	31.9
团员	2	1016	30.5	31.1	63.0
民主党派	3	30	0.9	0.9	63.9
群众	4	1177	35.3	36.1	100.0
	0	71	2.1	MISSING	
	TOTAL	3334	100.0	100.0	
Valid Cases	3263	Missing Cases	71		

Q7 工人类型

Value Label	Value	Frequency	Percent	Valid Percent	Cum Percent
固定工	1	1228	36.8	63.4	63.4
合同工	2	525	15.7	27.1	90.5
临时工	3	93	2.8	4.8	95.4
其他	4	90	2.7	4.6	100.0
	0	1398	41.9	MISSING	
	TOTAL	3334	100.0	100.0	
Valid Cases	1936	Missing Cases	1398		

Q12 父亲职业类型

Value Label	Value	Frequency	Percent	Valid Percent	Cum Percent
工人	1	903	27.1	31.7	31.7
单位负责人	2	385	11.5	13.5	45.2
机关干部	3	239	7.2	8.4	53.6
企事业管理人员	4	463	13.9	16.2	69.8
专业人员	5	450	13.5	15.8	85.6
其他	6	410	12.3	14.4	100.0
	0	484	14.5	MISSING	
	TOTAL	3334	100.0	100.0	
Valid Cases	2850	Missing Cases	484		

Q13 本人职业类型

Value Label	Value	Frequency	Percent	Valid Percent	Cum Percent
工人	1	1034	31.0	31.9	31.9
单位负责人	2	153	4.6	4.7	36.6
机关干部	3	430	12.9	13.3	49.9
企事业管理人员	4	758	22.7	23.4	73.2
专业人员	5	754	22.6	23.3	96.5
其他	6	114	3.4	3.5	100.0
	0	91	2.7	MISSING	
	TOTAL	3334	100.0	100.0	

Valid Cases 3243 Missing Cases 91

Q14 父亲单位所有制类型

Value Label	Value	Frequency	Percent	Valid Percent	Cum Percent
全民	1	2160	64.8	75.6	75.6
大集体	2	205	6.1	7.2	82.8
小集体	3	64	1.9	2.2	85.0
合营	4	21	0.6	0.7	85.8
私营	5	38	1.1	1.3	87.1
三资	6	10	0.3	0.4	87.5
其他	7	358	1.7	12.5	100.0
	0	478	14.3	MISSING	
	TOTAL	3334	100.0	100.0	

Valid Cases 2856 Missing Cases 478

Q182 退休养老

Value Label	Value	Frequency	Percent	Valid Percent	Cum Percent
完全负责	1	2329	69.9	74.8	74.8
大部分负责	2	635	19.0	20.4	95.2
小部分负责	3	79	2.4	2.5	97.7
完全不负责	4	72	2.2	2.3	100.0
	0	219	6.6	MISSING	
	TOTAL	3334	100.0	100.0	

Valid Cases 3115 Missing Cases 219

Q183 医疗卫生

Value Label	Value	Frequency	Percent	Valid Percent	Cum Percent
完全负责	1	2021	60.6	65.0	65.0
大部分负责	2	917	27.5	29.5	94.5
小部分负责	3	109	3.3	3.5	98.0
完全不负责	4	63	1.9	2.0	100.0
	0	224	6.7	MISSING	
	TOTAL	3334	100.0	100.0	

Valid Cases 3110 Missing Cases 224

Q184 因公伤残

Value Label	Value	Frequency	Percent	Valid Percent	Cum Percent
完全负责	1	2633	79.0	85.5	85.5
大部分负责	2	358	1.7	11.6	97.1
小部分负责	3	60	1.8	1.9	99.1
完全不负责	4	28	0.8	0.9	100.0
	0	255	7.6	MISSING	
	TOTAL	3334	100.0	100.0	

Valid Cases 3079 Missing Cases 255

Q185 文化补习

Value Label	Value	Frequency	Percent	Valid Percent	Cum Percent
完全负责	1	1042	31.3	35.0	35.0
大部分负责	2	1134	34.0	38.0	73.0
小部分负责	3	572	17.2	19.2	92.2
完全不负责	4	233	7.0	7.8	100.0
	0	353	1.6	MISSING	
	TOTAL	3334	100.0	100.0	

Valid Cases 2981 Missing Cases 353

Q186 技术培训

Value Label	Value	Frequency	Percent	Valid Percent	Cum Percent
完全负责	1	1358	40.7	45.1	45.1
大部分负责	2	1198	35.9	39.8	84.9
小部分负责	3	334	1.0	11.1	96.0
完全不负责	4	119	3.6	4.0	100.0
	0	325	9.7	MISSING	
	TOTAL	3334	100.0	100.0	

Valid Cases 3009 Missing Cases 325

Q187 调解纠纷

Value Label	Value	Frequency	Percent	Valid Percent	Cum Percent
完全负责	1	802	24.1	27.3	27.3
大部分负责	2	887	26.6	30.2	57.4
小部分负责	3	894	26.8	30.4	87.9
完全不负责	4	357	1.7	12.1	100.0
	0	394	11.8	MISSING	
	TOTAL	3334	100.0	100.0	

Valid Cases 2940 Missing Cases 394

Q188 子女上学

Value Label	Value	Frequency	Percent	Valid Percent	Cum Percent
完全负责	1	821	24.6	27.5	27.5
大部分负责	2	860	25.8	28.8	56.4
小部分负责	3	846	25.4	28.4	84.7
完全不负责	4	455	13.6	15.3	100.0
	0	352	10.6	MISSING	
	TOTAL	3334	100.0	100.0	

Valid Cases 2982 Missing Cases 352

Q189 子女就业

Value Label	Value	Frequency	Percent	Valid Percent	Cum Percent
完全负责	1	792	23.8	26.6	26.6
大部分负责	2	830	24.9	27.8	54.4
小部分负责	3	801	24.0	26.9	81.2
完全不负责	4	560	16.8	18.8	100.0
	0	351	1.5	MISSING	
	TOTAL	3334	100.0	100.0	

Valid Cases 2983 Missing Cases 351

Q190 住房

Value Label	Value	Frequency	Percent	Valid Percent	Cum Percent
完全负责	1	1856	55.7	60.6	60.6
大部分负责	2	839	25.2	27.4	88.0
小部分负责	3	209	6.3	6.8	94.8
完全不负责	4	159	4.8	5.2	100.0
	0	271	8.1	MISSING	
	TOTAL	3334	100.0	100.0	

Valid Cases 3063 Missing Cases 271

Q191 文体活动

Value Label	Value	Frequency	Percent	Valid Percent	Cum Percent
完全负责	1	894	26.8	30.1	30.1
大部分负责	2	1009	30.3	34.0	64.1
小部分负责	3	773	23.2	26.0	90.2
完全不负责	4	292	8.8	9.7	100.0
	0	366	11.0	MISSING	
	TOTAL	3334	100.0	100.0	

Valid Cases 2968 Missing Cases 366

Q192 政治思想状况

Value Label	Value	Frequency	Percent	Valid Percent	Cum Percent
完全负责	1	1333	40.0	44.8	44.8
大部分负责	2	966	29.0	32.5	77.3
小部分负责	3	429	12.9	14.4	91.7
完全不负责	4	246	7.4	8.3	100.0
	0	360	1.8	MISSING	
	TOTAL	3334	100.0	100.0	

Valid Cases 2974 Missing Cases 360

Q193 计划生育

Value Label	Value	Frequency	Percent	Valid Percent	Cum Percent
完全负责	1	1950	58.5	65.5	65.5
大部分负责	2	591	17.7	19.8	85.3
小部分负责	3	223	6.7	7.5	92.8
完全不负责	4	214	6.4	7.2	100.0
	0	356	1.7	MISSING	
	TOTAL	3334	100.0	100.0	

Valid Cases 2978 Missing Cases 356

Q194 党团组织生活

Value Label	Value	Frequency	Percent	Valid Percent	Cum Percent
完全负责	1	1594	47.8	53.7	53.7
大部分负责	2	811	24.3	27.3	81.1
小部分负责	3	336	1.1	11.3	92.4
完全不负责	4	225	6.7	7.6	100.0
	0	368	11.0	MISSING	
	TOTAL	3334	100.0	100.0	

Valid Cases 2966 Missing Cases 368

Q195 离婚

Value Label	Value	Frequency	Percent	Valid Percent	Cum Percent
完全负责	1	391	11.7	13.6	13.6
大部分负责	2	400	12.0	13.9	27.5
小部分负责	3	765	22.9	26.6	54.0
完全不负责	4	1323	39.7	46.0	100.0
	0	455	13.6	MISSING	
	TOTAL	3334	100.0	100.0	

Valid Cases 2879 Missing Cases 455

Q196 婚姻恋爱

Value Label	Value	Frequency	Percent	Valid Percent	Cum Percent
完全负责	1	365	1.9	12.7	12.7
大部分负责	2	328	9.8	11.4	24.0
小部分负责	3	644	19.3	22.3	46.3
完全不负责	4	1548	46.4	53.7	100.0
	0	449	13.5	MISSING	
	TOTAL	3334	100.0	100.0	

Valid Cases 2885 Missing Cases 449

Q197 工作正常调动

Value Label	Value	Frequency	Percent	Valid Percent	Cum Percent
完全负责	1	1108	33.2	37.5	37.5
大部分负责	2	801	24.0	27.1	64.6
小部分负责	3	557	16.7	18.8	83.4
完全不负责	4	491	14.7	16.6	100.0
	0	377	11.3	MISSING	
	TOTAL	3334	100.0	100.0	

Valid Cases 2957 Missing Cases 377

Q198　休假旅游

Value Label	Value	Frequency	Percent	Valid Percent	Cum Percent
完全负责	1	1027	30.8	34.4	34.4
大部分负责	2	860	25.8	28.8	63.2
小部分负责	3	648	19.4	21.7	84.8
完全不负责	4	453	13.6	15.2	100.0
	0	346	1.4	MISSING	
	TOTAL	3334	100.0	100.0	

Valid Cases　2988　Missing Cases　346

Q199　子女入托

Value Label	Value	Frequency	Percent	Valid Percent	Cum Percent
完全负责	1	1123	33.7	38.0	38.0
大部分负责	2	830	24.9	28.1	66.1
小部分负责	3	622	18.7	21.0	87.1
完全不负责	4	381	11.4	12.9	100.0
	0	378	11.3	MISSING	
	TOTAL	3334	100.0	100.0	

Valid Cases　2956　Missing Cases　378

Q200　食堂

Value Label	Value	Frequency	Percent	Valid Percent	Cum Percent
完全负责	1	1366	41.0	45.7	45.7
大部分负责	2	819	24.6	27.4	73.1
小部分负责	3	450	13.5	15.1	88.2
完全不负责	4	354	1.6	11.8	100.0
	0	345	1.3	MISSING	
	TOTAL	3334	100.0	100.0	

Valid Cases　2989　Missing Cases　345

Q201 澡堂

Value Label	Value	Frequency	Percent	Valid Percent	Cum Percent
完全负责	1	1399	42.0	47.2	47.2
大部分负责	2	775	23.2	26.1	73.3
小部分负责	3	415	12.4	14.0	87.3
完全不负责	4	378	11.3	12.7	100.0
	0	367	11.0	MISSING	
	TOTAL	3334	100.0	100.0	

Valid Cases 2967 Missing Cases 367

Q202 小卖部

Value Label	Value	Frequency	Percent	Valid Percent	Cum Percent
完全负责	1	881	26.4	30.3	30.3
大部分负责	2	584	17.5	20.1	50.4
小部分负责	3	618	18.5	21.3	71.7
完全不负责	4	821	24.6	28.3	100.0
	0	430	12.9	MISSING	
	TOTAL	3334	100.0	100.0	

Valid Cases 2904 Missing Cases 430

Q203 理发室

Value Label	Value	Frequency	Percent	Valid Percent	Cum Percent
完全负责	1	959	28.8	32.8	32.8
大部分负责	2	642	19.3	21.9	54.7
小部分负责	3	582	17.5	19.9	74.6
完全不负责	4	743	22.3	25.4	100.0
	0	408	12.2	MISSING	
	TOTAL	3334	100.0	100.0	

Valid Cases 2926 Missing Cases 408

Q204　　上下班交通

Value Label	Value	Frequency	Percent	Valid Percent	Cum Percent
完全负责	1	1272	38.6	43.0	43.0
大部分负责	2	853	25.9	28.9	71.9
小部分负责	3	445	13.5	15.1	87.0
完全不负责	4	385	11.7	13.0	100.0
	0	338	1.3	MISSING	
	TOTAL	3293	100.0	100.0	

Valid Cases　3293　Missing Cases　338

Q205　　对自己的具体工作

Value Label	Value	Frequency	Percent	Valid Percent	Cum Percent
很满意	1	221	6.6	6.9	6.9
比较满意	2	1181	35.4	36.7	43.6
一般	3	1362	40.9	42.3	85.9
不太满意	4	325	9.7	1.1	96.0
很不满意	5	128	3.8	4.0	100.0
	0	117	3.5	MISSING	
	TOTAL	3334	100.0	100.0	

Valid Cases　3217　Missing Cases　117

Q206　　对本单位的社会地位

Value Label	Value	Frequency	Percent	Valid Percent	Cum Percent
很满意	1	157	4.7	4.9	4.9
比较满意	2	941	28.2	29.4	34.3
一般	3	1431	42.9	44.7	79.0
不太满意	4	489	14.7	15.3	94.3
很不满意	5	182	5.5	5.7	100.0
	0	134	4.0	MISSING	
	TOTAL	3334	100.0	100.0	

Valid Cases　3200　Missing Cases　134

Q207　对职业的体面程度

Value Label	Value	Frequency	Percent	Valid Percent	Cum Percent
很满意	1	149	4.5	4.7	4.7
比较满意	2	900	27.0	28.3	33.0
一般	3	1639	49.2	51.6	84.7
不太满意	4	344	10.3	1.8	95.5
很不满意	5	143	4.3	4.5	100.0
	0	159	4.8	MISSING	
	TOTAL	3334	100.0	100.0	

Valid Cases 3175　Missing Cases 159

Q208　与同事的关系

Value Label	Value	Frequency	Percent	Valid Percent	Cum Percent
很满意	1	288	8.6	9.0	9.0
比较满意	2	1671	50.1	52.0	61.0
一般	3	1166	35.0	36.3	97.3
不太满意	4	61	1.8	1.9	99.2
很不满意	5	26	0.8	0.8	100.0
	0	122	3.7	MISSING	
	TOTAL	3334	100.0	100.0	

Valid Cases 3212　Missing Cases 122

Q209　与领导的关系

Value Label	Value	Frequency	Percent	Valid Percent	Cum Percent
很满意	1	174	5.2	5.4	5.4
比较满意	2	1099	33.0	34.4	39.8
一般	3	1669	50.1	52.2	92.0
不太满意	4	179	5.4	5.6	97.6
很不满意	5	78	2.3	2.4	100.0
	0	135	4.0	MISSING	
	TOTAL	3334	100.0	100.0	

Valid Cases 3199　Missing Cases 135

Q210 劳保福利状况

Value Label	Value	Frequency	Percent	Valid Percent	Cum Percent
很满意	1	63	1.9	2.0	2.0
比较满意	2	555	16.6	17.5	19.5
一般	3	1436	43.1	45.2	64.7
不太满意	4	763	22.9	24.0	88.8
很不满意	5	357	1.7	11.2	100.0
	0	160	4.8	MISSING	
	TOTAL	3334	100.0	100.0	

Valid Cases 3174 Missing Cases 160

Q211 工作收入

Value Label	Value	Frequency	Percent	Valid Percent	Cum Percent
很满意	1	56	1.7	1.8	1.8
比较满意	2	389	11.7	12.2	13.9
一般	3	1360	40.8	42.5	56.4
不太满意	4	942	28.3	29.5	85.9
很不满意	5	451	13.5	14.1	100.0
	0	136	4.1	MISSING	
	TOTAL	3334	100.0	100.0	

Valid Cases 3198 Missing Cases 136

Q212 工作条件

Value Label	Value	Frequency	Percent	Valid Percent	Cum Percent
很满意	1	82	2.5	2.6	2.6
比较满意	2	675	20.2	21.1	23.7
一般	3	1588	47.6	49.6	73.3
不太满意	4	594	17.8	18.6	91.9
很不满意	5	260	7.8	8.1	100.0
	0	135	4.0	MISSING	
	TOTAL	3334	100.0	100.0	

Valid Cases 3199 Missing Cases 135

Q213 才能的发挥

Value Label	Value	Frequency	Percent	Valid Percent	Cum Percent
很满意	1	70	2.1	2.2	2.2
比较满意	2	641	19.2	20.2	22.4
一般	3	1634	49.0	51.4	73.8
不太满意	4	594	17.8	18.7	92.5
很不满意	5	240	7.2	7.5	100.0
	0	155	4.6	MISSING	
	TOTAL	3334	100.0	100.0	

Valid Cases 3179 Missing Cases 155

Q214 晋升机会

Value Label	Value	Frequency	Percent	Valid Percent	Cum Percent
很满意	1	49	1.5	1.6	1.6
比较满意	2	392	11.8	12.6	14.2
一般	3	1502	45.1	48.2	62.4
不太满意	4	731	21.9	23.5	85.9
很不满意	5	440	13.2	14.1	100.0
	0	220	6.6	MISSING	
	TOTAL	3334	100.0	100.0	

Valid Cases 3114 Missing Cases 220

Q215 住房状况

Value Label	Value	Frequency	Percent	Valid Percent	Cum Percent
很满意	1	70	2.1	2.2	2.2
比较满意	2	421	12.6	13.5	15.7
一般	3	999	30.0	31.9	47.6
不太满意	4	722	21.7	23.1	70.7
很不满意	5	917	27.5	29.3	100.0
	0	205	6.1	MISSING	
	TOTAL	3334	100.0	100.0	

Valid Cases 3129 Missing Cases 205

Q216 工作调动

Value Label	Value	Frequency	Percent	Valid Percent	Cum Percent
很满意	1	66	2.0	2.2	2.2
比较满意	2	321	9.6	1.7	12.9
一般	3	1606	48.2	53.5	66.4
不太满意	4	568	17.0	18.9	85.3
很不满意	5	442	13.3	14.7	100.0
	0	331	9.9	MISSING	
	TOTAL	3334	100.0	100.0	

Valid Cases 3003 Missing Cases 331

Q217 学习培训机会

Value Label	Value	Frequency	Percent	Valid Percent	Cum Percent
很满意	1	54	1.6	1.7	1.7
比较满意	2	319	9.6	1.3	12.1
一般	3	1265	37.9	41.0	53.1
不太满意	4	845	25.3	27.4	80.5
很不满意	5	603	18.1	19.5	100.0
	0	248	7.4	MISSING	
	TOTAL	3334	100.0	100.0	

Valid Cases 3086 Missing Cases 248

Q218 工作轻松自由

Value Label	Value	Frequency	Percent	Valid Percent	Cum Percent
很满意	1	70	2.1	2.2	2.2
比较满意	2	479	14.4	15.4	17.6
一般	3	1763	52.9	56.6	74.2
不太满意	4	478	14.3	15.4	89.6
很不满意	5	324	9.7	1.4	100.0
	0	220	6.6	MISSING	
	TOTAL	3334	100.0	100.0	

Valid Cases 3114 Missing Cases 220

Q219 工作稳定性

Value Label	Value	Frequency	Percent	Valid Percent	Cum Percent
很满意	1	163	4.9	5.2	5.2
比较满意	2	873	26.2	27.7	32.9
一般	3	1647	49.4	52.3	85.1
不太满意	4	262	7.9	8.3	93.5
很不满意	5	206	6.2	6.5	100.0
	.	1	0	MISSING	
	0	182	5.5	MISSING	
	TOTAL	3334	100.0	100.0	

Valid Cases 3151 Missing Cases 183

Q220 第一位

Value Label	Value	Frequency	Percent	Valid Percent	Cum Percent
自己的具体工作	1	366	11.0	12.3	12.3
单位的社会地位	2	165	4.9	5.6	17.9
职业的体面程度	3	42	1.3	1.4	19.3
与同事的关系	4	87	2.6	2.9	22.2
与领导的关系	5	262	7.9	8.8	31.1
劳保福利状况	6	76	2.3	2.6	33.6
工作收入	7	850	25.5	28.6	62.3
工作条件	8	153	4.6	5.2	67.4
才能的发挥	9	655	19.6	22.1	89.5
晋升机会	10	31	.9	1.0	90.6
住房状况	11	144	4.3	4.9	95.4
工作调动	12	2	.1	.1	95.5
学习培训机会	13	9	.3	.3	95.8
工作轻松自由	14	33	1.0	1.1	96.9
工作稳定性	15	92	2.8	3.1	100.0
	0	367	11.0	MISSING	
	TOTAL	3334	100.0	100.0	

Valid Cases 2967 Missing Cases 367

Q221 第二位

Value Label	Value	Frequency	Percent	Valid Percent	Cum Percent
自己的具体工作	1	76	2.3	2.6	2.6
单位的社会地位	2	110	3.3	3.7	6.3
职业的体面程度	3	60	1.8	2.0	8.3
与同事的关系	4	170	5.1	5.8	14.1
与领导的关系	5	143	4.3	4.8	18.9
劳保福利状况	6	161	4.8	5.5	24.4
工作收入	7	768	23.0	26.0	50.4
工作条件	8	423	12.7	14.3	64.8
才能的发挥	9	425	12.7	14.4	79.2
晋升机会	10	103	3.1	3.5	82.6
住房状况	11	309	9.3	1.5	93.1
工作调动	12	7	0.2	0.2	93.4
学习培训机会	13	43	1.3	1.5	94.8
工作轻松自由	14	61	1.8	2.1	96.9
工作稳定性	15	92	2.8	3.1	100.0
	0	383	11.5	MISSING	
	TOTAL	3334	100.0	100.0	

Valid Cases 2951 Missing Cases 383

Q222 第三位

Value Label	Value	Frequency	Percent	Valid Percent	Cum Percent
自己的具体工作	1	60	1.8	2.0	2.0
单位的社会地位	2	62	1.9	2.1	4.2
职业的体面程度	3	70	2.1	2.4	6.5
与同事的关系	4	142	4.3	4.8	11.4
与领导的关系	5	108	3.2	3.7	15.1
劳保福利状况	6	137	4.1	4.7	19.7
工作收入	7	404	12.1	13.8	33.5
工作条件	8	271	8.1	9.2	42.7
才能的发挥	9	456	13.7	15.5	58.2
晋升机会	10	149	4.5	5.1	63.3
住房状况	11	471	14.1	16.0	79.4

工作调动	12	12	0.4	0.4	79.8
学习培训机会	13	95	2.8	3.2	83.0
工作轻松自由	14	191	5.7	6.5	89.5
工作稳定性	15	308	9.2	1.5	100.0
	0	398	11.9	MISSING	
	TOTAL	3334	100.0	100.0	
Valid Cases	2936	Missing Cases	398		

Q223　对单位是否满意

Value Label	Value	Frequency	Percent	Valid Percent	Cum Percent
很满意	1	128	3.8	4.0	4.0
比较满意	2	1134	34.0	35.4	39.4
一般	3	1376	41.3	42.9	82.3
不太满意	4	387	11.6	12.1	94.4
很不满意	5	179	5.4	5.6	100.0
	0	130	3.9	MISSING	
	TOTAL	3334	100.0	100.0	
Valid Cases	3204	Missing Cases	130		

Q224　城市名称

Value Label	Value	Frequency	Percent	Valid Percent	Cum Percent
	0	1	0.0	0.0	0.0
北京	1	327	9.8	9.8	9.8
沈阳	2	342	1.3	1.3	20.1
石家庄	3	341	1.2	1.2	30.3
保定	4	299	9.0	9.0	39.3
兰州	5	397	11.9	11.9	51.2
武汉	6	314	9.4	9.4	60.6
广州	7	277	8.3	8.3	68.9
成都	8	351	1.5	1.5	79.5
苏州	9	288	8.6	8.6	88.1
洛阳	10	397	11.9	11.9	100.0
	TOTAL	3334	100.0	100.0	
Valid Cases	3334	Missing Cases	0		

Q226 单位规模

Value Label	Value	Frequency	Percent	Valid Percent	Cum Percent
小型单位	1	1613	48.4	50.4	50.4
中型单位	2	892	26.8	27.9	78.2
大型单位	3	697	20.9	21.8	100.0
	0	132	4.0	MISSING	
	TOTAL	3334	100.0	100.0	
Valid Cases	3202	Missing Cases	132		

Q227 单位类型

Value Label	Value	Frequency	Percent	Valid Percent	Cum Percent
企业	1	1968	59.0	59.3	59.3
党政机关	2	637	19.1	19.2	78.5
事业单位	3	715	21.4	21.5	100.0
	0	14	.4	MISSING	
	TOTAL	3334	100.0	100.0	
Valid Cases	3320	Missing Cases	14		

说明：以上表中，Value Label 为值标签，Value 为取值，Frequency 为频数，Percent 为百分比，Valid Percent 为有效百分比，Cum Percent 为累积百分比，Valid Cases 为有效样本，Missing Cases 为缺失样本。

附件 2　调查问卷

调查员填写：

1．城市名称 ______

2．问卷编号 ______

3．该单位人数 ______

4．该单位类型：

①企业 ____　②党政机关 ____　③事业单位 ____

5．如果是企业单位，该单位去年人均利税额为 ______ 万元，目前固定资产额为 ______ 万元

6．如果是行政事业单位，该单位今年行政事业费为 ______ 万元

7．该单位名称 ______

※ 调查员姓名 ______

※ 调查完成时间 ______

一、您个人的一些基本情况

（1）您的性别：①男 ____　②女 ____

（2）您的年龄：____ 周岁

（3）婚姻状况：①未婚 ____ ②已婚 ____ ③丧偶 ____ ④离婚 ____

（4）您去年从本单位内获得的总收入（包括基本工资、各种奖金、津贴等）约 ____ 元，从本单位外获得的收入约 ____ 元

（5）您的政治面貌：

①党员 ____ ②团员 ____ ③民主党派 ____ ④群众 ____

（6）如果您是工人，那么您属于：

①固定工 ____ ②合同制工人 ____ ③临时工 ____ ④其他 ____

（7）您参加工作以来共调动过 ____ 次单位，其中改变居住城市的调动有 ____ 次

（8）您的全部工龄有 ____ 年，其中在现单位工作了 ____ 年（不足一年按一年算）

二、您和您父亲的基本情况（请您分别将您父亲和您本人的职业、单位类型、级别、文化程度等情况用“√”填入表中相应位置）

A．职业类型

职业类型	您父亲	您本人
1．工人（含商业饮食、服务业人员）		
2．政府机关、党群组织、企事业单位负责人		
3．党政机关干部		
4．企业、事业单位管理人员		
5．各类专业技术人员（含大中小学教师、文体从业人员、医务及其他科研人员）		
6．其他		

B．单位所有制类型

单位类型	您父亲	您本人
1．全民		
2．大集体		
3．小集体		
4．合营		
5．私营		
6．三资		
7．其他		

C．行政职务（若无行政级别可不填）

行政职务	您父亲	您本人
1．司局级及以上（或相当于）		
2．处级，含副处级（或相当于）		
3．科级，含副科（或相当于）		
4．科员及科员以下		

D．单位级别

单位级别	您父亲	您本人
1．部省级		
2．司局地级		
3．处县级		
4．科级		
5．股级		
6．无行政级别		

E．单位类型

单位类型		您父亲	您本人
企业	1．工业企业		
	2．商饮服务业企业		
	3．其他类型企业（如信息咨询、金融保险、房地产、公用事业等）		
事业单位	4．科研单位		
	5．大学		
	6．中小学		
	7．文化、体育单位		
	8．医疗卫生机构		
	9．其他类型事业单位		
机关	10．党务部门		
	11．政府行政单位		

F．技术职称或技术等级（若无技术职称可不填）

相当于		您父亲	您本人
专业人员或干部	1．高级		
	2．中级		
	3．初级		
	4．未定级		
工人技术等级	5．技师以上		
	6．高级		
	7．中级		
	8．初级及以下		

G．文化程度

	您父亲	您本人
1．小学及以下		
2．初中		
3．高中（含中专、中技）		
4．大专		
5．本科及以上		

H．您和您父亲是否在同一单位工作？　　①是____②否____

I．您和您父亲是否在同行业或同系统工作？①是____②否____

三、您的现住房是否是由您本单位分的？　　①是____②否____

四、如果是您单位分配的，居住面积有多大？（如果是外单位的住房，不必填写此题）__________平方米

五、在就业前，您是否参加过职业技术培训？

①参加过____ ②没有____

六、A．如果您在就业前参加过职业技术培训，共____月

B．其费用来源为（选一项划“√”）：

①公费____ ②自费____ ③公费为主____ ④自费为主____

七、A．您参加工作后，是否参加过各类脱产学习培训？

①参加过____ ②没有____

B．如果您在就业后参加过脱产学习培训，那么，其中：职业技术培训____月，文化培训____月

C．其费用来源是（选一项划“√”）：

①公费____ ②自费____ ③公费为主____ ④自费为主____

八、您认为以您的专业或技能水平，从事目前的工作：

①很胜任____ ②基本胜任____ ③勉强完成____ ④很困难____

九、A．如果您参加过职业技术培训，那么它是何种形式的？（从未参加者不填，限选一项）

①各类正规技校毕业 ____ ②各类正规职业中学毕业 ____

③各类短训班 ____ ④跟师傅学 ____

B．您认为在以上四种形式中，哪种方式效果最好？（填序号）

____

十、如果您从未参加过职业培训，原因是什么？

①没想过 ____ ②自己感到不需要培训 ____ ③单位不给出钱 ____

④社会所提供的培训机会太少 ____ ⑤其他原因（请说明）____

十一、如果单位不给出钱，您愿意自费参加培训吗？

①愿意 ____ ②不愿意 ____

十二、您认为参加技术培训，主要是为了（此题只限于工人回答）：

①提高个人技术等级 ____ ②调换工作 ____ ③提干或提级 ____

④满足生产技术要求 ____ ⑤其他（请说明）____

十三、以您现在的职业技能，您对自己找到一份更好的工作有信心吗？（此题只限于工人回答）

①很有信心 ____ ②有点信心 ____ ③没有信心 ____ ④说不清 ____

十四、请您回忆一下您的三次工作的情况，按照下列项目的要求按顺序填写（限选一项，将相应的序号填入表格下部的“□”内，每个“□”内只能填一个序号）

	A．每次从业的单位类型	B．每次从业的职业	C．每次的单位所有制	D．每次的单位级别	E．每次本人行政级别	F．每次本人的专业技术等级	G．每次工作取得的方式	H．每次选择单位考虑的主要因素
	① 工业企业 ② 商饮服务业企业 ③ 其他类型企业（如信息咨询金融保险公用事业等） ④ 科研单位 ⑤ 大学 ⑥ 中小学 ⑦ 文化体育 ⑧ 医疗卫生 ⑨ 其他类型事业单位 ⑩ 党务部门 ⑪ 政府行政单位	①工人（含商、饮、服务业人员） ②政府机关、党群组织企事业单位负责人 ③党政机关干部 ④各类专业技术人员（含大中小学教师和文体从业人员、医务工作者及其他科研人员）	①全民 ②大集体 ③小集体 ④合营 ⑤私营 ⑥三资 ⑦其他	①部省级 ②司局、地市级 ③处县级 ④科级 ⑤股级 ⑥无行政级别	①司局级及以上 ②处级 ③科级 ④科员 ⑤办事员及以下	a 专业人员 ①高级 ②中级 ③初级 ④未定级 b 工人选择 ⑤高级技师 ⑥技师 ⑦高级工人 ⑧中级工人 ⑨初级工人 ⑩未定级	①毕业统一分配 ②上级安排 ③通过职业介绍机构 ④熟人介绍 ⑤自己直接与用人单位联系 ⑥顶替父母 ⑦单位招考 ⑧复员转业 ⑨其他	①单位级别 ②单位所有制 ③人际关系 ④晋升机会 ⑤上下班距离 ⑥职业声望 ⑦工作条件 ⑧个人兴趣与专业 ⑨工作稳定性 ⑩住房 ⑪ 收入 ⑫ 福利待遇 ⑬ 服从分配 ⑭ 工作轻松 ⑮ 其他
最初单位								
现单位								
现单位的前一次单位								

十五、如果可能，您是否愿意改换一下自己现在的工作单位？

①愿意 ____ ②不愿意 ____ ③没想过 ____

十六、如果可能，您希望改做什么工作？（限选一项）

①工人（含商业、饮食、服务业人员）____

②政府机关、党群组织、企事业单位负责人 ____

③党政机关干部 ____

④企业、事业单位管理人员 ____

⑤各类专业技术人员（含大中小学教师、文体从业人员、医务工作者及其他科研人员）____

⑥其他 ____

十七、如果可能，您希望的单位所有制

①全民 ____ ②大集体 ____ ③小集体 ____ ④合营 ____ ⑤私营 ____ ⑥三资 ____ ⑦个体 ____ ⑧其他 ____ ⑨未考虑 ____

十八、如果可能，您希望的单位级别

①部省级 ____ ②司局、地市级 ____ ③处县级 ____ ④科级 ____ ⑤股级 ____ ⑥无行政级别 ____ ⑦未考虑 ____

十九、您想改变现工作单位的主要目的是什么？（限选一项）

①单位级别 ____ ②单位所有制 ____ ③人际关系 ____ ④晋升机会 ____ ⑤上下班距离 ____ ⑥职业声望 ____ ⑦工作条件 ____ ⑧个人兴趣 ____ ⑨工作稳定 ____ ⑩住房 ____ ⑪收入 ____ ⑫福利待遇 ____ ⑬工作轻松 ____ ⑭其他 ____

二十、如果您想调单位，您认为可能会遇到的主要障碍是什么？（限选一项）

①社会缺乏职业介绍机构或有关信息不足 ____ ②劳动人事部门办事难 ____ ③本人缺乏专门技术训练 ____ ④没有关系介绍 ____ ⑤单位不放 ____ ⑥住房无法解决 ____ ⑦户口限制 ____ ⑧其他 ____

二十一、假如只有下列两种情况可以供您选择，您愿意选择哪一种？

①职业好，但单位不好____ ②单位好，但职业不好____

二十二、您认为应当怎样解决单位内的富余人员问题？

①辞退____ ②单位内待业____ ③三个人的活五个人干____ ④鼓励年老职工退休____ ⑤缩短工作时间____ ⑥减工资____ ⑦发展第三产业（如劳动服务公司），安置富余人员____

二十三、假如您所在单位因为效益不好，濒临倒闭，这时您将（只限工人回答）：

①和大伙一样，留在原单位____ ②留下来，但抽空干第二职业____ ③辞职，自谋出路____

二十四、有人说“只要生活有保障，生老病死有依靠，生活水平低点没关系”，您同意吗？

①很同意____ ②较同意____ ③不好说____ ④不太同意____ ⑤很不同意____

二十五、有人说“我宁可冒失业的风险，也愿挣高收入”，您同意吗？

①很同意____ ②较同意____ ③不好说____ ④不太同意____ ⑤很不同意____

二十六、A．您希望企业实行哪种用工制度（此题只限于工人回答）：

①全员劳动合同制____ ②全部固定工____ ③固定工、合同制工人及其他工人并存____ ④说不清____

B．您单位目前实行的用工制度是（填入上题序号）____

二十七、您从事过第二职业吗？ ①从事过____ ②没有____

二十八、在下列一些项目的决策过程中，您单位主要是哪些人说了算？

	1．党组织主要负责人（如党委书记、党总支书记等）	2．行政主要负责人（如厂长、经理、所长等）	3．职代会	4．工会
A．分房子				
B．涨工资				
C．提级提职称				
D．单位内各级领导的任免				
E．奖金福利的分配				
F．辞退员工				

二十九、您认为您单位里，一个人要想得到提升和重用，以下各项的重要程度如何？

	1．很重要	2．比较重要	3．一般	4．不太重要	5．不重要
1．跟本单位领导关系好					
2．与单位的上级领导关系好					
3．专业能力强					
4．群众关系好					
5．任劳任怨					
6．家庭背景好					
7．学历高					
8．资历老、经验丰富					
9．在单位中有一批有影响和有权势的朋友为他说话					

三十、对单位内部以下各项事务，您的参与程度如何，期望如何？

	A. 目前参与情况			B. 期望参与情况		
	1. 有决定权	2. 有发言权	3. 没有发言权	1. 有决定权	2. 有发言权	3. 不管不问
1. 单位发展的重大决策						
2. 管理上的合理化建议						
3. 单位规章制度的建立						
4. 各种福利奖金的分配						
5. 单位内干部选举						
6. 工会工作						
7. 分房子						
8. 涨工资						
9. 提职称						

三十一、请您告诉我们，在工作上如果遇到问题，您经常找哪三位朋友商量？请将他们的一些基本情况填入下表。（不包括亲属）

	A. 职业					B. 教育				C. 关系				D. 性别		E. 年龄			F. 单位	
	1 工人	2 干部	3 农民	4 知识分子	5 个体户	1 大学	2 高中	3 初中	4 小学	1 同行	2 同学	3 领导	4 同乡	1 男	2 女	1 同辈	2 长辈	3 晚辈	1 本单位	2 外单位
朋友一																				
朋友二																				
朋友三																				

三十二、请您告诉我们，当您在个人生活遇到各种问题时，经常找他们商量的三位朋友（不包括亲属）。

	A. 职业					B. 教育				C. 关系				D. 性别		E. 年龄			F. 单位	
	1 工人	2 干部	3 农民	4 知识分子	5 个体户	1 大学	2 高中	3 初中	4 小学	1 同行	2 同学	3 领导	4 同乡	1 男	2 女	1 同辈	2 长辈	3 晚辈	1 本单位	2 外单位
朋友一																				
朋友二																				
朋友三																				

三十三、在下列问题上，您觉得您与单位内同事相比怎样？（请在合适的栏目中打✓）

	1. 很高	2. 偏高	3. 差不多	4. 偏低	5. 很低
A. 您目前的经济收入					
B. 您目前的社会地位					
C. 您目前的政治地位					

三十四、与社会上的其他人相比怎样？（填法同上）

	1. 很高	2. 偏高	3. 差不多	4. 偏低	5. 很低
A. 您目前的经济收入					
B. 您目前的社会地位					
C. 您目前的政治地位					

三十五、如果人的地位可以分为五等，您认为您在单位中和在社会上分别属于哪一等？

	1. 上等	2. 中上等	3. 中等	4. 中下等	5. 下等
A. 在单位中					
B. 在社会上					

三十六、在下列项目中，您认为单位在何种程度上对您负责？（请对各项的负责程度选择打√，并请勿漏项）

A．目前实际对各项的负责程度

项目	1．完全负责	2．大部分负责	3．小部分负责	4．完全不负责
1．退休养老				
2．医疗卫生				
3．因公伤残				
4．文化补习				
5．技术培训				
6．调解纠纷				
7．子女上学				
8．子女就业				
9．住房				
10．文体活动				
11．政治思想状况				
12．计划生育				
13．党团组织生活				
14．离婚				
15．婚姻恋爱				
16．工作正常调动				
17．休假旅游				
18．子女入托				
19．食堂				
20．澡堂				
21．小卖部				
22．理发室				
23．上下班交通				

B．将来应该对各项的负责程度

项目	1．完全负责	2．大部分负责	3．小部分负责	4．完全不负责
1．退休养老				
2．医疗卫生				
3．因公伤残				
4．文化补习				
5．技术培训				

（续表）

项目	1．完全负责	2．大部分负责	3．小部分负责	4．完全不负责
6．调解纠纷				
7．子女上学				
8．子女就业				
9．住房				
10．文体活动				
11．政治思想状况				
12．计划生育				
13．党团组织生活				
14．离婚				
15．婚姻恋爱				
16．工作正常调动				
17．休假旅游				
18．子女入托				
19．食堂				
20．澡堂				
21．小卖部				
22．理发室				
23．上下班交通				

三十七、您是否对自己的下列状况感到满意？（对各项评价打✓）

	1．很满意	2．比较满意	3．一般	4．不太满意	5. 很不满意
1．对自己的具体工作					
2．对本单位在社会上的地位					
3．对自己的职业的体面程度					
4．与单位同事的关系					
5．与单位领导的关系					
6．单位的劳保福利状况					
7．单位的工作收入					
8．单位的工作条件					
9．自己才能的发挥					
10．单位中的晋升机会					

（续表）

	1．很满意	2．比较满意	3．一般	4．不太满意	5. 很不满意
11．住房状况					
12．工作调动					
13．学习培训机会					
14．工作轻松自由					
15．工作稳定性					

三十八、在您看来，一份理想的工作最重要的三个条件是什么？（从上表各项中选三项排序，将序号填入下列表格中）

第一位	第二位	第三位

三十九、最后，总的来说，您对自己的单位是否满意？

①很满意 ____ ②比较满意 ____ ③一般 ____

④不太满意 ____ ⑤很不满意____

参考文献

彼德·布劳，《社会生活中的交换与权力》，北京：华夏出版社 1987 年版。

卡尔·马克思，《法兰西内战》，北京：人民出版社 1961 年版。

查理斯·裴洛（Charles Perrow），《组织社会学》，台北：桂冠图书公司 1987 年版。

曹锦清、陈中亚，《走出理想城堡——中国单位现象研究》，深圳：海天出版社 1997 年版。

李路路、王奋宇，《当代中国现代化进程中的社会结构及其变革》，杭州：浙江人民出版社 1992 年版。

李汉林、李路路、王奋宇，《中国单位现象研究资料集》，北京：中央文献出版社 1995 年版。

全国基本单位普查办公室编，《中国第一次基本单位普查简明资料》，北京：中国统计出版社 1998 年版。

道格拉斯·诺斯，《西方世界的兴起》，北京：华夏出版社 1988 年版。

W. 布鲁斯，《社会主义的所有制和政治体制》，北京：华夏出版社 1989 年。

科尔内，《短缺经济学》，北京：经济科学出版社 1986 年版；《增长、短缺与效率》，成都：四川人民出版社 1986 年版。

科塞，《冲突的社会功能》，北京：华夏出版社 1989 年版。

时宪民，《西城区个体户的研究》，北京：中国社会科学出版社 1994 年版。

青木昌彦等编，《转轨经济中的公司治理结构：内部人控制和银行的作用》，北京：中国经济出版社 1995 年版。

张京等,《房改——无限需求的终止》,北京:中国财政经济出版社 1992 年版。

体改委住房改革领导小组,《住房制度改革政策法规汇编》,北京:改革出版社 1991 年版。

赵人伟、基斯·格里芬主编,《中国居民收入分配研究》,北京,中国社会科学出版社 1994 年版。

许嘉猷,《社会阶层化与社会流动》,台北:三民书局 1986 年版。

李春玲,《中国城镇社会流动》,北京:社会科学文献出版社 1997 年版。

费孝通,《乡土中国》,北京:生活·读书·新知三联书店 1985 年版。

华尔德(Andrew Walder),《共产党社会的新传统主义》(*Communist Neo-traditionalism Work and Authority in Chinese Industry*),香港:牛津大学出版社 1996 年版。

安东尼·奥罗姆,《政治社会学》,张华清、孙嘉明等译,上海:上海人民出版社 1989 年版。

杜赞奇,《文化、权力与国家:1900—1942 年的华北农村》,王福明译,南京:江苏人民出版社 1995 年版。

李路路,《转型社会中的私营企业主》,北京:中国人民大学出版社 1998 年版。

王晓进,《社会主义财产制度分析》,北京:北京工业大学出版社 1989 年版。

李培林等,《转型中的中国企业》,济南:山东人民出版社 1992 年版。

布尔迪厄,《文化资本与社会炼金术》,包亚明译,上海:上海人民出版社 1997 年版。

中华全国总工会,《走向社会主义市场经济的中国工人阶级—— 1992 年全国工人阶级队伍状况调查文献资料集》,北京:中国工人出版社 1993 年版。

张春霖,《国有企业改革中的企业家问题》,载《中国书评》1996 年 5 月,总第 10 期。

李猛、周飞舟、李康，《单位：制度化组织的内部机制》，载香港《中国社会科学季刊》总第 16 期，1996 年秋季卷，第 89—108 页。

李汉林，《中国单位现象与城市社区的整合机制》，载《社会学研究》1993 年第 5 期，第 23—32 页。

李路路，《中国的单位现象与体制改革》，载香港《中国社会科学季刊》1993 年第 5 期；《论社会分层》，载北京《社会学研究》1999 年第 1 期。

路风，《单位：一种特殊的社会组织形式》，载北京《中国社会科学》1989 年第 1 期；《中国单位体制的起源和形成》，载香港《中国社会科学季刊》1993 年第 5 期。

吴晓刚，《从人身依附到利益依赖》，北京大学社会学系硕士论文，1994 年版。

于显洋，《单位意识的社会学分析》，载北京《社会学研究》1991 年第 5 期，第 76—81 页。

谭深，《城市单位保障的形成与特点》，载北京《社会学研究》1991 年第 5 期，第 82—87 页。

孙立平等，《改革以来中国社会结构的变迁》，载北京《中国社会科学》1994 年，第 2 期，第 47—62 页。

孙立平，《从市场转型理论到关于不平等的制度主义理论》，载香港《中国书评》1995 年第 7 期，第 57—68 页；第 8 期，第 64—79 页。

Aldrich, H. and Whetten, D., “Organization Sets, Action Sets, and Networks: Making the Most of Simplicity”, in *Handbook of Organizational Designs*, Vol. 1, ed. Paul Nystrom and William Starbuck, New York, Oxford University Press, 1981.

Baron, James N., and William Bielby, “Organizational Perspectives on Stratification”, *Annual Review of Sociology* 10 (1984): pp. 37–69.

——“Bringing the Firms Back in: Stratification, Segmentation and the Organization of Work”, *American Sociological Review* 45 (1980): pp. 737–765.

Bian Yanjie, “Work and Inequality in Urban China”, Albany, State University of

New York, 1994.

——"Guanxi and the Allocation of Urban Jobs in China", *The China Quarterly,* 1994, No. 140.

Bian Yanjie and John R. Logan, "Market Transition and the Persistence of Power: The Changing Stratification System in Urban China", *American Sociological Review*, 1996, Vol. 61, pp. 739–758.

Bjorklund, E. M., "The Danwei: Socio-Spatial Characteristics of Work Units in Chinese Urban Society", *Economic Geography*, 62, No. 1(1986).

Bosetyky, H. and P. Heinrich, *Mensch und Organisation*. Muenchen 1989.

Blau, Peter M. and O. D. Duncan, "The American Occupational Structure", New York: Wiley, 1967.

Blau, P., "A Formal Theory of Differentiation in Organizations", *American Sociological Review*, 35: pp. 201–218, 1970.

Cheek, T. and Saich, T. (eds.), *New Perspectives on State Socialism in China*. New York, 1998.

Coleman, J. S., *Foundations of Social Theory*. Cambridge, Harvard University Press, 1990: 32f.

Day, B., *Dependency: Personal and Social Relations*. Ashgate Press, 1992.

Dittmer, L. and Lue Xiaobo, "Personal Politics in the Chinese Danwei under Reform" , *Asian Survey* (March 1996).

Eisenstadt, S. M., Studies in Reference Group Behavior. *Human Relations*, VII,1954 p. 213.

Etzioni, A., "A Comparative Analysis of Complex Organizations", Free Press, 1961.

Frank, A. G., *Kapitalismus und Unterentwicklung in Lateinamerika*. Frankfurt am Main, 1969.

Giddens, A., *Contemporary Critique of Historical Materialism*. Berkeley; Uni. of California Press, 1981: 170.

Gurr, T. R., *Why Men Rebel*. Princeton University Press, 1971.

Granovetter, Mark, "The strength of weak ties", *American Journal of Sociology*. 1973, 78: pp. 1360–1380.

—— 1974 "Getting a job". Cambridge, Mass,: Harvard University Press.

Granovetter, Mark and Swedberg Richard (Eds.), *The Sociology of Economical Life*. Westview Press, 1992.

Hartmann, H. Funktionale Autoritaet. Stuttgart, 1964.

Henderson, G. E. and Cohen, M. S., *The Chinese Hospital: A Socialist Work Unit*. Yale University Press, 1984.

Homans, G. C., Social Behavior as Exchange. *American Journal of Sociology*, No. 63 (1958): 597ff.

Kelly, H. H., Two Functions of Reference Groups. In: G. H. Swanson ed. al., *Readings in Social Psychology*. New York 1952, pp. 401–414.

Kalleberg, Arne, and Ange B. Sorensen, The Sociology of Labor Markets. *Annual Review of Sociology* 5 (1979): pp. 351–379.

Li Hanlin, "Power, Resources and Exchange in the Chinese 'Work Unit Society' " in: Pei Changhong, Chen Zhensheng, et al (Eds.), *Current Trends and Thoughts – Perspectives in Some Fields of China's Social Sciences*. Beijing 1999. pp. 187–201.

Li Hanlin, Qi Wang, *Research on the Chinese Work Unit Society*. Peter Lang Press, 1996.

Li Hanlin, Soziale Kontrolle und die chinesische Danwei-Organisation. In: Horst Reimann, H. P. Mueller (eds.), *Probleme moderner Gesellschaften*. Westdeuscher Verlag, 1994, pp. 196–223.

Li Hanlin, Das Danwei-Phaenomen und die chinesische Modernisierung. In: Peter Atteslander(ed.), *Kulturelle Eigenentwicklung*. Campus Verlag, 1993, pp. 141–184.

Li Hanlin, *Die Grundstruktur der chinesischen Gesellschaft – vom traditionellen Klansystem zur modernen Danwei-Organisation*. Westdeutscher Verlag, Opladen, 1991.

Merton R. K. and Rossi, A. S. Contributions to the Theory of Reference Group Behavior. In: Merton, R. K. *Social Theory and Social Structure*, The Free Press, 1968, pp. 279–334.

Mayring, P., *Psychologie des Glücks*. Koeln 1993.

Nan, L. Paul Dayton, and Peter Greenwald, 1978, "Analyzing the instrumental uses of social relations in the context of social structure", *Sociological Methods and Research* 7: pp. 149–166.

Nan, L. John C, Vaughn, and Walter M. Ensel, 1981, "Social resources and occupational status attainment", *Social Forces* (June).

Nan, L. Yanjie, B., Getting Ahead in Urban China, *American Journal of Sociology*, 1991, Vol. 97: pp. 657–688.

Nee, Victor, 1989, "A Theory of Market Transition: From Redistribution to Markets in State Socialism", *American Sociological Review* 54: pp. 663–681. Meetings of the American Sociological Association, Boston, Mass., August.

—— The Emergence of a Market Society: Changing Mechanisms of Stratification in China. *American Journal of Sociology*, 1996, Vol. 101: pp. 908–949.

Nee, V and Stark, D., "Remaking Economic Institutions of National Socialism", Stanford, 1989.

Opp, K. D., *The Rationality of Political Protest*. Westview Press. 1989, pp. 132–179.

Parsons, T., *Beitraege zur soziologischen Theorien*, Neuwied 1964, p. 143.

Pfeffer, J., "Power in Organizations", Pitman Publishing, 1981.

Pfeffer, J. and Salancik, G., "The External Control of Organizations: Resource,

Dependence Perspective", Harper & Row, 1978.

Powell, W. and Dimaggio, ed., "The New Institutionalism in Organizational Analysis", Chicago, 1991.

Runciman, W. G., *Relative Deprivation and Social Justice*. London, 1972.

Robert M. Hauser, On "Stratification in a Dual Economy": A Comment on Beck, Horan, and Tolkert. *American Sociological Review*, 1980, 45: pp. 702–712.

Sezeleny, I, "The Market Transition Debate: Toward a Synthesis?", *American Journal of Sociology*, 1996, Vol. 101: pp. 1082–1096.

Stark, David, "Path Dependence and Societies Strategies in Eastern Europe". *East European Politics and Societies* 1992, 6: pp. 17–54.

——Recombinant Property in East European Capitalism. *American Journal of Sociology*, 1996, Vol. 101: pp. 993–1027.

Siegrist, J., Adverse Health Effects of High-Effort/Low-Reward Conditions. *Journal of Occupational Health Psychology* 1996, Vol.1. pp. 27–41.

Simmel, G. Soziologie, *Untersuchungen ueber die Formen der Vergesellschaftung*. Berlin, 1968, pp. 101–185.

Wang Qi, *Job Change in Urban China*. Peter Lang Press, 1996.

Weber, Max, *Wirtschaft und Gesellschaft*. Tübingen, 1980.

Weinert, A. B. *Lehrbuch der Organisationspsychologie*. Muenchen, 1981.

Wright, E. O., Hachen, D., Costello, C., Sprague, J., "The American Class Structure", *American Sociological Review* 47 (1982): pp. 709–726.

Walder, Andrew G., Property Rights and Stratification in Socialist Redistributive Economies. *American Sociological Review* 57(1992): pp. 524–539.

—— Career Mobility and the Communist Political Order. *American Sociological Review*, 1995, Vol. 60: pp. 309–328.

——Markets and Inequality in Transitional Economies: Toward Testable Theories. *American Journal of Sociology*, 1996, Vol. 101: pp. 1060–1073.

Whyte, M. K. and Parish, W., *Urban Life in Contemporary China*. University of Chicago Press, 1984.

Womack, B., "Transfigured Community: Neo-Traditionalism and Work Unit Socialism in China", *China Quarterly* 1991, No.126.

Xiaobo, L and Elizabeth J. Perry, Danwei–the changing Chinese worklpace in historical and comparative perspective. M. E. Sharpe, Inc. New York, 1997.

Yang, M., Between State and Society: "The Construction of Corporateness in a Chinese Socialist Factory." *Australian Journal of Chinese Affairs*. No.22 (1989).

Zucker, L., "Institutional Theories of Organization", Ann. Rev. Sociol. 1987,13.

编辑说明

考虑到本书成书时的统计数据表状态，以及主要阅读者的使用便利性，本书新版保持了原始调查表和相关分析量表的面貌，未完全依照现行出版惯例对表中的英文部分进行汉语转译，仅在表末进行了统一标注；对纯小数的写法，则按相关出版规定进行了规范，如.365改写为0.365。此外，对首版中存在的一些差错或需要作出特别说明处，本版经作者确认后予以了修正或标注了相关说明。